長谷川誠三

津軽の先駆者の信仰と事績

岡部一興

教文館

盛装の長谷川誠三（長谷川博氏所蔵）

長谷川誠三――津軽の先駆者の信仰と事績　目次

装丁写真　長谷川暁氏所蔵
装画・装丁　熊谷博人

プロローグ

長谷川誠三は、一八五七(安政四)年、青森県南津軽郡藤崎に生まれた。一八七八(明治一一)年、弘前において本多庸一《よういつ》、菊池九郎を中心に「共同会」なる自由民権運動の結社が結成されると、藤崎地方の委員として民権運動に邁進《まいしん》した。ここに本多庸一との出会いがあった。長谷川は、村会議員、総町村連合会議員、郡会議員の公職に就いていたが、一八八三(明治一六)年に共同会が解体すると次第に政治への拠り所を失い、事業家として活躍することになる。彼は本多庸一の影響によりキリスト教に傾倒し、一八八七(明治二〇)年函館のC・W・グリーンより妻いそと共に洗礼を受け、藤崎教会日曜学校の校長を務めた。また、弘前女学校の校主となってキリスト教教育に力を注いだ。長谷川は、受洗を前後して酒造業を廃し味噌醤油製造業に転換、また大農経営によるりんご園「敬業社」の開設、藤崎銀行創立、弘前女学校の設立、青森県野辺地《のへじ》での雲雀《ひばり》牧場の経営、秋田県小坂鉱山の開発、石油の重要性を強調し、日本石油の大株主となって事業家として活躍した。さらに社会事業への支援を惜しまずサポートし、東北・北海道地方の大凶作の折に大量の米を買い付け、各地で福音講演会を開き米を配付して窮民を救った。

一九〇六(明治三九)年メソジスト派から一小教派であるプリマス・ブレズレン派(現在の同信会)に離脱し、自らの信仰を深化させた。このように長谷川誠三は、事業家として教育家として、極めて優れた事績を残しているにもかかわらず、歴史に埋もれたままになっている。その原因を考えてみると、長谷川誠三は、弘前女学校の設立者として校主として経営にあたったが、制度的教会であるメソジスト教会から非制度教会である一小教派なるプリマス・ブレズレンへと離脱したために、弘前女学校の設立者から名前を削除された。プリマス派への離脱が、キリスト教界に波紋を投げかけ偏見と誤解を与えてしまい、長谷川誠三そのものが正当に評価されてこなかったことに起因しているのではないかと思われる。

本書は、日本プロテスタント・キリスト教が農村に布教される過程において、いかにキリスト教が受容されたかの一形態を長谷川誠三という人物の事績を通して考察を試みるものである。日本のプロテスタント伝道は、開港都市に始まり、大都市に続いて地方都市に浸透し、農村地域にゆきわたった。その間、外来思想としてのキリスト教は、日本の近代化の過程において数多の優れた人物を輩出してきた。明治のキリスト教は欧米文化とともに輸入され、日本の近代化と共に歩んできた感があった。しかし、日本のキリスト教は、日本の土壌に深く土着することなく、一部の社会層に受容されたものの、信徒は人口の一％にも満たず、今日まで少数派の域を脱していない。

一八四六年、ベッテルハイムが沖縄に上陸してから一七〇年余りが過ぎた中で考えてみると、バイブルを携えて来日した宣教師は数え切れないほどいる。日本のプロテスタント・キリスト教はその多くがアメリカの宣教師によってもたらされた。それは、一八八五年ジョサイア・ストロングが『わが祖国』を出版、ベストセラーになったところに表れているように、非キリスト教国の国民に伝道することは、神から託された使命であるとの主張による。宣教師たちは、自ら救われた体験を伝えたいという機運がアメリカに生まれて、次々に伝道局が誕生して海外布教が盛んになったのである。こうして、都市に農村に新しい地盤を求めて伝道し、躍進する姿が見られた。しかし、明治二〇年代に天皇制的絶対主義が確立されると、キリスト教は相容れないものとなった。これ以後、戦後に至るまで、厳しい社会的条件のもとで教会形成をせざるを得なくなった。従って、日本のキリスト教は、地縁血縁関係から比較的自由な都市のサラリーマン層と言われる中産的階層という極めて限定された社会史的人物として評価されてこなかった。

層に受容されるに至ったのである。この伝記では、制度的教会であるメソジスト教会からプリマス・ブレズレンという非制度的教会に離脱した人物を扱った。制度的教会が教義、教職制度、聖礼典を重視するのに対し、非制度的教会は個々人の内面的な信仰やグループ内の人格的な交わりを重視したのである。長谷川誠三は、信仰が成熟するに従い単純に主イエス・キリストのもとで、聖書を唯一のものとして歩む信仰者となっていった。長谷川は、日本の経済界における事業家として、教育家として大きな足跡を残している。にもかかわらず、今日まで歴史的人物として評価されてこなかった。

従来日本のキリスト教受容の研究において、数多くの人物が浮かび上がり研究されてきた。そこにおける研究は、日本のキリスト教会において指導的な立場にあった思想家、牧師、神学者などを中心に分析されてきた感がある。また制度的教会に属する人たちは、概して自分たちの教会を正統的なものとみなし、非制度的教会と言われる小集団を軽視してきたところがあった。日本のプロテスタント・キリスト教受容の歴史をみると、日中戦争、太平洋戦争を通じて、制度的教会は自己保身に陥り、結局日本基督教団に統合されて戦争に協力し加担していった。また文部省の代行者として、同じキリスト教の教派に対し教会の認可取り消しや結社の禁止を言い渡すことを行なったのである。それに対し、非制度的教会はその教団に所属することができず、弾圧されること多く、少しく抵抗者を出したことを指摘しなければならない。筆者は非制度的教会に属し、単純に主イエスに従い、聖書を唯一のものとして歩む信仰者の足跡を掘り起こしたいと考えるようになった。

長谷川誠三は、「右の手のすることを左の手に知らせてはならない」（マタイによる福音書六・三）というような生き方をした人だったということを考えると、その足跡を辿ることはやめてほしいと言われるかもしれない。しかし、私たちは長谷川誠三が成した業を讃美するためにその足跡を辿るのではなく、彼の生き方を通じて様々なことを学ぶことができるのではなかろうか。

津軽の一地方に留まらず、さらに青森県の枠をも超えて中央の実業界に名をなし、蓄積した財を女子教育に注ぎ込み、地方産業に貢献したスケールの大きさと大胆さは我々の思いを超える人物と思われる。そこで、長谷川誠三をどう捉えるかという時に、その生涯について、復元しうる限り完全なものとするために、実態調査に基づき、入手可能な手紙や資料を集約して叙述するようにしている。歴史叙述は史実に基づいて書くことになる。彼の事績が必ずしも資料的に跡づけることができない場合には、評論を交えた叙述という立場をとることにしたい。その方法は、過去の歴史の「思想の再創造」にあると考え、それも一側面的な把握ではなく、政治、経済、法律、哲学、芸術、宗教などの分野を包括したところに生きた人間の活動を把握することにあると考えている。そこでは生きた人間の再創造を目指し、できるだけ残された史料に基づいてその人物に迫り、長谷川誠三の日常的な動きも視野に入れながら、彼の信仰の内部にまで入って捉える方法で叙述したいと考える。ちなみに、本書には多くの外国人宣教師が登場するが、長谷川誠三に近い人物に限って名前の原語表記や生没年を紹介している。

これまで数多くの伝記が書き残されてきた。そこには、一人の人物を書き残しておきたいという動機がある。その人物は後世に大きな影響を与えたこともあるし、そうした影響を与えないまでも素晴らしい生き方をしたという点において書き残しておきたいというように様々な理由がある。その人物を描くときに、その人物の信仰の内部まで捉えることができるか難しい問題だが、長谷川誠三の実像に迫っていきたいと考える。

第一章　若き時代

第一節　生い立ち

長谷川誠三が生まれ育ち六七年の生涯を過ごした故郷は、「青森りんご」で有名な東北の津軽であった。彼が過ごした青森県南津軽郡藤崎町は、津軽平野のほぼ中央に位置し、西南は平川、岩木川を隔てて弘前市、東南は田舎舘村、東は黒石市、北東は青森市（旧浪岡町）、西北は板柳町に隣接している。地勢は平坦で南北約四キロ、面積二一・四平方キロメートル、二〇一八年四月の人口は一万五一三九人である。総面積の四三％が田んぼ、二九％が畑であり、水田とりんご畑を持つ典型的な兼業地帯である。そこは八甲田連峰から流れる浅瀬石川と津軽富士の名で呼ばれている岩木山から流れ出る岩木川の合流地点であって、土地は肥沃で作物に良好な地域である。今ではこの周辺の地域は、一面りんご畑で「青森りんご」の中心地になっている。

青森から汽車に乗って藤崎に向かうと、浪岡から五能線の板柳方面にかけてのりんご園は、本場「青森りんご」の見事な景色を眺めさせてくれる。春の開花期、夏の青い果実のみずみずしさ、また岩木山を背景に秋晴れに実ったりんごの風景は素晴らしいものだ。藤崎に何度か足を踏み入れて感じることは、人間がおっとりしてい

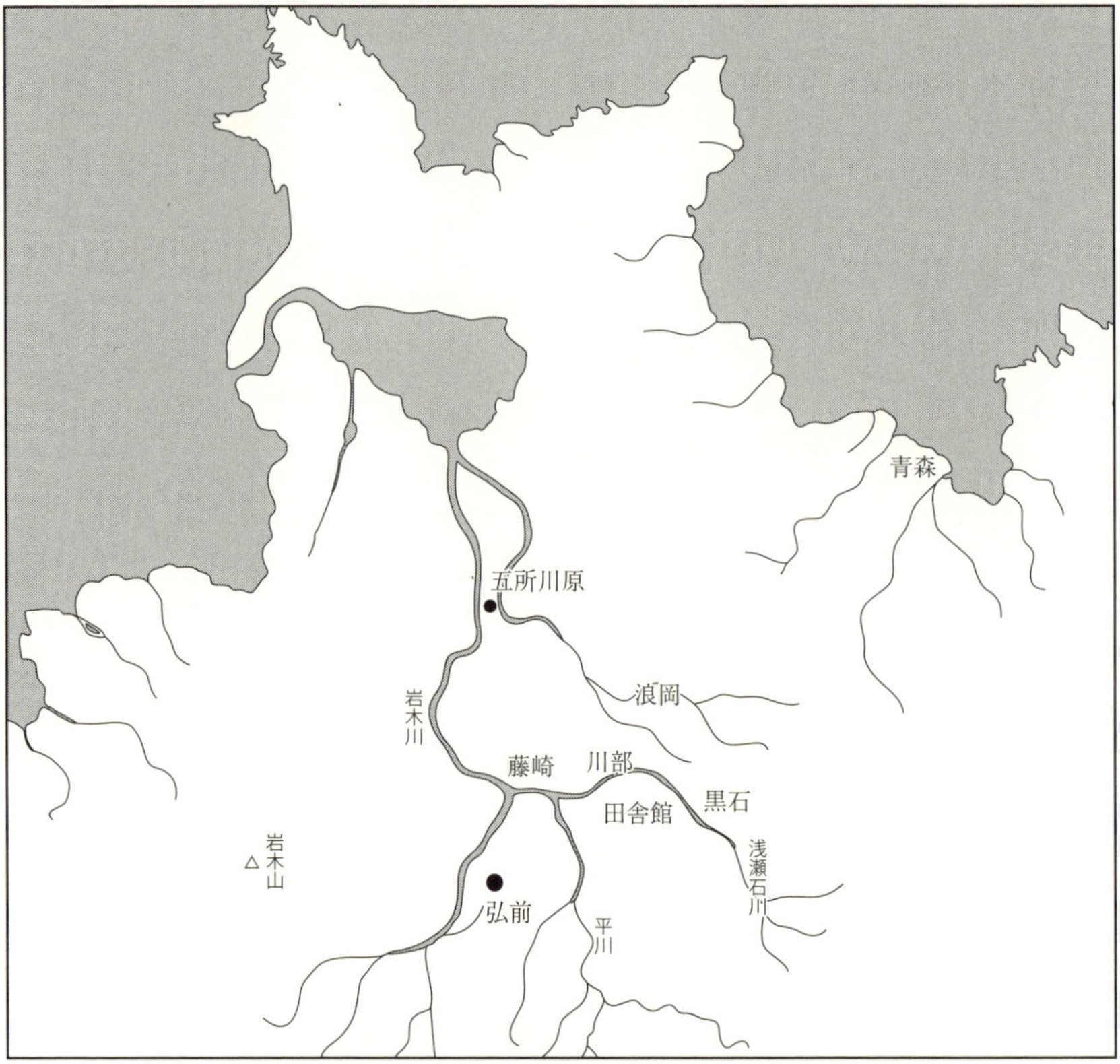

津軽平野周辺図

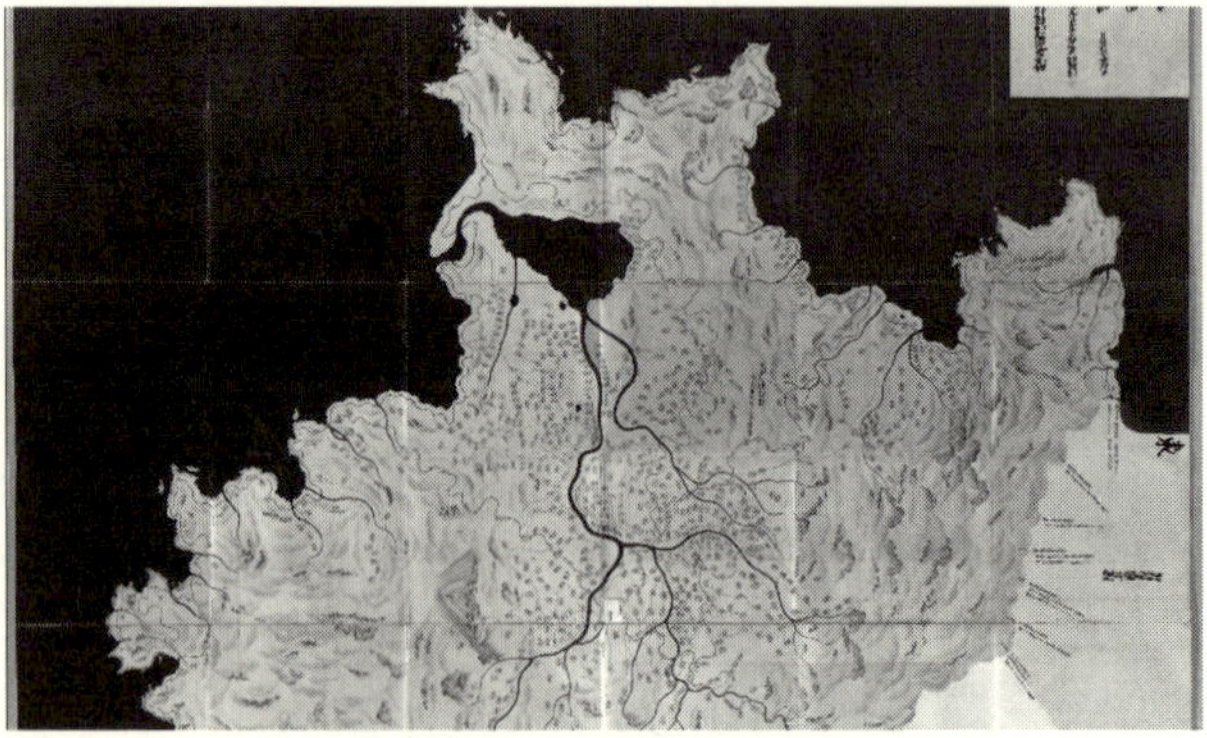

天保国絵図より陸奥国津軽部分

てゆとりがあり、のんびりしているところである。それは赤字を知らない健全財政もさることながら気候が割り合い温和なうえ、土地が肥えていて、米とりんごと野菜の生産が豊かな地域であることに関係していないか。

しかし、表向きは何となくのんびりしているような町だが、一旦過去に目を向けると、必ずしもその気風はあたらないようだ。古くは藍《あい》の生産地として、また大農経営によるりんご栽培の原点として、「ふじ」発祥の町として注目すべき町といえよう。藤崎は古くは安東《あんどう》氏代々の居城の地（一〇九二—一四四三年）として知られ、津軽地方最古の城があった所として名高い。当時十三（五所川原市、旧市浦村）の藤原氏と藤崎の安東氏は津軽における二大勢力であった。一二一九（承久元）年安東氏は、鎌倉幕府執権北条義時から蝦夷管領の地位を与えられ、やがて十三の藤原氏も攻め落とし、津軽地方唯一の開港場である十三と津軽内陸の要としての藤崎を抑えて大きな勢力を振るった。しかし幕府は南朝の色濃い安東氏をよく思わず南部守行をバックアップして攻めさせ、安東教季《のりすえ》を攻撃してこれを陥れ、藤崎城をも攻略し、津軽の中心部を支配下に置いたのが一四一八年頃と言われ、一四四三（嘉吉三）年、北海道の松前へ追い払わせた。その後、津軽為信が津軽全土を征服し、彼の支配下に置かれることになった。

その後、一七世紀後半、津軽田代藩主信政が藩政を担当すると、岩木川西方の新田開発を進め、その拠点が板柳から木造《きづくり》に移ったこともあって、藤崎城は重要視されなくなり、一五八五（天正一三）年に廃城となり、万治年間（一六五八—六一）に取り壊された(1)。さらに時代を下ると、一八〇二（享和二）年頃、伊能忠敬《いのうただたか》が幕府の命を受けて日本沿岸図を作成するため測量に歩いた頃の藤崎は家数二八〇軒と言われ、弘前城下から藤崎を経由し、浪岡を通って青森に出る街道として賑わったという。

藩政時代の特産物は藍であった。これは一時衰微したが、明治に入り品種改良を試みるなどした結果、大きく伸び明治二〇年頃には最盛期を迎えた。また〝白子春慶《しらこしゅんけい》〟なる漆器は藩政時代から伝わる津軽塗とともに有名である。藤崎は弘前から隔たること六キロの近さにあり、藩政時代以来、弘前紺屋町の織座へ納める藍の重要な供給地となっていた。藍という作物は年によって相場の変動が激しく、極めて投機的な色合いの強いものであった。その点から元来商品作物に対して敏感な土地柄であった。その後明治中期に入ると、次第に藤崎はりんご栽培地として有名になり、県外にりんごを出荷し、それに伴い製函《せいかん》業、製縄《せいじょう》業が盛んになり、商業に活気をみた。その上、馬鈴薯《ばれいしょ》でも国内の優良品と目され、各方面に盛んに出荷された。一方で、古来より村民に党派心があり、そのために相反目することがあり、自治体に少なからず打撃を与えることがあったが、政治より実業を尊重する風があり、この面では他村より抜きんでていた。

長谷川誠三の父定七郎は、黒石飛内《とびない》の名門の高木家から分家した。天保元年一月一三日（一八三〇年二月六日）、定七郎は、高木仁左衛門が先妻との間に長男（七代目高木仁左衛門）ができた後、後妻に迎えた沖飯詰村の藤森九郎右衛門の次女との間に生まれた三人兄弟の第一子であった。幼い頃からガキ大将ぶりをみせ、手に負えない腕白小僧であったという。長ずるに従い、弘前の藤田酒造店へ、あるいは野村忠衛酒造店に仕えたりした。また青森に出て回漕店で働くなど、職を転々としたが、どこも長続きせず落ちつかなかった。その間何回か結婚し、娘を残して別れるなど多分に放浪癖があった。しかし、生家の高木家ではいつまでも放任しておくわけにもいかなかった。後妻の姉が菰槌《こもつち》村（つがる市、旧木造町）で酒造業を営む素封家の長谷川家に嫁いだ。定七郎がこの長谷川家で酒造業の「酒造り」の技術を習得したこともあって、その関係から長谷川姓を名乗り、黒石の岩谷家からタキを妻に迎え黒石の又隣に位置する藤崎に約八町歩の田地を得、そこに落ち着き主に酒造業を営んだ。商売の方面では才能があったようで、明治二年の大凶作には酒蔵を一挙に空にしてひと財産を作ったと言われている。

こうして長谷川誠三は、定七郎とタキの長男として安政四年四月二五日（一八五七年五月一八日）に生まれたのである。彼の幼時から少年時代のことについては、必ずしもはっきりした記録はないが、誠三は父定七郎の派手好きで、浮気っぽい女性関係が絶えないのを目のあたりにしながら少年時代を過ごした。彼は子どもの頃、近所の腕白小僧に浮気者の定七郎の子だと苛められた。父親からあまり可愛がられた様子もなく、母タキは誠三を産んだ後、定七郎と離縁している。その後定七郎は、松島村（五所川原市）の平山平左衛門の娘アサと再婚し、定次郎(2)とチサを産んだ後まもなく離婚した。そして一八八一（明治一四）年一月一九日に弘前元大工町の竹内すゑを後妻にもらっている。すゑは天保一二年八月八日（一八四一年九月二二日）に生まれている。このように誠三は幼くして母と離別し、後妻にも可愛がられず、愛情に飢えて育ったところがあった。誠三は気が強くまじめな反面、ひょうきんであった。店の者からは、「坊ちゃん」と親しまれていた。彼は酒蔵に行っては店の者とふざけることがあった。彼の大酒飲みは有名で、成人になってからは一日二升は軽かった。彼は店の者から面白半分に蔵で酒を飲まされた。また誠三もそれが面白くて、酒蔵に入っては店の者と酔っ払った。酩酊《めいてい》すると踊り出すのが癖で、店の者たちは「坊ちゃん」が踊りはしゃぐのを見て手を叩いて喜んだ。

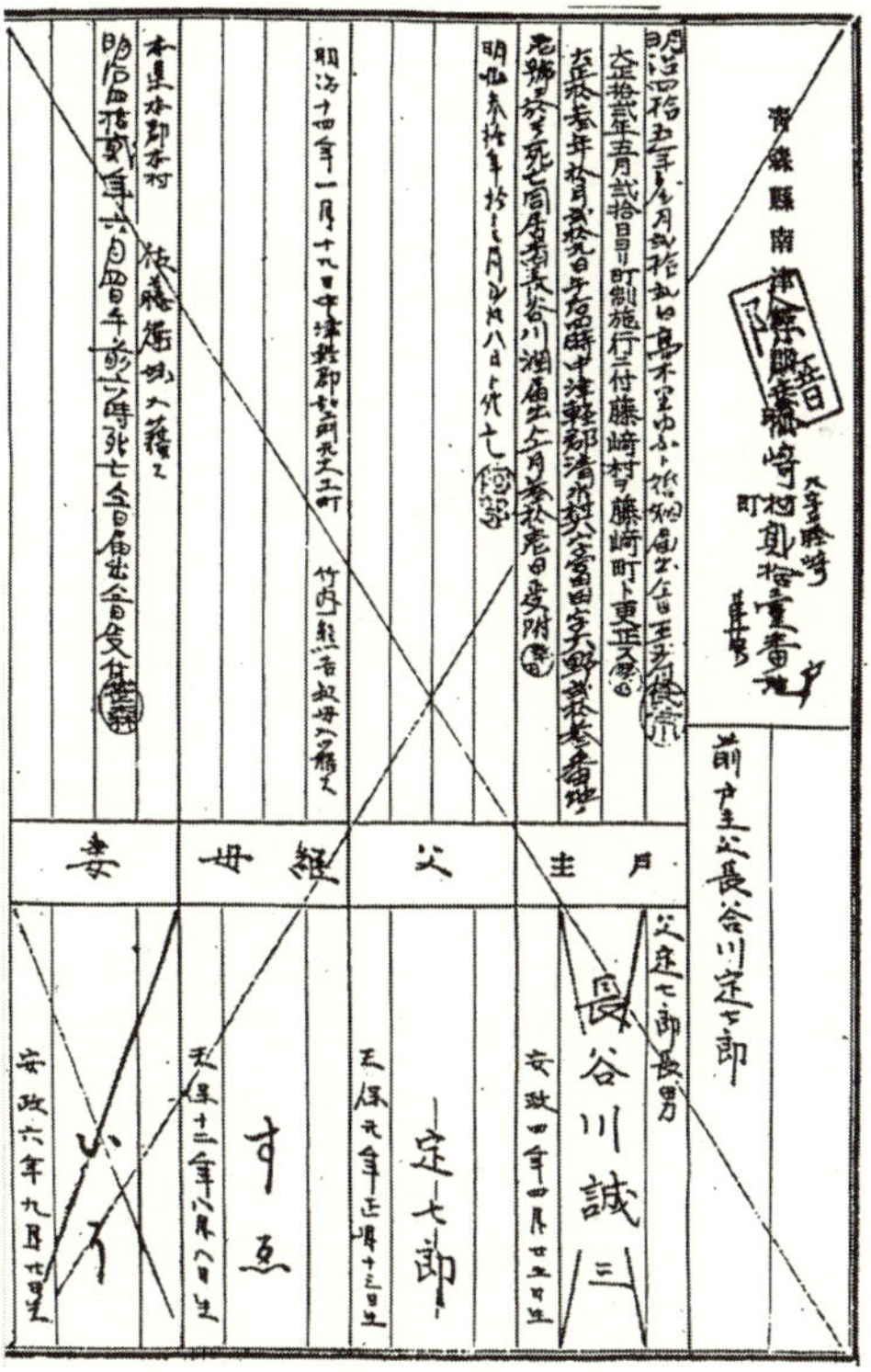

長谷川誠三戸籍謄本（一部）

こういう反面、誠三は後述する藤田匡《ただす》（旧名寛吾。盲人牧師）とともに神童の誉れ高く、物心がつくと藤崎村の浄土真宗東本願寺派釈道誓の開基である称名寺《しょうみょうじ》の寺小屋に入り、そこで教育を受けた。一八六九（明治二）年、一二歳の時、藤田立策（寛吾の父）につき漢籍を講読した。翌年立策は家塾を開くが、この塾は寺小屋での教育が修了した者が入るのが常であった。誠三は勉強が好きでその進歩はめざましく、立策が家塾を開くや、一四歳でこの塾の主任教授として迎えられたほどの俊才であった。また書にも長けて称賛を得た。この面では弘前の書家平井東堂（一八一三〔文化一〇〕年―一八七二〔明治五〕年）に師事した。平井東堂は、津軽藩江戸定府の士で書家であった。江戸の書家沢田東里に学び、東里の没後その門人は多く東堂についたと言われ、維新後弘前に住み、門人を育てた。一八六四（元治元）年藩主津軽承昭《つぐあきら》に従い上洛し、近衛公の前で席書をしたのは有名で、主に神社の扁額やのぼり旗などの揮毫が多い。東堂が没したのは、一八七二（明治五）年であるから誠三が弟子入りしたのは彼の晩年のことであった。今に残る誠三の書をみると、誰しも驚嘆するほどのダイナミックで力強い筆跡である。(3)

第二節　自由民権運動に挺身

本多庸一と長谷川誠三

長谷川誠三を語る時、彼に大きな影響を与えた本多庸一について語らなければならない。本多庸一とはどんな人物か。いろいろの人々が語ってきた。東奥義塾塾頭、弘前教会の創立者、弘前女学校設立者、青山学院院長として、そして日本メソジスト教会初代監督としてよく知られた人物である。かつて青山学院の中等部長（校長）都田恒太郎《みやこだ》が『東京日日新聞』で東北に二人の偉人が出たと言ったことがある。一人は盛岡の原敬《はらたかし》（一九一八年初の政党内閣首班）、一人は弘前の本多庸一である。弘前教会の会堂前の右側に三メートルの巨大な石碑がある。そこには本多のことが「東奥に生まれし日本の国士　日本に出でし霊界の大人」と二行にわたって刻まれている。明治期におけるキリスト教会の指導者と言える。『護教』というメソジスト派の機関誌の初代主筆であった山路愛山《やまじあいざん》は、「何ともいえず偉かった人」と本多を語る。本多の人物像を正確に語る説明になっていないが、何となく本多の本質を表している。また、別のところで山路は本多のことをこう語る。

> 日本メソジスト教会の監督本多庸一君は耶蘇教会の人望家なり。如何なる場合にも君は調和の機関なり。人々皆血を湧かしたる激烈なる争論の場合にも一たび君の声を聞けば人心は稍々和らぐことを感ずるなり。（中略）君は学者に非ず。君は文章家に非ず。日本の思想界に寄与すべきものとしては君は誇るべき何物も有せず。されど君は模範的紳士なり。寛弘にして何人をも容れ得る度量ある君子なり。金銭に対しては極めて淡白なり古武士なり。就中最も感ずべきは君の愛国心なり。耶蘇教会の諸豪中に於て君は最も政治に興味を有する人なり。君の注意は常に世界の日本に在り。君の講壇における雄弁には尊皇愛国の精神躍如として日本の青年に深き訓戒を与ふるを見る。[4]

本多庸一を語る時、優れた本多研究が二つある。一つは、青山学院大学教授であった氣賀《けが》健生《たけお》の『本多庸一——信仰と生涯』（二〇一二年）、もう一つは弘前学院大学教授であった野口伐名《いさあき》の『本多庸一——国家、教育、伝道』（二〇一四年）である。[5]『本多庸一——信仰と生涯』は、青山学院が本多庸一召天一〇〇周年記念事業の一つとして刊行したもので、一九六八年に氣賀が『本多庸一』を出版したものに本多の説教、講演、同時代人評などを加え新たに改訂した書籍である。野口の『本多庸一——国家、教育、伝道』は、三つの側面から新たに本多庸一を捉え直したもので六七七頁になる大冊である。

本多庸一は、嘉永元年一二月二八日（一八四九年一月二二日）、本多東作の長男として津軽藩弘前城下に生まれた。津軽藩で三〇〇石を取る藩の重鎮の息子であった。幼名は徳蔵、藩校稽古館《けいこかん》で儒学を学び剣は小野派一刀流、馬術、砲術の修行に励み、一六歳で藩校の司鑑と、エリート・コースを歩む。朱子学から陽明学へと進み、津軽藩は明治維新に際し奥羽列藩同盟に参加し薩長に対抗した。本多は菊池九郎、石郷岡一得とともに藩命により庄

横浜遊学時代の本多庸一。21歳
（青山学院資料センター提供）

内藩へ攻守同盟の使者として派遣される。その最中に藩は勤皇派に転じ、奥羽列藩同盟を離脱、本多らは隣藩に申し訳が立たぬと藩首脳部に迫った。切腹も許されず、結局脱藩して庄内藩に走った。のち許されて帰藩、罪は問われず、その時本多徳蔵は庸一を名乗る。彼は、政治という現実の難しさを味わい、挫折感に苛まれた。

　一八七〇（明治三）年藩命により横浜に留学し、洋学を修めるためアメリカ・オランダ改革派教会宣教師のS・R・ブラウンとJ・H・バラについて学んだ。しかし、翌年廃藩置県となり、津軽藩からの学資も途絶え帰郷することになった。封建制度が終わり、武士は今までの身分を失った。父東作も没落して弘前の北東六キロの藤崎に住んでいた。藩独自の「帰田法」（士族帰農政策）によって、地主から収用した田畑を石高に応じて分与し、士族の窮乏化を抑える手立てが行なわれ、東作は藤崎に三町歩の土地が与えられていた。[6] 前述したように、一八六九（明治二）年、長谷川誠三が一二歳の時、藤田立策について漢籍を講読した。明治四年、ちょうど本多が藤崎に帰省している頃、長谷川は藤田立策の塾の教授となって働いていた。本多は一四歳の主任教授である長谷川に注目していたに違いないし、何らかの交流があったものと考えられる。

　本多が藩命によって留学した時は、英語学習が中心であった。一八七二年二月には、自らの意志で再び横浜に留学しバラ塾で学び、同年五月三日、J・H・バラから受洗するに至った。同年三月一〇日には一一名の信徒によって日本基督公会が創立された。同年九月、横浜居留地三九番のヘボン邸においてプロテスタントの宣教師に呼びかけて初めての宣教師会議が開かれた。この会議で、聖書翻訳の共同委員制、教派によらざる神学校の開設、無教派主義による教会形成の三点が決まった。教会を形成する時、教派を超えて無教派の一つなる教会を形成するという考え方で、超教派的な教会をつくっていこうとすることが会議で決まった。しかし、その後いろいろな教派が入ってきた時に、この崇高な精神に基づく教会形成は破綻することになってしまった。日本で最初にキリスト教を受容した人々は、勤皇派と言われる薩長土肥の人々ではなく、没落した士族の子弟で、すなわち旧幕臣、佐幕派が圧倒的に多かったのである。まさしく本多もそうであった。七三年からS・R・ブラウンの横浜山手二一一番の博士邸に付属した部屋で神学の勉強をした一団があった。その中で本多庸一、井深梶之助、植村正久、山本秀煌《ひでてる》、押川方義《まさよし》、藤生《ふじう》金六、川勝鉄弥らのように牧師になる者が多く、この一団を「横浜バンド」と言った。[7]

現在の弘前教会

本多は受洗の動機について問われ、「私がキリスト教を信ずるに至った強い動機は我が祖国のためということでありました。我が国が、西欧諸国とくらべて多くの点で大層たちおくれていることを知った時、私たちは、祖国を先進諸国と同じ水準まで引き上げたいと切望したのです」[8]と答えている。祖国のために立ち遅れた日本を先進国並みに引き上げるには、キリスト教を受け入れることが重要であるという考え方は、当時の武士層に共通して見られた現象である。その場合、バラやブラウンに直接教えを受けるなかで、宣教師の人格的な感化が受洗を後押ししたところがあった。本多はさらに「バラは僕らの為にも熱誠こめて祈る。日本国の安寧の為にも祈る。……畏れながら天皇陛下の為にも祈る。僕が感服して起信の重なる動機となったのもそれが原因だ(9)」とつけ加えている。

国家のため、生徒のために真剣に祈るバラの姿に圧倒され、今まで経験したことのないような出会いがそこに待ち受けていた。熊本バンドのL・L・ジェーンズ、札幌バンドのW・S・クラークなどに代表されるように、プロテスタント宣教師たちの中には、南北戦争に従軍した者もいた。その軍人的気質と武士道的精神が心情的にマッチして、士族の子弟たちを魅了したのである。弘前教会を形成したジョン・イング（Ing, John 一八四〇年八月二二日―一八九二年六月四日）もその一人で、北軍の大尉として連合軍の騎兵隊に入り活躍した。ジョン・イングは軍隊を退くにあたり牧師を志し、中国で伝道したが妻の健康上の理由から横浜経由で帰国することになった。ちょうどその時本多庸一の目に留まったのである。その頃、本多の故郷の藩校では、将来有望な子弟に西洋の学問を教授してくれる人物を探している最中であった。こうして一八七四（明治七）年一二月、イングは弘前に来任する。イングは自然科学の知識に富み、初期の宣教師に共通するピューリタン的情熱と高潔な人格を有する人物であったと言われている。ジョン・イングはスタンフォード・イング牧師の長男としてイリノイ州に生まれた。一八七一年にはインディアナ・アズベリ大学（今日のデポウ大学）でM・Aの学位を受けた。一八七〇年六月三〇日には、ルーシー・エリザベス・ハウレー（Hawley, Lucy Elizabeth）と結婚、ルーシーの父ランサン・ハウレーはインディアナ州のブルーミングトン近くの長老派の牧師であった。彼女はマサチューセッツ州にあるマウント・ホーリー神学校を卒業し、結婚するまで教鞭をとっていた。前述のようにイング夫妻は、一八七四年、中国から帰国の途中横浜に立ち寄った。C・H・ウォルフの後、A・C・マクレーが東奥義塾の教師として働いていたが、本多庸一の仲介でイングはその後任として東奥義塾に雇われた。義塾では英語だけではなく、数学、科学、

ジョン・イング夫妻と子息。後列左端が本多庸一、右から２人目が菊池九郎。1876（明治９）年７月（青山学院資料センター提供）

自然史などを教えた。本多庸一の給料が三円五〇銭に対し、イングには一六七円を支給したとある。(10)

本多は、一八七四（明治七）年一二月イングを伴って弘前へ帰郷し、稽古館の後身である東奥義塾の塾頭となり、イングと相携えて伝道した。その結果、イングの強烈な人格的感化は義塾生たちの心を動かし、七五年六月六日、一四名の者が洗礼を受け、同年一〇月三日には弘前公会を創立させることになった。

即チ主安息日青森管内陸奥国津軽郡弘前ニ於テ初メテ天父ニ帰シテ往罪ヲ悔ヒ聖霊ノ感動ニ由テ　救主耶蘇基督ノ贖罪ヲ信ジ亜米利加合衆国「メソデスト」公会ヨリ派出セル伝道者「ジャン・イング氏」ニ由リテ父子聖霊ノ名ニ頼リテ洗礼ヲ成ス者左ノ如シ、弘前菊池軍之助、弘前川村敬三、藤崎本多斎、小杉田中五郎、弘前芹川得一、弘前清野太一、藤崎本多武雄、弘前蒲田昌雄、弘前今則雄、箱舘木村勇二郎、弘前佐藤清明、木造佐藤次郎、

弘前西館真澄、弘前伊藤春山[11]

ここに示された入信者は東奥義塾の塾生で、その大部分が元弘前藩士の子弟であった。この弘前バンドともいうべき一団の成立は、横浜バンドは別として、ジェーンズ指導の熊本バンドより一年早く、クラークの札幌バンドより二年早かった。一八七五（明治八）年弘前教会は無教派主義を掲げる日本基督公会の一教会として創立された。しかし、この一団はメソジスト教会所属のジョン・イングによってもたらされたので、日本基督公会の一教会としての教会かメソジスト教会に所属するかの問題が浮上し、同年一二月二〇日、本多庸一議長の下に教派問題について協議することになった。当時の弘前教会の会友は、本多をはじめとして宗派問題に対して、至って淡泊な意見を懐いていたので、会議の結果二名の反対、一八名の賛成をもって、メソジスト監督教会に所属することになった。こうして、本多は現実路線を取ってメソジスト派のイングと教会形成に励んだ。一八八八（明治二一）年三月、妻ルーシーの健康の悪化もあって帰国するが、その間三五名の受洗者を出し、日本で初めてのメソジスト教会の基礎を築くことになった。[12]

自由民権運動

ここで当時盛り上がりを見せ始めていた自由民権運動とキリスト教とのつながりについて触れておきたい。

自由民権運動の幕が切って落とされたのは、士族層を中核として提起された「民撰議院設立建白」（明治七年）であった。このように士族層によって展開された民権運動は、一八八〇（明治一三）年には、二府二二県、八万七〇〇〇名の署名を集めて国会開設運動に発展し、やがて士族民権から豪農民権に移行するものへと展開していったことは、歴史的快挙であった。

このような全国的動向に対して、青森県の民権運動が本格的に展開されたのは、一八七八（明治一一）年以後である。しかし、これより前、明治八年に三条太政大臣に単独で国会開設請願を差し出した者がある。工藤寛蔵という一七歳の青年であって、これは地方における第一声であろうと考えられる。[13] この第一声は、未だこの時期では弘前においては民権運動の端緒とはなりえず、その後の本多庸一、菊池九郎を中心とする明治一一年以後の民権運動を待たなければならなかった。明治一一年、弘前に本多庸一、菊池九郎を中心とする政治結社「共同会」ができた。この会員のほとんどは東奥義塾の教職員、学生であり、本多、菊池等からの人格的感化によって集まってくる者が多かった。共同会が創立されると、明治一二、三年以降に青森県内に次々とさまざまな結社が創立された。以下その結社を列挙すると、

弘前	自由党系	共同会　東洋回天社
津軽南部	自由党系	益友会　博愛社
	改進党系	一心社のち経世会
津軽北部	自由党系	合同会
	改進党系	北辰社
県南部	自由党系	土曜会
	改進党系	奥南社

自由党系の結社について簡単に説明すると、東洋回天社は共同会の下部組織的存在で、共同会が壮年（東奥義塾の教師）を中心とするのに対して、東洋回天社は血気盛んな青少年（多くは東奥義塾の生徒）の集まりで、奈良誠之助、石郷岡文吉を中心に論陣を張っていた。益友会は黒石（旧城下町）を本拠として竹内清明、加藤宇兵衛がいた。合同会は北部有志の集まりで、主に学術的弁論研究を中心としていた。[14] 土曜会は旧八戸藩士を中心とし

ていたが、次第に郡内に勢力を伸ばしつつあった。しかし、これらの結社の中心は共同会で、集まる者も多かった。共同会を除く結社の多くは、数名あるいは一〇名程度の有志の集まりで、組織だったものではなかった。一方の改進党は自由党に押され、大した運動をしていなかった。

青森県における自由民権運動は全国的な動向と同じく、国会開設運動として展開された。明治一三年一月、有志が弘前で集会を開き、県下を遊説することが決まった。ただちに本多庸一、菊池九郎、田中耕一、出雲大助等を中心に、「四十余萬の同胞に告ぐ」なる檄文が出された。

我輩の最も親愛する四十余萬の同胞兄弟よ。早く我輩の心情を察し、速に我輩の精神となせよ我輩を目して急進事を好むものと見做す勿れ。夫れ国は人民相集るの称なり国中の事務を担任し、一般の安福尊栄を保持するは是れ国民天賦の職分なり。然して我国民は永く卑屈に安じ、天賦の職分を抛棄して顧みざる事茲に二千五百有余年矣。上天尚幸福を我日本国に絶たず、我輩人民幸ひに開明の運に際するを得たり。宜しく愛国の心情を発達し、自由の精神を攉揮《かっき》し、以て国会を開設し天賦の職分を盡さん事を務む可きは、今日を措いて将た何の時を待たんや。今夫れ天子聖哲聡明にして我々人民を視る恰も慈母赤子に於けるが如し。宵衣肝食政事の労を親らし唯偏に我々人民をして自ら蔽へる知識を開拡せしめんと欲するなり。我々人民をして自ら失へる権利を伸暢せしめんと欲するなり。明治元年の御誓文と同八年の聖詔とを拡充して昨十二年府県会を開設し賜ふは国会の道路を開いて我々人民をして自ら其参政の志を誘導せしめんと欲するなり。我々人民は宜しく聖意のある所を思ひ自ら振ひ自ら進んで国会を開設し、国事を分担せん事を務む可きは今日措いて将た何の時を待たんや。今日我国物産未だ起らず貿易未だ盛ならず、富国強兵の道未だ起らず、而して国用給せず国債年々増加せり。外人は乗じて虎狼の慾を逞せんと欲す。条約改正の期は既に七年を過ぎたり。然れども彼未だ我請ふ所を許さず、(以下略)(15)

ここに、本多庸一や菊池九郎たちは、青森県の人々が一致して国事を考える建白書をまとめて国会に提出する前に青森県下の人民に訴えて、政府に請求して国会を開き、民衆の意見を国会に反映させ、経済の立て直しを図り、国権を回復することは緊急なことであると主張し、檄文を発したのであった。

青森県の民権運動は弘前を中心として展開され、これらの中心的結社は共同会で、その担い手を分析しても分かる通り、その大部分が士族信徒であったことが指摘できる。自由民権運動の背後には、未だはっきりした形で現れないにせよ、豪農層の支援があったことは確かである。青森県でも、一八七八（明治一一）年から始まった米価騰貴によるインフレーションに反発して、一部地主層、中農層は、地租軽減運動等の旗の下に連なっていた。これらの一部地主層は、県会開設の一八七九（明治一二）年には県会の大半を占めることになった。

彼等の運動は、キリスト教の信仰をもって、民権運動に参加し、そこでは民権運動とキリスト教とが並行して広められていったという特徴がある。彼等が自由民権運動に参加した動機は、自由民権が標榜する目的意識化された社会ではなく、キリスト教を広めることにあったのである。それは次のようなものであった。

明治一二年頃義塾学生たる伴野雄七郎氏東部に遊学せり。その当時慶應義塾の一派は国会開設を主張せるがため、伴野氏は学生ながらも国会開設の必要を感じ、帰国後菊池本多の両氏に語りし処両氏も感を同じくせり。依て国会開設請願有志を募り、又県下に遊説するに至れり。藤崎は弘前の附近なりしを以て、政談演説のため今宗蔵服部当蔵花田子西の諸氏と共に藤崎に来れり。藤崎は曾本多庸一氏在住せし関係もあれば、同村に至り政治思想普及のため有志と会合す。その当時藤田寛吾（今の匡氏）河部の須東氏等は本多氏の政治思想に共鳴し、会毎に必ず出席せり。その時藤田氏は本多に要求するに政治学研究の外に修身談を以てせり。本多氏大いに喜び精神講話をなせり。主として西洋品行論、勧善訓蒙要旨及基督教の初歩を語れり。(16)

東奥義塾にキリスト教が伝播されるや、宗教面では弘前教会を生みだし、政治面では県下の民権運動をリードした共同会を成立させた。共同会の思想を探求すれば、本多庸一のもたらしたキリスト教と菊池九郎が慶應義塾で培った民権論であったと言える。彼等が究極的に考えていた国家は、「新に世界の形勢を知り、如何にして愛する国家を列強と並伍せしめ国命を泰山に置かんと欲し、欧米文明の其生命は基督教にありと信じたるが故に猶豫なく採用するに至るなり[17]」というものであった。そして、キリスト教的思想と、東奥義塾で養われる英学に基づく進歩的知識とが結びついて地方における民権運動の活力を導き出すものとなったのである。彼等は一八七八(明治一一)年九月、東奥義塾の雑誌『開文雑誌《かいぶん》[18]』を創刊し、地方における啓蒙運動の活発化を促し、民権運動はもちろんのこと、教育、産業などの面でも、盛んに運動を行ない、次第に周辺の市町村、農村にキリスト教と民権の思想が広まっていった。

また共同会の結成趣意書をみると、当時の民権運動の思想がかなり明確に出ている。

共同会は自由民権と泰西文明の真髄に接したる思想精神を鼓舞して官僚主義を改善せんとするにあった。共同会の事業としては当面の問題を論議研究するの他、毎週一回公開演説会を開いて市民の政治思想を開拓するにあった。更に黒石藤崎にも出張演説すること屢々だった。[19]

共同会の考え方を定義づけるならば、「天皇制に基づく国家権力に支えられた民権の伸張」という当時の民権運動の主流を成した思想があらわれていると考えられる。こうして、すぐれて地方的な活動は、キリスト教の思想を基盤としながら、保守的な官僚主義体制内の改革運動として推進され、多分に啓蒙主義的な要素を含んだ運動として展開されていった。

一八八〇（明治一三）年三月になると、全国の民権運動と期を同じくして、本多庸一と菊池九郎が中心となって、東奥義塾において、国会開設の建白書を政府に提出する運動が展開された。約二か月後には、県内郡有志までも集う広範なものとなり、国会に建白書を提出するまでになった。

青森県陸奥八郡有志人民三千人の委員本多庸一等謹んで書を元老院議官諸公閣下に上る。（中略）明治八年において、辱くも立憲政体を施行するの鳳詔を降しいわく、なんじ衆庶と共にその慶に頼らん。天下万性をして天賦の真理を発達し、自治の精神を振興せしむ。（中略）今に及んで早く大憲を制し国会を開くは、いわゆる民の心を休んじ元気を張るの要務にして庸一ら忠民の聖慮を体し、隆運を計るもまたこれ以外ならざるを知る。そもそも国家や群情を通暢し衆知を換易する故に民心相和す唯夫は衆知を換易する故に元気大に振るう。それ元気振るい、民心和す。しこうして一国の治安幸福を得ざるもの、いまだこれあらざるなり。庸一ら伏して草莽に在り、ひそかに当今天下の状態を察するに、貴賤の間形はなはだ近うして情いよいよ疎なり。所在の民、あるいは党を立て社を結び、あるいは言論をもって法に触れ、あるいは筆硯をもって禁を犯す。あるいは縛に就き獄に下り、しかして少しも恥じる色なし。ただに恥じる色なきのみならず、かえって自ら栄とする者あり。はなはだしきは官に抗し罪の触るる者は皆これを目して仁人志士となすに至る。これあに民心の和せざるの弊にあらずや[20]（以下略）

ここに建白書を携えて本多庸一、中市稲太郎が総代となって上京し、元老院に提出した。当時の地方的運動としては、民衆の基盤まで浸透して展開されたものとしてみることができるであろう。続く一八八〇（明治一三）年一一月一〇日の大会には菊池九郎が自ら代表として出席し、一大勢力になりつつあった。翌一八八一（明治一四）年一〇月、自由党結成大会には東奥義塾の教師であった服部尚義《ひさよし》が列席することとなった[21]。ここに共同会を中心とする民権運動は、次第に県下の壮年層、豪農層をとらえ、その有力な基盤を農村に見出していた。[22]

明治一〇年代の自由民権運動を考察すると、民権運動とキリスト教の社会層に重なるところが見られる。キリスト教と自由民権運動との結びつきを考えると、第一には、キリスト教が「万人平等の信仰」を社会的に実現しようとして、自由民権運動に参加する形態であり、第二には自由民権論者が、その民権思想の基盤をキリスト教に求めて、キリスト者になる形態である。前者の場合は、青森県の本多庸一、菊池九郎等の場合や群馬県で活躍する多くのキリスト者にみることができる。後者の場合は、高知県の片岡健吉などに代表される形で、民権運動に参加していく中で、新しい精神的糧を得てキリスト教に入信する場合である。[23] 青森県におけるキリスト教は、受容された地点が城下町の弘前であったという社会的背景に基づく点から分解過程にある一部の士族層に受容された。士族層の一部に受容されたキリスト教は、漸次その周辺から市町村、農村に伝道が広がっていた。その伝道の拡張と民権運動との過程がまさにパラレルに展開されていった点が指摘できる。

藤崎において特に政治に関心を持っていたのが長谷川誠三であった。長谷川虎次郎は「故長谷川誠三翁」の中で長谷川誠三の政治への関心を次のように記している。

其の初めは政治上に志があったらしい。明治十三年頃自由民権の説所在に行はれ、彼の本多庸一先生、菊池九郎翁等の弘前町会所に集りて其の説を提唱するや、翁は率先之に応じ、其の国会開設の建議或は請願書等を時の元老院又は太政官に提出せんとするに当り、藤田匡、藤田奚疑氏等と選ばれて藤崎地方の委員となり、大いに奔走する所あった。其頃より政治上の新知識を得るの必要を感じ当時新刊の嚶鳴雑誌を始め同社及経済雑誌社発行の政治出版物を購読し、新知識獲得に努めた、而して地方の政治に対しては、村会議員、総町村聯合会議員、郡会議員等の公職に当り、大いに盡くす所はあった。其の政治上の主義としては、専ら自由進歩の説を執りて帝政保守の主義と対抗し、盛んに政争場裡の人たりしこともあった。[24]

長谷川誠三はいち早く藤崎地方の委員となり、藤田寛吾、藤田奚疑等と民権運動に奔走した。長谷川は、藤崎で開かれる演説会にはもちろんのこと、弘前各所でもたれる集会にも欠かさず出席することになる。士族民権として出発した民権運動は、次第に県下の豪農豪商に浸透していった。その意味では、誠三は民権運動の経済的バックボーンでもあった。一八八〇（明治一三）年初めに国会開設の請願をするため、遊説員が各村をまわったが、自由民権運動家の竹内清明が藤崎では、長谷川誠三と佐藤勝三郎に請願運動の先達になってもらったと言い、長谷川は南津軽郡南部の自由党系の益友会に所属するようになった。

長谷川誠三は、藤崎で神童といわれた藤田寛吾（のちに伝道者になった時、匡と改名）とは幼友達で、また寛吾の父藤田立策の塾に通っていた関係でも彼とつながっており、自由民権運動を通じて、さらに寛吾と親密感を増していった。一八七二（明治五）年、寛吾が一四歳の時、暗黒と絶望へと追いやられる出来事が起こる。その頃彼は、午前中は兼松成言の私塾で学んでいたが、午後には稽古館で士族の子弟と一緒に学ぶことになっていた。静岡から招かれた宮崎立元の学識に傾倒していたが、宮崎が江戸に帰るという段になって、寛吾に対し江戸へ行って勉強する気はないかと問うた。兼松も承知の上でのことであった。しかしその頃寛吾は、目が非常に疲れやすく、次第に霞んで見えるのを覚えていた。そこで兼松から江戸行の前に早く名医である山崎に目の検査を受けるように勧められた。山崎医師は診察して顔を曇らせた。「君の眼は多分底翳《そこひ》であろう。現在の医学では残念ながらどうにもならない」。こうして寛吾は江戸行を諦めるほかなかった。このような状況の中、同年一一月に父を亡くし、続いて母が看病に疲れたのだろうか倒れて、あとを追うように逝った。さらに艱難が青年寛吾に襲いかかり、旧約聖書に描かれるヨブのようにさまよう中で今度は生家が全焼してしまった。

長谷川誠三と寛吾はお互いの家が近くだった。寛吾は長谷川の家を訪れては、酒を酌みかわしながら政治談義に花を咲かせた。長谷川がいつから総町村連合会議員になったか定かではないが、この頃は既に議員の一人と

藤田匡（藤崎教会提供）

して活躍していた。また長谷川は、村会議員、郡会議員にもなって活躍していた。彼は郡会議員から県会に議席を持つことも考えていた[25]。弘前や南津軽郡は、政治の中心であったので多くの論客がいた。隣町の浪岡には阿部政太郎、黒石の県政の実力者竹内清明などがいて政論が戦わされていた。『藤田匡伝――わが国最初の盲人牧師』によると、どうしても長谷川が議論に負けるので、歯がゆく思って寛吾に出馬を要請したという。当時議員になるには一定の財産がなければならなかったので、誠三は寛吾に財産を分与して連合会議員になってもらった。寛吾は二二歳から二年間議員となり、「筋道だった論理」で阿部や竹内と堂々と渡り合い、藤崎に論客ありと言われた。長谷川は、藤崎でも県に陳情に行くときは必ず寛吾に同行してもらったという[26]。

このような働きをするなかで、本多の導きにより、寛吾は弘前教会に熱心に通い礼拝を守った。礼拝後、本多を訪ねては肩をもみながらキリスト教の話を聞いた。宮崎立元から陽明学を学び、天道の思想を受容していた寛吾はすぐに聖書の真理を理解するようになった。寛吾が特に感銘を受けたのはヨハネによる福音書第九章のところで、生まれつきの盲人をいやす場面である。生まれつき盲人なのは、誰が罪を犯したからですかという問いに対し、イエスは本人や両親が罪を犯したからでもない。「神の業がこの人に現れるためである」と答えた。寛吾は深い驚きをもってキリストを見上げ、閃光が彼の胸を貫き、目から鱗が落ちるのを感じ、一八八二（明治一五）年一月八日本多庸一牧師から洗礼を受けたと言われている。

これまで見てきたように、自由民権運動は単なる民権思想の浸透だけではなく、それまで日本の伝統の中に位置づけられることのなかった全人格的なキリスト教の信仰に支えられ、従来の観念を根底から転換させるような価値観を包含していたのである。従って、旧来の価値体系を温存する県下の保守派と対立することは必至であった。その圧力は本多と菊池九郎等を襲うことになる。つまり、政府の志向する天皇制を基本とする近代資本主義成立期にあって、人間の自由を唱える民権運動とキリスト教が説く神支配の論理はおのずと権力者にとって受け入れがたい性格を持っていた。従って、弘前における共同会の民権運動は、かかる二重性をそなえていたが故に、自由民権運動とキリスト教への弾圧という二重の意味での抑圧がふりかかることとなったのである。

この弾圧が露骨に現れたものに、弘前紛紜《ふんうん》事件と言われるものがある。時の県令山田秀典は、民権の伸長を恐れて、そのエネルギーを体制内に引き入れ、民権運動の息の根を止めるべき策略を試みることとなる。それは保守派と民権派との抱き合わせという形での妥協策に他ならなかった。山田によれば、それは「一、勅諭に奉答して政治思想を渙発せしむ、二、学校を盛んにして知識を拡充する、三、産業を盛んにして国本を固ふす云々」の三つにまとめることができる。(27) ところがこの妥協策さえも保守派の受け入れるところとはならなかった。結局、中津軽郡長笹森儀助と県会議員保守派のボス的存在である大導寺繁禎の辞職を引き起こし、さらに次々と保守派のリーダーが職を辞すという事態に発展した。そしてこの空席を共同会員が占めることになり、共同会の勝利が確定したかに見えた。しかしその矢先、翌一八八二（明治一五）年一月、この政変を主導することになっていた山田県令が病により急逝した。ここに、その後任として保守派の大導寺繁禎、笹森儀助と組んでいた郷田書記官が県令に就任するというどんでん返しが起きたのである。これによって共同会は命脈が尽き、館山善之進、菊池九郎等が辞表を提出するという事態となった。

今宗蔵はこの当時の状況を、「目今恰も弘前に二党派を現出せり、実に維新以来未曾有の弘前の混乱なり、論者今日に於ては之を鎮定するを急務なりとせり云々」と述べている。(28) それは、本来的な意味でのブルジョア革命運動という形態を志向することなく、いわば県下の主導権争いという妥協的な官僚体制内での変革であったことを意味していたと言えよう。その後、菊池九郎は本多庸一と共に県会議員となり共同戦線を張るが、もはや共同会の全面的後退は否めず、両者は県会の少数左派という立場から県会での「キャスティング・ボート」的存在となった。

このように弘前紛紜事件は、共同会の全面的後退という形で終息するが、保守派はこれをもって満足することなく、共同会の根城である東奥義塾の転覆にとりかかった。保守派は以前から本多、菊池等が藩校であった義塾に勝手にキリスト教を取り入れ、それに基づく教育を行なっていることに憤懣やるかたない思いを抱いていた。そこで東奥義塾の経済的基盤である旧藩主からの援助金年額三〇〇〇円の差し止めにかかった。それは藩公津軽承昭への二度の上申となってあらわれる。『津軽承昭公伝』には次の記述がある。「青森県下、亦自由党ノ勢隆盛ナルニ至レリ。時ノ政府ハ、是等ノ政党ヲ政治上ニ妨害アルモノト視テ、其振起ヲ厭フノ風アリ（中略）東奥義塾ハ今ヤ自由党ノ巣窟ニシテ、国家ニ妨害ヲ及ボスベキ所ナリ[29]」。このように保守派は、旧藩主が東奥義塾に補助金を出すことは共同会に荷担することと同じであるという発想をもって盛んに攻め立て、ついに、ここに旧藩公に受け入れられることとなった。

それは一八八三（明治一六）年一月一三日のことで、「東奥義塾ヘ年々給與シ来リタル三千円ノ補助金ヲ止メ、更ニ一時金一萬円ヲ寄附スベキヲ達シ、日ヲ経テ、結社ニ対シ、爾後独立教育ノ実効ヲ立テンコトヲ教諭セラレ、尚菊池九郎ヲ以テ同塾ノ監督トセラレタリ[30]」とあるように、ここに反対者の妨害運動は功を奏した。共同会の養成所的役割を果たしてきた東奥義塾の経済的危機は、共同会の勢力衰退の大きな要因となり、その後、権力者の諸々の弾圧と共に急速に衰退の一途をたどり、一八八三（明治一六）年四月頃にはその存続問題まで波及したあげく、ついには解散のやむなきに至るという経過をたどることとなった。

青森県の自由民権運動において中心的な働きをしてきた共同会が解散すると、県内の他の自由民権結社も勢いを失くした。このことは自由民権運動に邁進していた長谷川に影響を与えることになっていった。それでも長谷川は、一八八六（明治一九）年二月五日の県会議員選挙に立候補した。開票結果は経世会の北山彦作が一一一八票でトップ当選し、続いて猪股俊作、阿部政太郎が当選、益友会の榊喜洋芽、菊地健左衛門、長谷川誠三の三人は落選した。その時の長谷川の得票は五八七票で最下位であった。(31) この前年には前述のように、佐藤勝三郎と大規模りんご園の敬業社を設立し、実業界へ乗り出している時であった。長谷川は郡会議員は続けていたが、県会議員選挙の落選を契機として次第に実業界へと舵を切ることになっていくのである。

注

（1）弘前大学国史研究会編『青森県の歴史』青森県地方文献刊行会、一九六六年。長谷川成一、村越潔、小口雅史、斉藤利男、小岩信行『青森県の歴史』第二版、山川出版社、二〇一二年。

（2）誠三には定次郎という弟がいた。定次郎は父定七郎の第二子として文久三年一一月一九日（一八六三年一二月二九日）に生まれた。明治一八年一月棟方なる絶家を再興してその姓を名乗る。同年六月六日弘前教会にて受洗した。商業に従事し、黒石町鳴海俊吉の八子絹子と結婚、鶏卵や馬鈴薯の輸出業や洋蠟《ようろう》製造を試みるなど企業心に富んでいた。なお、長谷川家の由来については、故長谷川巖氏が作成した「藤崎・長谷川家系図飛内・高木家の分家」並びに故長谷川亨氏が調査した資料によった。

（3）長谷川誠三のことについては次のものがある。長谷川虎次郎「故長谷川誠三翁」『竹南文集（第三冊）』、東奥日報社、大正一五年。柳田英二「藤崎銀行のこと」『銀行外史』探訪落穂拾い（その一）、発行所、発行年不明。長谷川の生い立ちについては前述の資料と故佐藤篤二氏、故長谷川愛之《あいし》氏、故長谷川亨氏等の聞き取り調査を参考にした。『大正人名事典』（複製）日本図書センター、一九八七年（第四版、東洋新報社、一九一八年）。『近代日本の書――現代書の源流をたずねて』芸術新聞社編、芸術新聞社、一九八四年。『明治書道史夜話』近藤高史、芸術新聞社、一九九一年。また論文では拙稿がある。「長谷川誠三研究――ある地方事業家の信仰と事績」『経済商学研究』第八・九・一〇合併号、明治学院大学大学院経友会、一九七七年三月。他に次のものがある。拙稿「長谷川誠三の生涯（上）（中）（下）」『恩寵と真理』七三四―七三六号、同信社、一九七八年。

（4）山路愛山「我が見たる耶蘇教会の諸先生」『愛山文集』民友社、一九一二年、九四一―九四三頁。

（5）青山学院『本多庸一』編集委員会編、氣賀健生著『本多庸一――信仰と生涯』教文館、二〇一二年。この書のほかに野口伐名『本多庸一――国家、教育、伝道』弘前学院出版会、二〇一四年がある。

（6）拙稿「明治期におけるキリスト教受容の一考察――弘前教会を中心として」『日本歴史』五月号、一九七七年、六七頁。弘前市立図書館所蔵『在着案内』と『弘前藩士卒田園分賜録郷村記』の二資料から本多庸一の家禄改正前の禄高が三百石であることを突き止めた。『藤崎町誌』（第四巻）によると、本多庸一の父東作が藤崎村に在住したのは、大字藤崎字村岡二〇番地付近で、現在の仲町のガソリンスタンド付近と言われている。庸一の弟・斎《いつき》が後に藤崎小学校の教員を務めるなど、本多家と藤崎村とは関係が深かった。

（7）一八九五年一二月『ジャパン・エバンジェリスト』誌には、横浜バンドは一八七二年からS・R・ブラウンの指導のもとに横浜山手二一一番のブラウン邸で勉強した一団を言うと述べている。そのメンバーは真木重遠、押川方義、本多庸一、篠崎桂之助、吉田信好、井深梶之助、熊野雄七、植村正久、伊藤藤吉、江頭信太郎、川勝鉄弥、山本秀煌、雨森信成、古澤久治、藤生金六などであった。W・E・グリフィス著・渡辺省三訳『われに百の命あらば――中国・アメリカ・日本の教育に捧げたS・R・ブラウンの生涯』キリスト新聞社、一九八五年にも記述されている。

（8）高木壬太郎編『本多庸一先生遺稿』日本基督教興文協会、一九一八年、五頁。

（9）青山学院資料センター蔵「山鹿旗之進文書」。ジョン・イングは、在任中三五名の者に洗礼を授けている。一八七五（明治八）年一〇月三日の第一安息日に弘前公会の立会を行なった。その席上、ジョン・イングに仮牧師の要請をしたが辞退された。長老に本多庸一、川村敬三が当選、執事に菊池軍之助が選ばれ、公会条例を承認した。この条例は日本基督公会に列なる教会であることを宣言したものであるが、翌年の一二月二〇日メソジスト教会加入の決議をし、アメリカ・メソジスト監督教会に加入することになった。大木英二『弘前教会百年史』にはその事情を詳しく述べている。

（10）川崎一郎訳「宣教師・ジョン・イング伝」東奥義塾創立九十五年史編纂委員会編『東奥義塾九十五年史』一九六七年所収。雇用契約書では、一六七円と定められている。しかし、山本博「ジョン・イングと弘前バンド――津軽の英学（その五）」（弘前大学教養学部『文化紀要』第二六号、一九八七年七月）によると、この月額一六七円の給料の中にはイング夫人が授業を担当したため推測できるとしている。英文の契約書では、イングの給料は一五〇円となっていると指摘している。

(11) 本多繁「弘前教会記録公会記事」『キリスト教史学』二四集、一九七〇年。

(12) 日本基督教団弘前教会所蔵「弘前教会記録公会記事」によると、ジョン・イングが弘前に来て初めて洗礼を授けたのは、一八七五（明治八）年六月六日ことで、一四名の者が洗礼を受けている。菊池九郎の弟軍之助、本多庸一の弟である斎武雄、青森市長になった芹川得一などである。同年七月三日には全権大使になった珍田捨巳、牧師になった山鹿元次郎等八名、一八七六（明治九）年四月二日には二名、同年七月三〇日藤崎小学校校長沢井広之助、本多庸一の妻みよなど三名、翌年六月二三日衆議院議員菊池九郎など三名、同年一〇月七日には菊池九郎の母きく子など二名が洗礼を受けている。

(13) 東奥日報社編『青森県総覧』昭和三年、四八頁。

(14) 同右、四八頁。

(15) 同右、四八頁。

(16) 高木武夫編纂兼発行者『弘前教会五拾年略史』日本メソヂスト弘前教会、大正一四年、九―一〇頁。また津軽地方の状況を『七一雑報』では次のように報告している。「陸奥国中へは弘前教会より追々説教所を設置して近頃は弘前より僅斗の距離にある黒石に一ヶ所、又青森港へも二ヶ所取設けて盛んに伝道に尽力されるよし内一ヶ所は分営の通路なる川堤際の須藤序といふ人の家屋を借り受けしとぞ（因みに須藤氏の女は三年前より横浜女学校にありて追々熱心の信者となり已に今春バラ氏より受洗せられしよし）何れも聴聞人百人を以て数ふる程にて景況甚だよきよし然し伝道者の少ないには殆ど困却のよし何れの地方も左こそあるべけれ」（『七一雑報』明治一一年七月五日、三一―二七頁）。このように明治一〇年代のキリスト教は、新しい息吹をもって農村に都市に比較的広範な層に土着化しようとする様相を呈していた。

(17) 東奥日報社編『青森県総覧』昭和三年、六〇頁。

(18) 開文雑誌が創刊されたのは明治一一年九月で当時にしては珍しく活字を用いて出版している（東奥日報社出版部『青森県政治史』一九六五年、四〇九頁）。主に、民権思想に関する論説やキリスト教の解説などが載せられた。東奥義塾学友会編『東奥義塾再興十年史』「回顧録」一九三一年、三一―四頁。

(19) 長谷川虎次郎『菊池九郎先生小伝』東奥義塾、一九三五年、一五四頁。

(20) 東奥日報社編『青森県総覧』昭和三年、四九―五〇頁。

(21) 板垣退助監修『自由党史（中）』岩波文庫、一九六八年。

(22) 青森県における民権運動の発展過程において、中央との関係あるいは当時の奥羽近県との関係はどうであったかの点である。まず中央との関係であるが、一八八〇（明治一三）年一一月に行なわれた国会期成同盟の第二回大会において、菊池九郎が弘前や各郡一五〇名の青森県代表として出席し、また翌年一〇月の自由党結成大会では、服部吉之丞が七八名の代表としてそれぞれ出席しているだけである。奥羽近県との関係はどうであったかと言うと、岩手の鈴木舎定、福島の河野廣中等の民権論者とほとんど連絡を持たずに独自の運動をしている。従って、以上のことから考えると、中央との関係は多少あったにせよ、極めて孤立した形での青森県内にとどまる地方的な運動であったとみていいであろう。

(23) 隅谷三喜男『天皇制の確立過程とキリスト教』御茶の水書房、一九六七年、二一一頁。民権運動に参加する中で、新しい精神的糧を得てキリスト教に入信する後者の片岡健吉と同じような形態を辿ったものをみると、ノックスより受洗した(民権論者)者には、坂本直寛、武市安哉、細川劉等の名をあげることができる。また、その他の例としては酒屋会議長をした石陽自由党の中心人物である小原鉄臣、あるいは今まであまり知られていない人物では、喜多方事件の闘士兼子常太郎(福島自由党)は民権運動に望みを失い、後に京都の同志社に学び牧師となった(「自由と民権」『明治の群像五』三一書房、一九六八年)。

(24) 長谷川虎次郎「故長谷川誠三翁」『竹南文集』(第三冊)東奥日報社、大正一五年。

(25) 日本基督教団藤崎教会編『地の塩世の光として――藤崎教会百年記念誌』一九八六年、五四頁。

(26) 福島恒男『藤田匡伝――わが国最初の盲人牧師』藤田匡伝記刊行会、昭和四一年。

(27) 東奥日報社編『青森県総覧』昭和三年一一月一〇日、五四頁。

(28) 同右。

(29) 津軽承昭公伝刊行会『津軽承昭公伝』一九一七年、三八五頁。

(30) 同右、三八六頁。

(31) 『地の塩世の光として――藤崎教会百年記念誌』五四頁。

第二章　藤崎とキリスト教

第一節　藤崎教会の創立

『地の塩世の光として——藤崎教会百年記念誌』によると、一八七三（明治六）年本多庸一が横浜留学中の夏頃、帰省して藤崎の実家に逗留していた際、「父東作の命ずるまゝ父の友人数人にプロテスタントでは東北で始めての説教を行なった」と記されている。(1)また「明治六年夏の本多が藤崎で東北で初めて行なった説教に兄の衛と一緒に出席したのが、佐藤の基督教に接した始めである」とある。ここに出てくる佐藤は、妹のいそが長谷川誠三の妻になる佐藤勝三郎のことである。このことから見ると、藤崎村にキリスト教が伝えられたのは、本多庸一が明治六年夏、横浜に留学中に帰省し、父東作が在住していた藤崎村で説教し、村人と交流したことがその始まりである。恐らく、一六歳の長谷川誠三もこの集会に出向いていたと考えられる。これを契機として、佐藤勝三郎はイング宅に出入りするようになるのである。その後、本格的に藤崎にキリスト教が伝道されたのは、一八七七（明治一〇）年のことであった。本多庸一の伝道日誌に次のような記述がある。

明治十年十二月十五日より、藤崎を発し往くこと五里にして五所川原に至る。（毛内治五蔵に宿せり）留《とどま》ること二泊、十六日の晩に講義を始めしが聴衆五十四、五人、内女十五、六人。宿の亭主は一向宗の信者と見え種々抗論せり、然れども強いて道を求める心にも非ず、されば唯談話に交え、親しく道を極言すること能わず聖書は売れず(2)。

一八七七（明治一〇）年一二月一五日から翌年の一月二二日までの三九日間にわたり、行程二四〇キロ、雪積もる極寒の地で、津軽半島を単身で伝道したことは大きな驚きである。本多庸一は、実家の藤崎から出発して、五所川原を皮切りに木造、金木、中里、小泊に至り反転して日本海を右に見て、十三から海岸沿いに南下して鯵ヶ沢から金井浜、深浦をターンして鯵ヶ沢から藤崎に戻る行程であった。伝道の初日をみると、浄土真宗の強い所で、宿の主も一向宗の門徒で、「宿の亭主に耶蘇教の話を始めたいから人々を集めて呉れ」と言ったところ、一向宗の信徒が集まる始末、四〇～五〇人の聴衆に話をしたといった具合である。中里では雪との闘いが始まった。豪雪のなか聖書を担いで歩いて次の宿泊場所に行くので、体力勝負である。交通機関が皆無のなか、キリスト教の教えを説いて歩いた町村は一〇か所、辛苦に満ちた僻地伝道の足跡が自筆の「伝道日誌」として残っている。この壮絶な体験は、以後の本多の伝道に大きな自信となっていったのである。

藤崎は弘前から北東六キロの地点にあたり、当時士族帰農令によって本多の実家があった所である。士族の帰田法にもとづく分与地が実施されたのは七一（明治四）年であるので、本多の父東作が藤崎に在宅したのも明治四年以降であったろう。従って、本多庸一がたびたび藤崎の地に来たのは当然であって、その間何らかのキリスト教布教がなされたであろうことは想像にかたくない。

前述のごとく、自由民権運動が国会開設運動として展開されて、一八八〇（明治一三）年二月、有志が弘前で集会を開き、県下を遊説することが決まった。弘前における共同会は、その多くがキリスト者であったことから民権運動とキリスト教の集会が同時並行的になされる傾向があった。

その後、弘前より幾人かの伝道師が藤崎に来て説教あるいは聖書講義を開いた。『藤崎美以教会記事録』には当時の模様を示す記述がある。

明治十五年一月或は二月の頃にてありけん弘前美以教会より本多庸一古坂啓之助山田源次郎の三氏交も此地に来りて基督教伝播の労を取られたりしが抑も此一挙は後来設立せらるべき藤崎美以教会の濫觴にてあり き爾来諸氏の熱心なる観導により幾分か当地方有志の感覚を惹起し得たり然れども当時未だ説教或は講義を為す可く適当したる一定の場所無かりしが後に幾何も無くして佐藤勝三郎の居宅を以て其用を供したり(3)

こうして農村にキリスト教が浸透しはじめその努力が実って、一八八二（明治一五）年一月藤崎で本多庸一から一番早く洗礼を受けたのは、藤田匡と須藤勝五郎であった。これより以前、藤崎教会の佐藤勝三郎は二八歳の青年にして従来から携わっていた「藍」の商売より、もっと安定した商売を求めていたこともあって、しばしば弘前にりんごの栽培技術研究のため出向いていた。例えば、彼の自筆履歴書によれば「明治十三年より十六年頃まで屢々隙を得れば東奥義塾に至れり本多庸一、珍田捨巳の両氏の紹介にて米国教師より米国の林檎園に付き種々教えを受け大なる利益を得たり」と記述されている(4)。

こうして東奥義塾の教師や弘前教会員と触れ合ううちに、ついに一八八四（明治一七）年六月一五日に佐藤勝三郎は藤田奚疑と共に弘前美以教会にて受洗した。一八八五年六月一四日には清水滝次郎が洗礼を受けた。この洗礼までは、弘前教会に出向いて受洗していた。同年一〇月一六日の洗礼式から藤崎教会で行なわれることになり、その日は長谷川誠三邸で行なったのである。宣教師C・W・グリーン（Green, Chales Wesley）がここまで足を運んで、清水理兵衛、佐藤勝三郎の弟又八、沢井さい、沢井とき、佐藤勝三郎の妻なか、藤田奚疑の妻志ゆんに洗礼を授け、同月一八日には木村茂が受洗している。翌八六年六月六日には、長谷川誠三の弟棟方定次郎、小山内克、佐藤勝三郎の父栄治が受洗し、同年一二月には岩井ブンが転入した。さらに八七年三月四日には、藤田とし、藤田なり、藤田さた、藤田みほが受洗した。

しかし長谷川誠三はなぜか洗礼を受けるまでは至らなかった。幼なじみの藤田匡は牧師を目指し、やがて盲目の牧師として名をなし、また佐藤勝三郎も藤田奚疑とともに八四年にキリスト者になった。しかも長谷川は一八七五（明治八）年に勝三郎の妹いそと結婚し、早くからキリスト教に接する機会があったが、受洗するには至らなかった。

ところが一八八五年一〇月一六日、藤崎における最初の洗礼式が、未だ洗礼を受けていない長谷川誠三邸でC・W・グリーンによって行われた。長谷川誠三はこれを契機に、キリスト教に対して次第に関心を持つようになった。『日本キリスト教歴史大事典』によれば、C・W・グリーンは一八八二年八月、W・C・デヴィソンの横浜転任にともない入れ替わりに函館に着任、青森、弘前、黒石、盛岡の長老司となり、藤崎を度々訪れている。長谷川自身が洗礼を受けないにもかかわらずなぜ自宅を開放したのかは、今まで以上に彼がキリスト教に関心を示し、受洗への思いが次第に高まっていった現れと見ることができる。『藤崎教会百年記念誌』では、長谷川が受洗するに至った状況を説明している。「長谷川の心をここまで動かしたのは、佐藤勝三郎が妻を清水滝次郎は父をそして沢井弘之助は母と妻を受洗させようとしたことにある」と述べている。こうした藤崎におけるリバイバル（信仰復興）的状況の中で、洗礼式を長谷川誠三邸で行ない、誠三の周辺の人たちが次々に受洗していった。(5)

『藤崎美以教会記事録』第一巻から誠三の受洗した状況を辿ると次の通りである。

時運の到来と共に会堂建築の議専ら信徒間に起り同（明治）二十年二月頃に至り棟方定次郎佐藤勝三郎の両氏を挙げて建築委員となし内外より寄附金を募り建築の計画をなさしめぬ漸く同年六月十四日に至り悉皆

落成し此日献堂式を挙行したり（建築に関する諸記録は別冊として保存せり）之より先き当村の有志者長谷川誠三氏未だ受洗せざりしと雖も大いに此議を賛して会堂建築に尽力せらる氏は従来酒造営業に従事し居られしが深く決心する處ありて断然其業を全廃して醬油及味噌製造業に転ぜられたり　同年六月長谷川誠三、同いそ、同まつ、鳴海敏次郎、棟方きぬ、佐藤きよ、棟方哲三氏の七氏新築したる会堂に於て受洗す。(6)

『藤崎美以教会記事録』と『藤崎教会四季会記録』
（藤崎教会所蔵）

長谷川誠三は受洗前にもかかわらず、酒造業を廃し、味噌醬油醸造業に転じてキリスト教を受け入れる準備が整いつつあった。長谷川誠三がなぜ受洗に至ったのか。また彼の信仰的核心は、いかなるものであろうか。長谷川誠三は自由民権運動に挺身していったが、それは本多庸一との結びつきが強かった。また、その後のキリスト教との出会いも本多との関係が深かった。その点では、本多の信仰的側面を見る必要がある。本多庸一は、横浜における日本基督公会のメンバーであり、また横浜バンドの一員でもあった。そのメンバーの大半が旧士族層であった。そこに共通するのは、封建的武士の倫理からキリスト教への回心を経験していることである。本多が受洗した動機は、「我が祖国のため」ということであった。横浜バンドの一員であった押川方義は、J・H・バラが「神よ、わが日本を救い給え」と祈ったことに衝撃を受けた。この今まで聞いたことがない祈りが彼を回心へといざなっ

藤崎村の若き指導者たち。前列中央が初代藤崎村長清水理兵衛、その右が長谷川誠三（『藤崎教会百年記念誌』より）

ていった。「日本を救い」、「最大の国にしたいという熱望」となり、西洋に匹敵する日本を作り上げていきたいという考えとなっていった。(7)

前述したように、キリスト教と自由民権運動との結びつきをみると、「万人平等の信仰」を社会的に実現しようとして、キリスト者が自由民権運動に参加する形態があり、もう一つは自由民権論者が、その民権思想の基盤をキリスト教に求めてキリスト者になる形態がある。前者は、青森県の本多庸一、菊池九郎や共同会のメンバーなどのキリスト者の中に見出され、キリスト教が受容されたのが城下町の弘前であったという点から分解過程にある一部の士族層に受容された。士族層の一部に受容されたキリスト教は、漸次その周辺の市町村や農村に布教された。その特徴は伝道の拡張と民権運動とが同時並行的に展開されていった点にある。長谷川誠三の場合は、後者の弘前における自由民権運動が停滞、挫折するなかで、本多庸一との関係からキリスト教と出会うことから、後者の民権論者がその思想的基盤をキリスト教に求める範疇《はんちゅう》に属すると言えよう。(8)

一八八三（明治一六）年四月頃、弘前における自由民権運動の中心的結社であった共同会が解散した。これ以後、津軽地方における自由民権運動は衰退していった。このように共同会が解散し、自由民権運動が衰退する中で、藤崎においても長谷川誠三、清水理兵衛、佐藤勝三郎、藤田奚疑、藤田匡など民権運動に関心を持っていた者も政治の世界からキリスト教に傾斜していくのを見ることができる。藤崎村の場合、キリスト教の伝道と自由民権運動が同時並行で展開されたが、キリスト教を受容した者の増加が、概して自由民権運動が衰退していく時期と重なるのである。一八八二年一月、一番最初に受洗したのが須藤勝五郎と藤田寛吾（匡）であった。八〇（明治一三）年二月国会開設請願のための政治講演会が弘前の東奥義塾で開催され、同時にこの頃長谷川誠三、佐藤勝三郎、藤田奚疑、藤田匡などが国会開設の活動を始めた。藤崎でも政治講演会を行なうと同時にキリスト教講演会も開催されている。

長谷川誠三の入信

藤崎美以教会が教会堂を建て牧師を迎える段階になると、佐藤勝三郎は献金の他土地九〇坪を提供することになり、長谷川は受洗前とはいえ会堂建築の建築費一四七円のうち五〇円を献金し、また酒造業をやめて味噌醤油醸造業に転じ、ピューリタン的な生活に転換していくのである。ここに一八八七（明治二〇）年六月一四日勝三郎、誠三が中心となって、藤崎教会の会堂が落成し、その当日誠三は妻いそ、娘のまつ、鳴海敏次郎、棟方絹、佐藤きよ、棟方哲三の六人とともに教会の献堂式において受洗した。藤崎教会は、弘前美以教会の講義所となって岩井忠吉牧師が専任牧師として迎えられた。長谷川誠三は受洗するや、禁酒を励行し「禁酒貯蓄会」を立ち上げ会長となって禁酒運動を推進、日曜学校の校長を引き受け、藤崎教会の柱石になっていった。

長谷川誠三がキリスト教に入信した経過は以上である。しかし、長谷川自身がどのような動機で受洗したかについては、書き記したものを残していないので分からない。長谷川が受洗を契機に酒造業を廃止し、味噌醤油製造業に転換したことに表れているように、入信にあたって自らの生活を変えるまでの価値の大転換が起こった。

それまでは、毎晩のように酒を酌みかわしていた。「成人した長谷川は斗酒の酒豪となり、郡会議員を勤めていた頃、泥酔して黒石の出先から熟睡したまま、かつがれて帰宅することがしばしばであった」という。受洗するや、きっぱりと酒をやめ陸奥禁酒会の会長として活躍するまでになった。(9)

長谷川誠三は、「我が祖国のため」と言ってキリスト教に入信した本多の影響から自由民権運動に挺身し、その後教会に結びついていったことを考えると、本多の信仰への動機と同じような思いを抱いて信仰に入っていったと思われる。長谷川誠三の志は政治にあった。長谷川虎次郎は、「若し其の思想が当年の儘にして変化せざるならば、政治家の一人として終始したに相違なかろう」と言っている。しかし、壮年を過ぎる頃、長谷川に一大変化が起こった。それは「キリスト教を信じたことであった」と述べている。そしてアメリカ人宣教師グリーンから夫婦ともに洗礼を受けメソジスト教会に入り、「厳格に教義教則を守り、且つ日曜学校の大人部に於ける聖書の講義を担当する等、専ら教会の為に盡した。翁の敬天愛人の思想は当派の競争軋轢の政治界を嫌悪するに至りしは当然である」という。誠三の三女クニの夫として、最も近い所から誠三を見ていた長谷川虎次郎が「敬天愛人」の思想という表現をしているのに注目したい。天を敬い、人を愛する信仰に生きた誠三を的確に捉えていると言えよう。(10)本多庸一が朱子学から陽明学へと進んでいったように、長谷川もその思想的背景には陽明学の影響があった。陽明学は中国の王陽明が説いたもので、朱子学の批判から出発し、時代に適応した実践倫理を尊んだ。心即理、知行合一、致良知を主要なものとし、日本では中江藤樹によって切り開かれた。長谷川は明治二〇年代になっても村会議員、総町村聯合会議員、郡会議員などの公職に就いているが、次第に政治の世界から事業家へと重心を移していったが、信仰が揺らぐことはなかった。

長谷川誠三が入信するについては、藤崎教会創立に尽力した伝道者でもある沢井弘之助の影響もあった。沢井は小学校教諭を経て一八八四(明治一七)年一〇月、藤崎小学校の校長となり、同時にメソジストの勧士となり

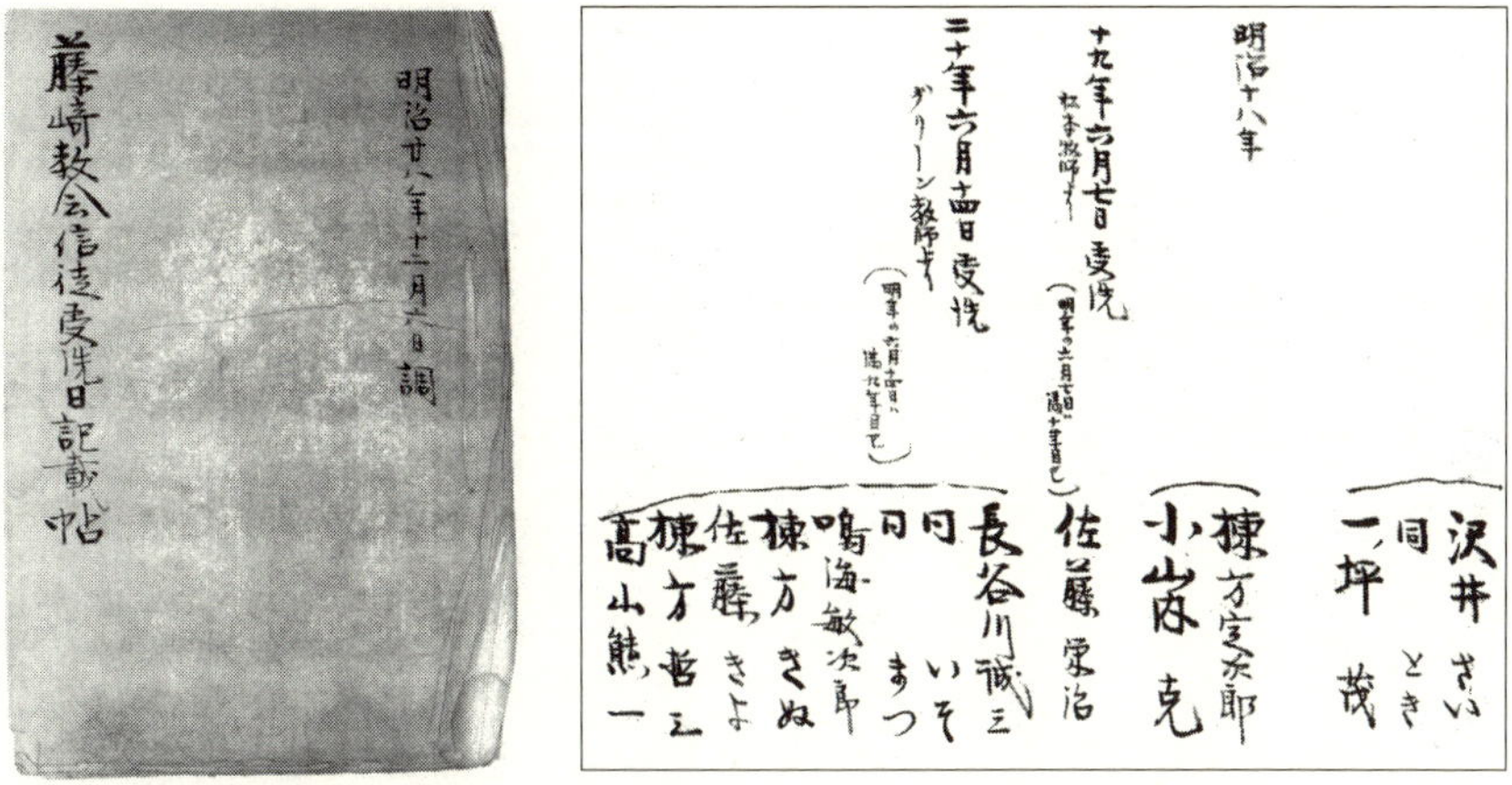
藤崎教会信徒受洗日記載帖
明治廿八年十二月六日調
明治十八年
沢井さい
同 とき
一坪茂
十九年六月七日受洗
棟方定次郎
小山内克
佐藤栄治
二十年六月四日受洗
グリーン教師より
長谷川誠三
同 いそ
同 まつ
鳴海敏次郎
棟方きぬ
佐藤きよ
棟方哲三
高山熊一

『藤崎教会信徒受洗日記載帖』にある長谷川誠三の受洗記録（藤崎教会所蔵）

多くの人たちに影響を与えた。沢井は一八五九（安政六）年一一月五日、会津若松二三万石の武士、父乾斉と母さいの長男として誕生した。その後戊辰《ぼしん》戦争に敗れた会津藩士は先祖伝来の土地を追われ、斗南《となみ》移住を余儀なくされ、本州最果ての寒冷不毛の地である下北《しもきた》郡、上北《かみきた》郡、三戸《さんのへ》郡方面の開拓に当たったが、沢井家もこの流れの中で、この地で生きるか死ぬかの窮乏生活をせざるを得なかった[11]。

沢井は同じ上北郡野辺地に居住していた木村勇次郎と勉強の機会をねらって、二人で青森に出て元弘前藩士の青木処水のもとに寄寓した。しかし、一八七二（明治五）年三月二五日夕刻松森町の大火により青木の家が焼け出されたため、青木は福沢諭吉の元で英学修業した吉崎豊作に二人を託した。弘前藩では、吉崎豊作が英学の必要性を建言、これを受けて英学塾を開始、これが東奥義塾へと発展していった。やがて、沢井弘之助と木村勇次郎は東奥義塾に入学した。一八七四（明治七）年一二月には本多と共にジョン・イング宣教師が弘前に来て、義塾の教育にあたっていた。沢井と木村は、ジョン・イングの導きによって洗礼を受けることを一緒に考えた。一八七五（明治八）年六月六日、一四人の者がジョン・イングより洗礼を受けた。木村勇次郎もその中の一人であった。

沢井弘之助（藤崎教会提供）

しかし、この時沢井は受洗することができなかった。キリスト教に入信するには、両親の了承を得なければならなかったからである。沢井は、この年の一二月に受洗の申し入れをし、承認を得るために、鉄道が通っていない時代に弘前から両親の住む青森まで徒歩で足しげく通い、ようやく翌年の七月三〇日に村田信隆、本多みよ子の二人とともに洗礼を受けたのであった。その後、沢井弘之助は小学校の教師を目指し、一八八〇（明治一三）年八月昇任試験を突破することになる。『藤崎小学校百年史』によると、藤崎小学校は学制頒布されるや、一八七四（明治七）年、人望家として知られていた初代村長清水理兵衛は、長谷川誠三、藤田匡、佐藤勝三郎らと図り小学校創設に尽力した。清水理兵衛は創立にあたり一時自分の倉庫を校舎に転用したこともあった。

沢井はその後、前述したように藤崎小学校の校長となり、校長を務めながら伝道者の道を歩むことになった。その後、一八八六（明治一九）年一二月藤崎美以教会講義所が創立、その直前に沢井弘之助と藤田匡の影響で藤崎小学校の教師小山内克、長谷川の弟定次郎、佐藤勝三郎の弟三六がそろって受洗した。これで校長を合わせると四人がキリスト者となり、公立の小学校であるにもかかわらず、ミッションスクールのような様相を呈した。沢井は校長になった同じ八四（明治一七）年一〇月の四季会において勧士に選ばれている。会津人沢井は、戊辰の戦いで敗れ、斗南での苦しい生活を経験するなかで神の御旨を伝える伝道者になっていった。そのような沢井に本多庸一は絶大の信頼を置いていた。こうして、長谷川誠三は、沢井をはじめ、藤田匡、佐藤勝三郎たちの信仰の影響を受けて受洗に至るのである。

藤崎教会は他の教会がミッションの援助によって形成されていったのに対し、一八九一（明治二四）年七月第八回美以教会年会において教会の独立が承認されて、メソジスト教会の中で独立教会第一号となった。記録によれば、「弘前美以教会の講義所なりしが（明治）二四年七月東京青山に開く第八回の年会において弘前教会より分離し藤崎美以教会の名称を附すこととなれり同時に年会より飯沼正己氏を牧師として赴任せしめ浪岡村を当教会伝道地となせり」ということで、弘前教会より分離し、藤崎美以教会の名称となった。もとより、長谷川誠三、佐藤勝三郎の二大地主を中心として財政的な支柱がいたので、全国でも珍しく早々と教会の独立を果たしたのである。

一八九九（明治三二）年、その時藤崎教会の牧師になっていた藤田匡牧師の時代、メソジストの機関誌『護教』によると、年間の謝儀が「牧師給百円以上出す教会」として七教会が掲載されているが、横浜教会二九七円、名古屋第一教会二四〇円、藤崎教会一六八円、札幌教会一六二円、銀座教会一三七円六〇銭、函館教会一一二円、築地教会一〇八円となっていて、藤崎教会は三番目に位置している。[12] これらの教会は、外国の援助なしにやっていける独立教会である。ちなみに一八九八（明治三一）年の「函館連回会」の報告によると、親教会の弘前教会はこの時点では独立教会ではないが、会員数八三名、これに対し藤崎教会は会員数二九名であるにもかかわらず、独立教会となって全国の教会の中で牧師の謝儀が高い教会として知れ渡っていた。[13]

この当時の藤崎教会を語る重要な資料としては、『藤崎美以教会記事録』第一巻と『四季会記録』がある。『藤崎美以教会記事録』第一巻は、明治二五年一月から明治四五年四月までの教会の記事録である。『四季会記録』は、メソジスト教会独特のもので伝道区の長が召集し、年四回会議が開催される。『四季会記録』とはその議事録である。『藤崎美以教会記事録』第一巻によると、一八八七（明治二〇）年六月一四日長谷川誠三が七人と共に新築した会堂において洗礼を受けた時、会堂建築前後に堂内や家屋に投石をする迫害が起きている。

因に記す会堂建築の前後は平素基督教に反目する人々の迫害最も甚しく堂内に石を投ずるあり、或は信徒各自の家屋に石を投じて戸障子を破壊する等其他種々なる悪戯を為したる事共一々枚挙に遑あらざる程なりし(14)

日頃からキリスト教に反目していた人々が、会堂や信者の家屋に石を投じる迫害の激しさがこの記事録に記されている。江戸時代キリシタン禁制の高札が辻々に立ち、寺請《てらうけ》制度によって民衆はどこかの寺に所属しなければならないことが決まり数世紀にわたって続いた。また明治になってもその政策が引き継がれ、キリスト教は邪教であるという考え方が民衆に深く刻み込まれてきた。それが一八七三（明治六）年二月に外圧によってキリシタン禁制の高札が撤去されたとはいえ、信教の自由が公に認められたわけではなかったので、民衆の心はそう簡単に変わるものではなかったことをあらわしている。教会堂の上には十字架が掲げられ、聞きなれぬ讃美歌が流れてくる。また時々人力車で弘前から外国人宣教師がやってきて集会を開くなど、藤崎に「異国」の雰囲気が出現した。代々受け継がれてきた仏教や民間信仰や習俗が根を下ろしている村にこのような異質な信仰が持ち込まれた場合、反発が出るのは当たり前で、全国でも同じような嫌がらせや迫害が至る所で起こった。こうした現象はすぐにはやまなかったと思われるが、その後の記事録に記録はない。藤崎教会の社会層は、地主をはじめ村の上層の人たちで教会を構成していたので、他の地域と比べると迫害が比較的緩慢になっていったのではないかと思われる。

第二節　藤崎村議会

村会議員

長谷川誠三は、政治への関心が強く明治一〇年代には自由民権運動に参加した。しかし、民権運動が下火になると、次第に政治への関心が薄れ実業面に力を入れていく。しかしなお彼が明治二〇年代になっても村会議員に在職していたのは、村の上層に位置していたためであった。当時の町村制は、町村に居住しているものを「住民」と「公民」に分けていた。市町村の政治に参加できる者は公民に限られ、満二五歳以上の国民で一戸を構える男子であるとした。また二年以上在住し地租を納めているか、直接国税を年額二円以上納めていることと定めていた。

一八九〇（明治二三）年一二月における議会の動きをみると、長谷川誠三と佐藤勝三郎の二人が議員として発言している。その時、大日本帝国憲法が発布されて三年後にあたる明治二五年に藤崎小学校に御真影を奉戴する件で、村会で議論したという記録がある。議論は紛糾した。議員は一二名であった。議会は、同年一二月三〇日一二時一五分開会、菊池盛村会議長が、北津軽郡の郡役所によれば「御真影ヲ奉戴セント欲セバ」上申あるべしとし、実費二円五〇銭であるという。村長は、明治二五年度歳入歳出追加予算案に対し各員質問あればお願いしたいと発言した。それに対し、議員番号一二番の長谷川誠三は、新年開校式に用いるべき菓子、開校式と御真影の祝いをすることになると、二回菓子を生徒に配ることになるのかと質問した。村長は開校式と御真影とは性質が違うので、これを祝いたいと答えた。これに対し長谷川は、「余ガ質問ノ点ハ只之ヲ兼用スル事ヲ得ザルヤニアリ」と長谷川が質問すると、村長は、明快ではないが議会の協賛を得て祝すべきといい、開校式は例年の規定

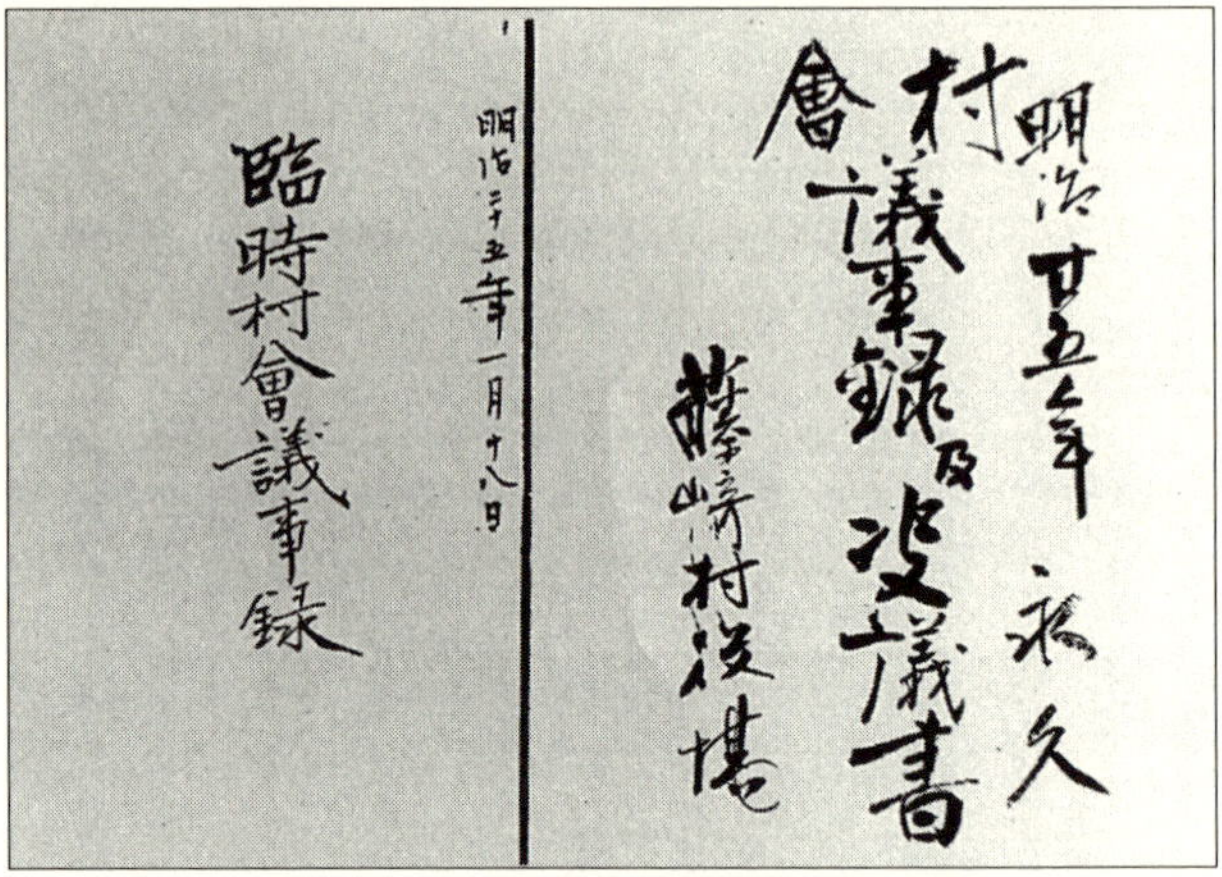

村会議事録（明治25年）（『藤崎町誌』より）

であるのでこれを止めることは本意ではないと発言した[15]。

四番の佐藤勝三郎は、「テーブル懸金三円五十銭、外幕・校旗ノ数種ハ是非共之ヲ要スルヤ。又宮内省ノ規定ニ依ルモノカ」という質問をしている。続いて、長谷川は宮内省の規定を質問した。村長は、御真影を包む服紗二円四三銭六厘、上包服紗一円二八銭、その他奉置箱五七銭、テーブル五〇銭と聞いていると回答した。これに対し、佐藤は「村長ハ複写料二円七十銭ヲ上納スル前ニ何カ為ニ之ヲ議会ニ掛ケズシテ専断ヲ行ヒタルカ」と発言し、村長は以前にも「失敗」したことがあり、またこれを知りつつ議会に諮問せずして始末をするのか、議会に対しこの罪を謝罪すべきであると詰め寄った（村長は以前、経費の報告を怠ったことがあった）。村長は、長々と言い訳をした上に「然シ専断ハ充分責任ヲ負フテ謝スル積リデス」と回答した。佐藤は、この回答に納得せず、「本員ハソノ様ナ御説法ヲ要セズ」、「只余ハ其ノ専断ヲ責ムルナリ。議会ヲ蔑視スルヲ憤フルナリ。議会ノ権利ヲ蹂躙《じゅうりん》シテ少シモ省ル処ナク、悠々之ヲ購フは果シテ何ノ意ゾヤ」と責め立てた。村長は「罪ハ固《もと》ヨリ謝スル処。乞フ、諸君ノ処分ヲ待タム」と謝罪した。

御真影奉戴に関して、長谷川誠三は次のような意見を述べている。

御真影拝戴ニ付キ手続上郡役所ノ指図ニ従フ事ニ付テハ、言ハントセバ、全体郡役所ノ命令通リ遵奉《じゅんぽう》ス能ハザル事屢々アリ。数年以前ヨリノ経験ニ依レバ、公事ノ上ニ於テ我輩ト郡役所及県庁ノ意見会ザル事多々アリ。而シテ其論極ニ至リテ、郡役所及県庁ノ意見ノ誤解ニ帰シテ反テ我輩ノ意見ノ勝利ヲ得タル結果ノ屢々アルヲ以ナリ。敢テ諸君ニ告ン。彼等ノ事実ニ於テ例ニ於テ真向キニ信ズル事能ハザル点照々タレバナリ。然リ而シテ宮内省ニ於テモ、イブセキ田舎ノ校舎ニマデ飽マデ、華麗荘厳ナレカシト強ル事ナカラント信ズ。余ハ此ノ辺ニマデ論及シテ止マラン。何トセバ勢ヒ御真影ノ名ニ亘レバナリ。余ハ又付言ス。(16)

ここには、後述するように、一八八九（明治二二）年五月弘前女学校設立を申請し、承認されたときからキリスト教をどう位置づけるかという問題があった。長谷川は、聖書を附加科の名称で正科として教科の中に入れたいという申請をし、県側と何回となく話しあった。長谷川は、信教の自由から言えばミッションスクールにおいて、正科としてキリスト教を教えることは問題がないと考えていた。しかし、ちょうどこの頃教育勅語が発布された時期に重なったこともあり、県側はキリスト教を正科にすることをなかなか認めなかった。しかし納得のいく説明はなかったのである。ここで述べる「郡役所及県庁ノ意見ノ誤解ニ帰シテ反テ我輩ノ意見ノ勝利ヲ得タル」という発言は、長谷川のこのような実体験から出たものであったと考えられる。

この御真影奉戴は、この地域全一二校の学校で実施することになった。その後、ようやく休会になって食事をとることになった。休憩後再開され、一一番の佐々木勇蔵が「諸品ノ内現在銭ヲ出シテ購ヒタルハ何カ」と菊池盛村長に質問した。その後引き続き購入する品物について議論があった後、「暫時休会」になった。そして、再び開会になり、佐々木が本日の査定案を提出した。

その査定案は、複写料、天竺木綿、紫唐縮綿、細引、綿、京緞子、唐リジン、白リジン、日章旗、カンレイシャ、水色メレンス、裁縫賃糸共、奉置箱、テーブル、掲ケ札、掲巻、人夫賃補助分などで、その合計金額は一五円二銭七厘であった。これに対し佐藤勝三郎は、「緑門等モ修正ナキヤ」と問い、佐々木は、「緑門及挿花・菓子モ廃止ヲ建議ス」と答え、この案は起立多数、不起立一名で承認された。

この後、佐藤から「前年度残金高何程アリヤ」との質問があった。村長は決算報告により九五円九二銭一厘であると答えた。佐藤は、「残金ヨリ使用高多額ナレバ繰越金ト云ウ能ハザルベシ。然ラバ本年度収入増額金ノ内ヨリ切リ替ヘ使弁スト修正ス」と言った。続いて、長谷川は佐藤の修正説は、第一款前年度繰越金を「本年度収入増額」とし、また「二十四年度繰越金ノ内及の一一字ヲ削リ、二九円七七銭八厘ヲ十一番提出の合計一五円二銭七厘ト旧議案を修正」するとし、この修正案が全員の賛成で通過した。この議会における長い議論が終わったのは午後五時一〇分で、佐藤勝三郎と長谷川誠三が議会において貴重な発言をして、議会を引っ張っているのを見ることができた。この時議論された御真影奉戴は、一八九三（明治二六）年一月六日予定通り式典が実施され太平洋戦争まで重要な儀式として行われたのである。

第三節　藤崎教会に仕える

長谷川誠三は一八八七（明治二〇）年に受洗するや、熱心に教会に仕えた。藤崎教会の役員として、日曜学校の校長として重要な働きをしたが、同時にその働きを通じて多くの恵みを藤崎教会から与えられたのである。彼は妻のいそと一緒に受洗したとき、恐らくクリスチャンホームを作ることを二人で誓ったものと思われる。これは、彼らの子どものすべてが受洗し教会とつながったことから推測できる。子どもたちがどのようにして受洗していったかをつぶさにみると次のようなことがいえる。

入信の経緯において、極めて特徴的であるのは第一に伝道が親族関係を核として、その知人、仕事関係者に進んだことである。長谷川誠三の家族関係は五八―五九頁の系図の通りである。(17)

これらの家族関係からキリスト教入信に至る経緯を調べてみると、長谷川誠三の場合は、一八八七年六月一四日妻いそと誠三の長女まつが受洗、その前年六月六日には弟の定次郎（棟方）が受洗、一八九四（明治二七）年五月六日には次女のきみが受洗、同年六月にはまつの夫長谷川英治が弘前教会から転入、九五（明治二八）年きみの夫長谷川長治が弘前教会から転入、九七（明治三〇）年五月二日には長男潤と四女まさが受洗した。と同時に同年六月一三日、クニの夫長谷川虎次郎が弘前教会から転入、一九〇〇（明治三三）年六月一七日には父定七郎の妻すゑが受洗、一九〇三（明治三六）年六月二八日に三男の三郎が受洗するといった過程を辿った。家の内部をみると、夫婦の同時受洗、兄弟の同時受洗、しかも親が受洗するとその子どもが続いて受洗している。あるいは息子が受洗すると親、兄弟が相ついで改宗する傾向がある。もちろん改宗しない例もみられるが、家族のほとんどがキリスト教を受け入れ、信仰の継承がなされ「家」の宗教というものを形づくった。そこでは、長谷川誠三の熱心な勧めによって第二世代、第三世代が入信しているが、キリスト教の持つ神との人格的結合という点では、彼ら第一群の信者を媒介として他律的に教会へつながった感がある。毎週日曜学校に通い教会に行くのが当たり前になって習慣化し、キリスト教的な雰囲気の中で生活する中で、自然と教会に結びつき信仰が継承されていったのである。

日曜学校長として

長谷川誠三は、子どもの教育に極めて熱心であった。日曜学校長はもとより、のちに述べるが住民にアピールして弘前女学校を立て直し、藤崎小学校に寄付するなど若い人たちへの教育に関心が高かった。長谷川誠三の若い時代は、近代的な教育制度が整っていなかったので、寺子屋で学ぶのが一般的であった。

藤崎において日曜学校が始まったのは、『四季会記録』[18]によると一八八四（明治一七）年のことで、「本校景況此部ニ於テハ明治十七年ニ立チ」と記されている。藤崎小学校校長の沢井弘之助がこの年の一〇月に勧士に選ば

長谷川家系図

長谷川定七郎
天保元年一月一三日生
明治三〇年一一月二八日没

妻 タキ
生年不明
明治一二年三月二一日没

誠三
安政四年四月二五日生
大正一三年一〇月二九日没

妻 いそ
安政六年九月二〇日生
明治四二年六月四日没

長女 まつ
明治九年五月二〇日生
昭和二七年一二月一一日没

養子 英治
明治三年六月九日生
昭和一七年五月一〇日没

次女 きみ
明治一〇年一〇月一三日生
昭和二〇年九月二八日没

養子 長治
明治三年四月八日生
昭和二四年八月五日没

長男 潤
明治一二年九月二九日生
昭和一六年一一月八日没

クニ
明治一五年一一月一日生
昭和四〇年一月一五日没

三女 ミツ
明治一四年五月九日生
大正五年八月三日没

養子 虎次郎
明治七年一一月一日生
昭和一九年五月一六日没

次男 次郎（夭折）
明治一八年一月三日生
二月八日没

妻 アサ
天保九年一月四日生
明治一二年五月一三日没

妻 すゑ
天保一二年八月八日生
大正一五年五月二日没

妻 里ゆふ
明治四年一二月七日生
昭和二〇年二月一一日没

棟方定次郎
文久三年一一月一九日生
棟方家に養子
昭和六年二月七日没

きぬ
慶応元年五月二日生
昭和四年六月一九日没

チサ
明治元年一一月一六日生
昭和二年六月二七日没

斎藤源蔵

四女 まさ
明治一六年三月二〇日生
昭和一八年三月二二日没

高橋幸吉
生年不明
昭和二四年四月二四日没

三男 三郎
明治一九年一月三日生
昭和四三年四月一一日没

とみ
明治二四年二月一一日生
昭和四三年一二月二六日没

四男 愛之《あいし》
大正元年一二月一一日生
平成一三年五月一八日没

幸子
大正七年一〇月三〇日生
平成二二年八月一二日没

五男 恵之《けいし》
大正四年三月二八日生
平成一七年二月二五日没

イク
大正五年一二月一四日生
平成一八年三月二三日没

五女 憐《れん》
大正六年六月一八日生
昭和五年一一月一七日没

れ、村民に聖書講義をすると同時に日曜学校を開いた。沢井は翌年六月に弘前教会の日曜学校長に選ばれ、藤崎教会の日曜学校長を兼務することになった。一八八六年一一月、佐藤勝三郎が日曜学校長になり、沢井に代わって岩井忠告が試用伝道者として藤崎教会に着任、八七年二月藤田奚疑が日曜学校長に就任した。

一八八七（明治二〇）年一二月一〇日藤崎教会の会堂において、初めての四季会が行われ、翌年三月一七日に開かれた四季会で、長谷川誠三が日曜学校の校長に選ばれた。またこの年には、同志と共に「女学校設立趣意書」を発表し、弘前女学校の設立に動いた時でもあった。長谷川誠三が日曜学校でどのような信仰生活を地域の子どもたちに施していたか、カリキュラムが残っていないので分からないが、長谷川誠三のほかに日曜学校の教師として奉仕する人たちがいたと思われる。まず日曜学校は、教師による説教があり、その後グループに分かれて先生を中心として聖書の学びの会があり、現在ではそれを分級と言っている。毎週の説教のスケジュールをみると、藤崎教会の牧師が月一度は説教し、他の週は日曜学校の教師が説教をしたと考えられる。日曜学校の教師がそう多くないことを考えると、長谷川誠三は校長として月に何度も説教したと思われる。

彼の教会への思いと信仰の熱心さは誰よりも強かったが、日曜学校の校長に就任した頃は六人の子どもがいたので、これらの子どもたちへの教育と信仰の目を養うことが当面の課題であった。長女まつ一二歳、次女きみ一一歳、長男潤九歳、三女ミツ七歳、四女まさ五歳、三男三郎二歳を教会の日曜学校に通わせ、信仰の継承を図るには、信仰者として見本を見せなければならないし、小さい時から日曜学校に通うことが何よりも大切なことであったと思われる。一八八九（明治二二）年六月八日の『四季会記録』によると、[19] 日曜学校の平均出席者は三六名。これが九三（明治二六）年では四七名と増え、藤崎教会の伝道所である五所川原《ごしょがわら》は二二名であった。翌年の五月二三日の記録では、藤崎教会が五三名強、五所川原伝道所が三七名と増加している。この頃の藤崎小学校の児童数が一〇〇名であったことを考えると、その半分が日曜学校に来ていたという驚くべき数字である。『藤崎美以教会記事録』第一巻によると、一八九四（明治二七）年一一月三日には日曜学校の運動会を開くとある。どこで開催したか書かれていないが、藤崎小学校の校庭を借りて行なったものと思われる。一一月三日は、明治天皇の誕生日で天長節、明治節とも呼ばれていた祝日なので、学校は休みであった。どのような形で運動会が行なわれたか、定かではないが、同年一〇月に伝道所から五所川原教会として独立した日曜学校の生徒たちも駆けつけたかも知れない。九〇名の生徒が参加、日曜学校の子ども、親、兄弟姉妹、祖父母などを含めると倍以上の者が参加して、秋の運動会を楽しんだ。どのような種目、出し物があったのだろうか、想像するだけでも面白い。

このように長谷川誠三は、日曜学校の校長として伝道を展開したが、概して教会員の子ども、親戚関係を中心として教会に集まり、その周辺に商業に従事する家の子どもたちや自作農の子どもたちが集っていたと思われる。農作業に出ていた両親は、盆暮れ以外は休むことはなかったし、日曜日に教会へ行くという習慣もなく、その子どもを労働力として使用することも多かった。従って、教会員の子弟を中心として日曜学校が行なわれ、運動会やクリスマスなど特別の行事の時には、一般の家庭の子弟も集ったが、小作農の家庭では、子どもを教会へ通わせる余裕はなかった。

一八九七（明治三〇）年六月五日付の『護教』によると、日曜学校は大人と子どもに分かれていた。

一聖日　大人日曜学校は長谷川誠三氏なり氏が多年の試練は能く其職に適せり子供は佐藤勝三郎氏が諄々として倦まず懇に教授の労を助けらる生徒の数は八十名余男子組会、婦人会、聖書輪読会は隔週聖日に交互会友の自宅に於て開く会友中資産家あり又家政の困難なる等あり斯く順逆二境に立つ信徒が厳しく主の日を聖別して余念なく心霊の修養をなせるは、眞に弱信の小生をして転々無限の感想に堪へざらしむ[20]

藤崎教会は牧師の俸給を外国ミッションに頼らず、毎月十数円の謝儀を出す独立した教会であった。外国に依存しない教会の財政を支えていたのは、長谷川誠三と佐藤勝三郎であった。伝道面でも若い牧師だけに任せず、教会に通う者たちを組分けし、大人組を長谷川誠三が担当し、小人組を佐藤勝三郎が受け持ち、教会の伝道に熱心に関わって多忙を極めた。会計担当は、佐藤が引き受け、一九三三（昭和八）年に没するまで藤崎教会の柱石として教会運営の中心にいた。また会員の月定献金を毎月決まった日に会員宅をまわって集めたという。その晩年には乳母車に乗って教会の礼拝に出席したと伝えられている。[21]

平野栄太郎牧師就任

一八九四（明治二七）年七月、東京の青山において開かれたメソジスト教会の第一一回年会において、藤崎教会の牧師飯沼正己は五所川原教会へ転じ、後任として平野栄太郎が第三代牧師として着任した。平野は一八七〇（明治三）年四月二八日浪岡村で生まれた。藤田匡牧師に導かれ、一八八七（明治二〇）年六月一九日宣教師グリーンより洗礼を受けた。東奥義塾に学び黒石教会の会員として奉仕し、青山学院神学部に入学、一八九二（明治二五）年の卒業後は弘前教会に仕え、黒石教会を担当した人物である。平野は、一八九四年七月から九六年七月千葉県の竹岡教会に転任するまでの二年間藤崎教会に在任した。着任した当時の一週間の動きを見ると、聖日の午前八時に日曜学校があり、続いて朝礼拝が午前九時から始まって、夜は八時に夕礼拝が行なわれていた。ところが、同年一〇月七日の礼拝では、午前八時半日曜学校、午前一〇時礼拝、午後二時聖書研究会が新たに入り、そして午後七時半に夕礼拝が行なわれている。朝礼拝出席者二一名に対し、午後二時の聖書研究会には一一名といった具合で、夕礼拝も朝礼拝と同じような人数が出席し、活発化している。[22]

メソジスト教会は、「メソッド」を重んじることから「几帳面屋」とあだ名されるようになり、貧民救済や日曜学校、ミッションスクールや病院の建設などの活動に熱心であった。藤崎教会の記録には、午後二時「組会」を開くという記述がある。「組会」はメソジスト教会独特のものである。定期的に会議を開き、信徒が規則正しい信仰生活が実践できるように互いに報告し合う会で、例えば藤崎教会では、同年一一月二五日の午後組会及び長吏会を開催している。また優れた説教家として本多庸一と山鹿《やまが》元次郎を招いて説教にあたってもらった。平野牧師は教会の出来事を漏らさず記録し、そこから具体的に手を打って伝道する牧師であった。さらに長谷川誠三に夕礼拝の説教を依頼することもあった。同年九月三〇日、長谷川の説教題は、「述所感」であった。メソジストは、教会間の連携と相互扶助の精神を重視する傾向があり、独立教会が弱い教会の事情を考慮して援助するという考え方がある。また教会の中で経済的に困った人がいれば援助するといったことが行なわれている。藤崎教会は、メソジスト教会の中で経済的に最初に独立したことから豊かな教会とみられていたところがあり、献金や寄付の要請が度々あった。長谷川誠三と佐藤勝三郎という二大柱がいたので、教会の独立が早かったことは確かではあるが、多数の会員がいたわけではないので、一人一人にかかる負担は相当のものがあった。

この当時藤崎教会では、平野の時代に「施済金」というものを考えた。困窮する教会員を援助するシステムである。一八九四（明治二七）年五月二五日、教会員の須藤唯一の次男進が永眠した。「当時唯一氏の身辺種々なる困難曹集する処となり最も悲痛の中にあり」ということから役員佐藤勝三郎、棟方定次郎、長谷川誠三が会堂に集まり、平野牧師と協議の上、教会より幾分かの救助をなすべきとして「施済金」から金二円を贈った。また同年一〇月一一日の祈禱会後、佐藤の発議により臨時長吏会を開き、「教会員にて目下北津軽郡楽田に在勤せる工藤充学夫婦疫病に罹り非常の困難を極め居るを救恤せんため臨時長吏会を開き長吏会の決議に随ひ」金員を送ることを相談し、さらに翌一二日に長吏会を開き、「佐藤氏、長谷川氏、須藤氏、棟方氏及平野の五名にして相談」、金五円を即日送呈することを決定した。(23)

同年一二月二日には「実験談一束」の題で長谷川誠三が説教している。「兄が其夜の説教は赤心より出たる実験上の談話にして感佩措く能はざらしむ聴衆皆感謝の念溢れて帰る」と記録され、実体験に基づいた恵み溢れる話が展開されて、心に深くしみて感謝のうちに家路に向かう姿が目に浮かぶようだ。記録から見ると長谷川以外の役員は夕礼拝の説教をしていないことを考えると、長谷川は説教ができる人物とみなされてのことであったと思われる。平野牧師は着任して二年後には転任しているが、その後も長谷川とは終生交流が続いた。

一八九四（明治二七）年一二月二三日はクリスマス礼拝、午前八時半日曜学校、午前一〇時礼拝、「基督の降誕に就て」と題し、長く渡米していた高杉栄次郎が説教、午後一時半聖書研究会、午後四時長吏会、午後七時夕礼拝「真理は自由を与ふ」と題し、また高杉が説教。朝から一日中クリスマスの喜びを感じながら教会で過ごしていた信徒も多くいたようだ。同月二五日午後一時からは、主キリストの降誕を祝う会が開かれた。教会堂の中には大小の扁額と万国旗を掲げ、外には赤十字の旗を立て、綺麗に装飾し子どもも交えてのクリスマス祝会であった。佐藤勝三郎が司会、讃美歌をもって始まり、聖書朗読長谷川誠三、「祈禱」平野栄太郎、「祝文」が二つ、日曜学校生徒による讃美歌の合唱、「暗誦」と称して日曜学校の生徒らが登場、長谷川誠三の息子三郎と棟方哲蔵、藤田奚疑の息子藤田知是が前に出て行なったとある。長谷川三郎は明治一九年生まれで八歳。他の者の息子も同じ年頃だったのでボーイソプラノでかわいらしい歌声が会堂に響いたに違いない。会衆は「大小百五十名が厳粛謹慎に主の降誕を祝し奉れり」と記されているように、祝会には一五〇名が集まり、会堂に入り切れないほどであった[24]。

『藤崎美以教会記事録』によると、一八九六（明治二九）年七月年会において平野栄太郎牧師が竹岡教会に転任し、後任には白鳥甲子造牧師が決定し、八月一四日に着任した。平野の藤崎教会における在任期間は二年であった。その後、同年九月二〇日には本多庸一が藤崎教会で説教し、久しぶりに訪れた本多牧師と教会員との交流が行なわれた。翌年一月長谷川誠三は藤崎銀行を立ち上げ、頭取になり、佐藤勝三郎が取締役兼支配人、藤田奚疑、清水理兵衛、藤本徹郎など教会関係者が株主となって、銀行経営がスタートした。同年四月三〇日、春の訪れの中で長谷川は白鳥牧師と横山音太郎宅にて禁酒幻燈会を開催。また、同年八月二日夜、演説会を開くとある。演題は藤田匡「十字架の教」、本多庸一「神に就て」。出席人数の記載はないが、この演説会には相当数の者が集まった。記事録には「二者の説明頗る聴者の意を打て通説なりき、聴者言ふまでもなく満場」と記載され、教会堂が満杯となって藤田と本多の演説を聞いて満足して帰路につく聴衆の姿が見られた(25)。

第四節　陸奥禁酒会

来日したプロテスタントの宣教師たちは、伝道への思いを強くしていたと同時に、自分を律する生活の必要性を説いた。禁酒運動はこうした宣教師たちによってもたらされた。一番早く禁酒運動が展開されたのは横浜である。横浜基督公会の牧師であったJ・H・バラによって唱道され、ヘボンの指導によってキリスト者になった奥野昌綱が、一八七五（明治八）年六月横浜禁酒会を発足させている。一八九一（明治二四）年には日本禁酒会と改称した。一八九七（明治三〇）年アメリカで禁酒運動を牽引する万国婦人矯風会のC・パリッシュが来日、全国婦人矯風会と禁酒会の合同を勧めるなど近代禁酒運動の揺籃期を経て、全国各地の禁酒団体を統合し、九八年に日本国民禁酒同盟会が発足した。

青森県における禁酒運動は、一八八八（明治二一）年弘前教会にその支部が置かれ、「津軽禁酒会」といった。この弘前教会の動きに連動するように、藤崎教会においても長谷川誠三を中心として展開された。長谷川は受洗に先立って家業の酒造業を廃業し、味噌醤油の醸造に転換しただけあって禁酒には極めて熱心で、まもなく「陸奥禁酒会」を組織した。津軽禁酒会と違って「陸奥禁酒会」としたのは、東北六県を意識してこの運動を拡大していきたいという思いの現れかも知れない。そこには禁酒によって節約できたものを貯蓄にまわす禁酒貯蓄運動という意味合いがあり、教会の伝道と結びついていたところにこの運動の特徴があった。『護教』に度々藤崎教会のことが出てくる。一八九七（明治三〇）年一〇月三〇日付の『護教』によると、当時の藤崎教会牧師白鳥甲子造が陸奥禁酒会のことについて報告している。

陸奥禁酒会は会友長谷川誠三氏方にて去る十四日午後一時より総会を開く来会者三十余名諸般の事務を決了し最後に会長を長谷川誠三氏副会長を会友藤田奚疑氏に当選す続て直ちに萬国婦人矯風会遊説員パリシュ嬢の歓迎会を同所に開く嗚呼嬢やかつて欧米の大都を遊説し更に吾国に来り（中略）歓迎の席上に於てしかも会長が沈痛にして荘重なる歓迎の辞を美山氏の訳に就て聞く果して如何なる感想やある嬢は終に陸奥禁酒会を代表せる会長長谷川氏の撮影を請ひ之を萬国の友に紹介せでは止まじと迄に言ひ出たり嬢は尚去年英倫敦に於て開かれたる萬国婦人矯風会大会の概況を演られ禁酒事業の将来に就て有益なる奨励を与えられたり同夜嬢と同行の美山貫一杉原成義両氏の禁酒演説会を美以教会に催せり(26)

一八九七（明治三〇）年一〇月一四日午後「陸奥禁酒会」の総会を開き、会長に長谷川誠三、副会長に藤田奚疑が推薦された。またアメリカから派遣されたミス・パリッシュの歓迎会を行なった。パリッシュは単身来日、全国各地の教会をまわって禁酒、純潔、平和を説いてまわった。パリッシュは三階建ての長谷川誠三邸を訪問し、美山貫一と杉原成義の演説、続いてパリッシュが演説、美山が通訳をした。弘前教会を後回しにして藤崎教会に来たことを考えると、パリッシュがいかに長谷川誠三の禁酒運動を評価していたかが理解できる。こうした人物を把握することが禁酒運動を発展させるキーポイントになると考えてのことであった。そして自分の関係する機関誌に掲載するために、白い蝶ネクタイを締め盛装した立派な写真を撮影させた。長谷川のこの写真はあちこちに転写され、在日宣教師たちの「祖国へのお便り」*Tidings From Japan* にも転載され、そこで彼の活動と藤崎教

SEIZO HASEGAWA

Mr. Seizo Hasegawa, whose home has always been in the little village of Fujisaki, about five miles from Hirosaki, was formerly a *sake* manufacturer, a rough, uncultured man. The daimyo of Hirosaki gave to the Hasegawa family the tract of land in Fujisaki. Mr. Y. Honda when young had close relations with this family, and it was chiefly thro his influence (and that of Keinosuke Kosaka), that Mr. Hasegawa became a Christian in 1887, receiving baptism on the day of the dedication of his church. After his conversion he became a strong temperence man, and has been steadfast and earnest in his Christian life, giving of his means to the support of the Church and temperance work. The little church in his village is self-supporting. has for 13 years been the Supt. of the Sunday School which at present number 70. His early education was limited, but soon after his conversion he began take an interest in education, especially that of girls. Here again the influence of

Tidings From Japan に掲載された盛装した長谷川（一部）

会について紹介され、一躍アメリカでも知られるほど話題の人になった。そこで次にこの機関誌に掲載された〝SEIZO HASEGAWA〟の記事を紹介したい。

長谷川誠三の家は、弘前より約五マイルのところにある藤崎という一小村にあり、酒の醸造販売を営んでいた。弘前藩士〔本多東作のこと〕は藤崎に土地を与えられた。本多庸一は若い頃この家族と密接な関係を持ち、主として彼に影響を与え〔小坂啓之助も〕、一八八七年長谷川は教会〔藤崎美以教会〕の献堂式の日に受洗しキリスト者となった。長谷川が信者になった後、彼は有力な禁酒家となり、堅実で熱心な信仰生活をし、教会を支えるために自らの財産を惜しまず捧げ、禁酒の働きをした。彼の村の小さな教会は自給しつつある。彼は日曜学校の校長を一三年間務め、現在生徒は七〇名いる。彼の早期の教育は限られたものだったが、信仰に入って間もなく教育に関心を抱き、特に女子教育に心血を注いだ。ここにまた疑いもなく本多庸一の影響のもとで、弘前において女学校の設立を思い立ったのである。彼自身の娘の教育についての関心が広がり、年が経つにつれてすべての少女に対する関心が深まっていった。現在の弘前女学校は、約一六年前から始まり、函館の山鹿夫人が小さな古いメソジスト美以教会において一四人の少女のクラスを教えたのがはじめである。約一三年前六〇名を収容する建物が、約六〇〇円掛けられて本多庸一所有の土地に建てられた。この金額の主な出資者は長谷川である。この間、彼はメソジスト監督派教会女性海外伝道協会（ＷＦＭＳ）の宣教師のための住居を無料で提供していた。彼は新しい建物を建設する責任を持つことになった。すなわち彼は土地と建物に惜しみなく資金を出し、そして五〇人の賛同者たちが寄付を願い出た。

数か月前、不快を感じたので東京の医者に相談したところ、大酒飲みであったに違いないので、もし禁酒をすることがないならば、すぐに死ぬに違いないと言われた。長谷川は彼がまだ幼児だった時から酒を与えられた。父が酒飲みだった。彼は当時の状態と比べると、今は感謝に満ちあふれていると語るのである。現在彼の子どもたちは成長し結婚している。家族は皆美以教会に所属している。彼の三人の娘たちは成長しキリスト者と結婚し、養子を取って長谷川を名乗っている。二年前長男は、弘前女学校の時に信仰を持ち熱心な信者となった人と結婚した。この学校は仙台の北方にある重要なキリスト教学校となる。長谷川は青森県のなかで、七番目の金持ちであるという(27)。

長谷川宅でパリッシュの歓迎会を終えた後、パリッシュは「昼の間に弘前へかへる。病気のためなり」という記述が『藤崎美以教会記事録』にみられる。翌日の演説会を考えてのことであろうが、体調が思わしくないので歓迎会後弘前に戻った。この日の夜は藤崎教会で演説会が開かれ、美山貫一と杉原成義が弁士として立って演説を行った。『弘前教会五拾年略史』によると、禁酒演説会が弘前教会において同年一〇月一五日から、「三日間矯風会演説会を開けり。来会者三百余名ありき」とあるように、盛会のうちに終わった。相澤文蔵『津軽を拓いた人々――津軽の近代化とキリスト教』によると、藤崎教会は、当時の田舎には珍しい石油ランプを光源とする

藤崎教会創立当時の社会層

教会員名	職　　業	受洗年月日	受洗時の年齢
沢井弘之助	校長	明治9年7月30日	17歳
藤田　匡	漢学者、のち牧師	15年1月8日	30
佐藤勝三郎	りんご栽培先覚者	17年6月15日	32
藤田奚疑	医師	同　上	36
清水滝次郎	同志社大学卒、留学	18年6月14日	18
清水理兵衛	初代村長	18年10月16日	49
佐藤又八	郵便局長	同　上	22
沢井さい		同　上	
沢井とき		同　上	
佐藤なか	佐藤勝三郎　妻	同　上	
藤田志ゆん	藤田奚疑　妻	同　上	
小山内克	小学校教師	18年	
棟方（長谷川）定次郎	商業、長谷川誠三　弟	同　上	23
佐藤栄治（三六）	本屋　勝三郎　弟	19年6月7日	20
藤田とし	藤田奚疑　志ゆんの娘	20年3月4日	
藤田なり	〃	同　上	
藤田さだ	〃	同　上	
藤田みほ	〃	同　上	
長谷川誠三	地主、資本家	20年6月14日	30
長谷川いそ	長谷川誠三　妻	同　上	28
鳴海敏次郎		同　上	
長谷川まつ	長谷川誠三　長女	同　上	21
棟方きぬ	棟方定次郎　妻	同　上	22
佐藤きよ	佐藤勝三郎　長女	同　上	
棟方哲造	棟方定次郎　長男	同　上	1

1、『藤崎美以教会会員名簿』及び『藤崎教会五拾年略史』から作成
2、転会者は除いた

幻燈器を所有していた。それは長谷川誠三が外国人宣教師を通して取り寄せたもので、伝道集会で明治二〇年代から使われていた。一八九八（明治三一）年二月一〇日川部村において、長谷川誠三と白鳥甲子造による禁酒演説会を開いた。川部村は一〇〇戸ぐらいの戸数であったが、物珍しさからたくさんの聴衆を動員できた。幻燈が先か話が先か考えたところ、幻燈を先に見せるとそれだけを見て帰ってしまう者もいたと思われるので、白鳥牧師が伝道の話、長谷川が禁酒の話をし、最後に幻燈を見せるようにしたのである。

こうして藤崎におけるキリスト教は発展の一途をたどった。前頁の表にも見られるように、草創期の教会はちょうど欧化主義華やかな時代でもあったので、信徒が増加し明治二〇年に一一名の受洗者を出した。二一年五名、二二年一〇名、その後、帝国憲法、教育勅語の発布による保守反動の世情と相まって、二三年以降教会活動は困難化する。ちなみに二三年はゼロ、二四年受洗三名、転出二名、二五年転出二名、二六年受洗五名、二七年受洗二名、転入三名、転出一名であった。以後受洗者が出なかったが、それでも三〇年に八名、三一年は一四名の受洗者を出した。ちなみに藤崎教会の受洗者をみると、明治一七年から四四年の間に、総計一二七名（男女不詳一四名含む）であった。[28]

藤崎村における初代のキリスト教信者の中には、りんご産業に従事する者が少なくなく、しかもその主な担い手は教会の中心人物であった。この表を元に明治二〇年頃の教会創立当時の社会層を分析してみると次のようなことが分かる。藤崎におけるキリスト教は、まず村内の有力者を中心とする「中・上層」の社会層に結びつき受容された。その階層を大別すると、二つに分けることができる。第一に敬業社に関係した株主、地主、商業資本家、商人等、第二には医師、教師等のいわばインテリ階級である。前者に属するものとしては、佐藤勝三郎、長谷川誠三、棟方定次郎（誠三の実弟）、佐藤栄治、後者に属するものとしては藤田匡、藤田奚疑、清水滝次郎、小山内克、沢井弘之助等が含まれるであろう。

一般的に言って、水田耕作単一地帯は水利、労働、祭祀等が共同で行なわれ、極めて封建的性格の強い共同体である。従って、こうした地域にあっては、信仰生活を続けるには「キリストのために死ぬ」覚悟が必要であると同時に、圧迫に耐えきるだけの生活力がなければならない。藤崎の場合は、半農半商的傾向の強い村で、しかもりんご生産という高度の技術と知識を習得した農村だけあって、文化度と経済力が高いため各農家が独立的で、本家分家の関係も祭祀的行事にその名残りを留める程度でそれほど強固でなく、共同体的規制が弱かったのである。さらにキリスト教受容も比較的に共同体的規制が稀薄である村の有力者である「中・上層」に受け入れられたために、入信後迫害にあっても村八分になるようなことは少なかった。

りんご園「敬業社」創業時代において、常時七、八人の年雇いを使用していたが、彼等に対してどの程度の伝道がなされたか不明である。また、りんご生産の特殊性から盛果期において大量の労働力を必要とすることから、繁忙期には二〇〇人もの季節労働者を雇ったと言われる。これらの労働者に対する伝道は、対象が定着性を有しなかったということもあって、その社会層も教会と結びつくことは少なかった。彼等は敬業社の経営においてもみられるように、実作業を年雇いや季節雇用の労働力に依存し、みずからは妨げを受けずに聖日礼拝をはじめとする教会活動を遂行することができた。この点から考えてもキリスト教と下層階級との結びつきは稀薄であり、中・上層の知識階級に受容され、その人達を中心に教会生活がなされた観があった。たとえ下層の農民が教会に接触しても受け入れる基盤がなかったのではないかと考えられる。さらに指摘するならば、知的高度さを伴って受容されたキリスト教は、農民が理屈なしにただ拝めばよいという伝統的な在来の民間信仰を信じてきた者にとって理解し難いものであった。しかも聖書という書物を通しての信仰訓練は、農民にとって理解しがたい面もあり、書物を読むことも満足にできなかった農民にとっては、いつわらざる違和感を伴ったに相違ない。一般に地方の有力者が入信した場合にはその影響によって使用人や小作人などが信徒となることもあるが、この点に関する下層階級に対するキリスト教受容は『藤崎美以教会受洗者名簿』から明らかにすることはできない。

父定七郎逝く

一八九七（明治三〇）年一一月長谷川誠三の父定七郎が肺患に罹り、同月二八日死去、享年六七であった。翌年の一月一日付の『護教』に藤崎村通信として「長谷川定七郎氏逝く」の記事が白鳥甲子造牧師によって伝えられた。生前本多庸一、相原英賢、藤田匡をはじめ飯沼正己、平野栄太郎といった牧師が交わってキリスト教への信仰を勧めてきたが、定七郎は数十年来にわたって仏陀に冥福を祈る習慣的信仰を容易に捨てることはできなかった。『藤崎美以教会記事録』には、定七郎は生前専ら神仏を信じていたが、ここに主なる神への愛に導かれたとある。「主なる神に罪の赦しを願えんとす誠三氏床側にあり之に応じて答え只病身の故を以て其後に専心祈り求めバ神は必ず其罪を赦し即ち人生を勧む願ふ眠に就かんとする」と記している。

長谷川誠三の一家は、十数人がキリストの信仰を告白するに至り、未受洗者は今やこの定七郎と継母のすゑを残すのみとなった。枕元で誠三と弟の定次郎が父の手を握って、祈るうちに祈りが聞き入れられて病床洗礼を受けた。なお、すゑは定七郎の死が契機になったと思われるが、前述のごとく、一九〇〇（明治三三）年六月一七日に受洗するに至った。

> 熱涙をふるって厳君の救を祈る而して厳君定七郎氏左の如く祈れり、全知全能なる大なる真の御神願くは此大罪の多き者を萬一の救に入れ玉へこれ定七郎氏が臨終に際し其儘なる祈なり十字架上の盗人さへ救ひ玉ふ主は今も尚如此にして定七郎が最後に救の御手を延ばし残れる家族をして不幸の中にも父君が至誠の祈りに由て非常なる慰藉を與え玉えり(29)。

誠三たちは定七郎が最後に真の信仰を告白したことにいたく感動したのである。同年一二月一日長谷川誠三家の本邸において葬儀が行なわれた。藤田匡の祈禱で始まり、中田久吉の司会、飯沼正己の聖書朗読、山鹿元次郎が説教、他に故人の友佐々木友造が履歴を述べた。葬儀に主任牧師の白鳥甲子造の名がないが、恐らく式の細々としたことを調えたものと思われる。

定七郎が酒造業を基本に長谷川家の基礎を築き、それを誠三が現在立派に引き継いでいる。誠三、いそと弟の定次郎、絹子や子どもたち皆で定七郎を看取ることができたことは、誠三、定次郎らにとって何ものにも代えがたいことであった。定七郎の死に直面して悲しみの中に過ごしたが、遺族にとっては葬儀を通して主の慰めと励ましが与えられたことは幸いなことであった。

記事録を見て驚いたことに、葬儀が終わった一二月一日の夜から間髪入れず三日間、毎夜長谷川誠三宅にて「家族及び有志の集会を開く、弘前中田氏も来り助けらる」とある。木、金、土、そして一二月四日の主日礼拝へと続くもので、父定七郎の死を契機に家族や孫への伝道、有志者の家族への伝道を考えて集会を行ないリバイバル的状況が生まれるのである。やがてクリスマスが過ぎて、翌年の一月一〇日のところを見ると、「弘前教会リバイバルありて未曾有之盛会況を呈す」[30]とある。弘前教会側の資料ではリバイバル的状況が生まれていた。

明治三十一年一月例年の如く、初週祈禱会を開けり。其の最後の日は集会者三十八名ありしが、一人として祈らざる者なく、大いに神の為め働かんと決心して散会せり。翌安息日より四日間信仰復興会を開けり。毎夜集会する者八十名より百五十名の多きに至れり。此の集会に悔改せる者五十余名あり[31]

藤崎教会では、一八九八（明治三一）年一月三〇日聖日夜、弘前教会本多庸一の弟である西館庸一郎の奨励（聖書に基づく話をすること）があった。終わって解散しようとした時、「弘前教会の如く当教会の教勢を盛んならしめんが為に更に弘前教会諸氏の応援を得て来る三日の木曜夜奨励会を開かん事を協議す」とした。早速、二月三日奨励会を開き、中田久吉、西館庸一郎、工藤玖三、佐藤繁男、藤岡潔、白戸良作、三上正道などが説教、弘前のリバイバルが藤崎に伝わって大いに賑わった。はじめ一日だけの予定であったが、「三日間に亘り毎夜聴衆尠からぬ感動を与え毎年沈滞せる教勢戸内外に向て全く一変せり」という状況となり、これが教勢上昇の導火線になった。

四月一一日より三日間、川部村で連夜奨励会を開いた。このうち二日間は長老司ドレーパーが来援、誠三の弟棟方定次郎夫妻、須藤夫妻、鳴海もと、藤本徹郎らが熱心に働いた。また四月一一日より三日間、中島村横山音太郎氏宅で演説会を開く。続いて四月一五日から一七日、宮川経輝、山鹿旗之進による演説会を行なった。九月三〇日、佐藤衛の楼上を借りて会友有志観月の集いを開いた。さらに一一月二〇日夜、本多庸一が「新生に就いて」と題して説教、二人に洗礼を授けている。そして同月二八日には、長谷川誠三「父母の記念会を自宅にて開く」との報告がある。

注

(1) 日本基督教団藤崎教会『地の塩世の光として――藤崎教会百年記念誌』四五頁。
(2) 気賀健生著、青山学院『本多庸一』編集委員会編「伝道日誌」『本多庸一――信仰と生涯』七五頁。
(3) 日本基督教団藤崎教会所蔵『藤崎美以教会記事録』第壱巻（明治廿五年一月より仝四十五年四月中旬まで）より。この文書は明治二五年一月より同四五年四月までの教会の記録が記載してある貴重な資料である。
(4) 藤崎町佐藤敬三所蔵「佐藤勝三郎自筆履歴書」。
(5)『地の塩世の光として――藤崎教会百年記念誌』五三頁。
(6)『藤崎美以教会記事録』第壱巻。日本基督教団藤崎教会所蔵。

（7）青山学院、高木壬太郎『本多庸一先生遺稿』日本基督教興文協会、一九一八年、五頁。
（8）隅谷三喜男『天皇制の確立下とキリスト教』お茶の水書房、一九六七年、二一頁。
（9）『地の塩世の光として――藤崎教会百年記念誌』五四頁。長谷川誠三は、自由党系の益友会に属し郡会議員から県会議席を持つことを考え、一八八六（明治一九）年二月五日の県会議員選挙に出馬した。開票の結果経世会の北山彦作が一七一八点でトップ当選した。猪俣俊策、阿部政太郎が当選したが、益友会の榊喜洋芽、菊地健左衛門、長谷川誠三は落選した。この時の長谷川の得票数は、五八七点であった。この頃を契機に長谷川は政治に見切りをつけるようになっていった。
（10）長谷川虎次郎「故長谷川誠三翁」『竹南文集（第三冊）』東奥日報社、大正一五年、二九四頁。
（11）沢井弘之助の人となりについては、佐藤幸一「牧者沢井弘之助の半生――藤崎教会の源流」『地の塩世の光として――藤崎教会百年記念誌』を参考にした。沢井弘之助は、一八八四（明治一七）年一〇月一七日の弘前教会式会において藤崎教会の勧士に決定、一八八六年八月二三日の四季会において「試用伝道者」になり、同年八月青森教会に転任した。長谷川誠三の受洗したのは、一八八七年六月一四日であるので、その時すでに沢井弘之助は転任していた。
（12）『護教』第四〇二号、一八九九（明治三二）年四月八日。
（13）『藤崎美以教会記事録』第壱巻。
（14）同右。
（15）藤崎町誌編さん委員会編『藤崎町誌』一九九三年、九四―一〇五頁までの「興味深い村会の議論」の箇所で展開されているものを参考にした。
（16）同右、九九頁。
（17）『藤崎美以教会記事録』第壱巻および『地の塩世の光として――藤崎教会百年記念誌』より作成した。
（18）『四季会記録』。藤崎教会所蔵。
（19）同右。
（20）『護教』第三〇六号、一八九七（明治三〇）年六月五日。
（21）相澤文蔵『津軽を拓いた人々――津軽の近代化とキリスト教』二二三頁。
（22）『藤崎美以教会記事録』第壱巻。
（23）同右。
（24）同右。

(25) 同右。
(26) 『護教』第三二七号、一八九七(明治三〇)年一〇月三〇日。
(27) "SEIZO HASEGAWA," *TIDINGS FROM JAPAN*, DAVID S. SPENCER, EDITOR AND PUBLISHER, July, 1902. 拙訳。
(28) 日本基督教団藤崎教会所蔵『藤崎美以教会会員名簿』『藤崎美以教会記事録』第壱巻等を参照。藤崎町佐藤篤二所蔵『第七回青森連回記録』によると次のような記述がある。それによると明治二九年五月五日午後敬業社りんご園において「集い」があった。「席上長谷川誠三氏ノ所感中藤崎教会堂ト此果樹園トハ其年令ヲ同フシ以来此園ノ成長ト共ニ教会モ成長シ而シテ自給ノ基礎堅ク立チシカ如キハ此園ト因縁少カラサル事ナリ云々ト当日園ノ入口ニ標シテ「藤崎エデン園」ト云フ当レリト云フヘシ」
(29) 『護教』第三三六号、一八九八(明治三一)年一月一日。
(30) 信仰覚醒とも言う。伝道集会など大勢の人が集まり、演説・信仰告白・合唱が行なわれる中で、未信者の集会参加者の中に感情的な信仰の高まりが起こり、次々と受洗に導かれるということが起こった。
(31) 日本メソジスト弘前教会『弘前教会五拾年略史』大正十四年、二八頁。

第三章　りんご園「敬業社」

第一節　敬業社がもたらしたりんご

イング、りんご栽培を奨励

前述のように、一八八三（明治一六）年自由民権運動の牙城である共同会が解体を余儀なくされると、長谷川は本多庸一との関係でこの結社とともに歩んできただけに大きなショックを受けたに違いない。自分の原点が失われた関係から自己のよりどころを失った感があった。村会議員、郡会議員になってはいたが、以前のような自由民権運動の闘士としての運動家というより、今後の藤崎村をどうするかという今日的な問題に取り組まざるを得なくなっていった。その一番初めに手を付けたのがりんご生産であった。

現在、青森県のりんご生産額は全国第一位で、一時は日本におけるりんご生産の約七〇％を生産してきたが、現在は全国生産に対する占有率は幾分か低下し、二〇一五年度の全国生産量八一万一五〇〇トンに対し青森県は四七万トン、二〇一七年度は全国七三万五二〇〇トンに対し青森県は四一万五九〇〇トンである。それでも二位の長野県を断然引き離し、日本全体の約五七％を占めている。

りんご日本国内の生産量（2017年）

順位	都道府県	生産高（トン）	割合（%）
	全　国	735,200	100
1	青　森	415,900	56.6
2	長　野	149,100	19.8
3	山　形	47,100	6.4
4	岩　手	39,600	5.4
5	福　島	27,000	3.6
6	秋　田	23,500	3.2
7	群　馬	8,760	1.2
8	北海道	7,740	1.1
9	宮　城	3,050	0.6
10	岐　阜	1,700	0.3

出典：農林水産省ホームページ作物統計調査

最近の青森県におけるりんご栽培の分布をみると、弘前を中心とする津軽地方、すなわち中津軽郡をはじめ東西南北の津軽郡（青森、黒石、五所川原、藤崎、弘前、碇《いかり》ケ《が》関《せき》）などに集中している。また昭和初年以降、栽培技術の進歩により、稲の生育期に冷涼湿潤な東北風「やませ」が吹き込む稲作には不向きとされた三戸を中心とする上北郡、下北郡、三戸郡でも広く栽培されるようになっているのが分かる。

周知の通り「青森りんご」の名は宣教師ジョン・イングとともに忘れることのできないものであり、現在青森、弘前、黒石、藤崎、五所川原、碇ヶ関のいずれもがキリスト教会を有することを考えると、りんご生産とキリスト教受容との間には何らかの関係があったのではないかと思われる。その事実は、まさに明治一〇年代以降キリスト教とりんご生産とは深い関係をもって展開されていった歴史の中に見出すことができる。青森県にりんごがはじめて紹介されたのは明治七、八年頃であった。りんごの起源については様々な説がある。『菊池九郎先生小伝』の中に、一八七四（明治七）年一二月、東奥義塾に教師として招かれた米国人宣教師ジョン・イングが学生を夕食に招待して西洋料理を振る舞った時の記述に「アップルというものを生れて初めて食べた」(1)という記述がある。しかし、ジョン・イングが本多庸一と弘前に来たのは、一八七四（明治七）年一二月であることを考えると、弘前に来た直後のクリスマスの時期にりんごを振る舞ったことには疑問がわく。本多がイングと契約し、弘前に彼を連れてくるのに時間がかかること、契約の前からりんごの配送の手続きをしなければならなかったことを考え合わせると、明治七年一二月にりんごを配ったということは成り立たない。彼の故郷インディアナ州からりんごを取り寄せるとなると、船で数か月かかるので、翌年の明治八年一二月のことであったろうと思われる。

青森県にりんごの苗木が本格的に配られるようになったのは、明治八年四月以降で、同月内務省勧業寮から青森県県庁に苗木三〇本が配付されたのが嚆矢《こうし》とされる。(2) 続いて同年一〇月には数千本の苗木が勧業寮から送られた。また青森りんごの先覚者の一人で、藤崎村にも在住した佐野楽翁の『楽翁履歴書』には次のような記述がある。「明治八年一〇月西洋果木数千本勧業寮より県庁へ送達の趣伝承し払下請願の処試験栽植可致様分有……」(3)。いずれにしても、りんごが誰によってはじめて弘前にもたらされたかは数説あり定かではないが、時期的には、明治八年頃に青森県に紹介されたものと考えられる。(4)

青森県におけるりんご生産は、その導入期においては士族授産という過程を辿った。明治新政府の成立、版籍奉還、廃藩置県によって士族の身分は転ぜられ、続く禄制改革、秩禄処分等によって、士族の生活基盤は失われるに至った。しかし、こうした士族の分解過程も全国一律ではなく、藩によってかなりの相違がある。(5) 弘前藩の場合は、藩独自の帰田法と言われる地主からの土地取り上げによって、士族にその土地を分与するという特異なケースを辿った。(6) 従って、秩禄処分によって給禄の上で減額が生じたものの、それに応じた分与地が渡されたので、元の給禄には届かなかったものの、一時的にはかなりの経済的恩恵にあずかった。例えば、弘前の牧師本多庸一の父東作は家禄を三〇〇石から一〇〇俵に削減されたが、藤崎に三町歩の土地が分与された。また政治家でありキリスト者であった菊池九郎は、家禄を一〇〇石から八〇俵に減らされたが、同じように二町四反歩の土地を黒石の追子野木《おっこのき》に与えられた。

青森県においては、明治新政府が推進した近代産業としての殖産興業に即応する道は少なく、わずかに旧藩時代からの在来の工業を興す程度であって、他にみるべきものなく農業部門のみに存在したのである。そのような状況のなかで、弘前士族の栽培と技術指導がきっかけとなって、明治中期に早くもりんご産地としての地位を形成しえたことは注目に価する。[7] それも青森県の場合特徴的なことは、明治一〇年代になると全国的な動向とともに自由民権運動が展開されたが、りんご栽培もこれらの担い手が多く携わっていたことである。そして、授産事業の上でも保守派と民権派とが対立抗争していたのである。当時保守派を中心とする青森県が行なった事業は、大規模経営的な工業、農牧業を目指していたが、いずれも理想と現実とがかけ離れていたため、松方デフレのあおりを受けて倒産していった。[8]

これに対し、りんご事業はその当初において試植苗の配布があっただけで何らの助成も受けることがなかった。それにもかかわらず唯一の授産事業として着実にその基礎を固めていった。それは民権派の熱心な栽培普及と民間事業者の努力によるところが大きかったのである。こうしてりんご栽培は、苗木の栽培や接木技術などの普及の初期段階から次第に弘前士族などが宅地栽培や帰田法によって得た分与地で小規模な栽培を行なうようになった。しかしながら、明治一〇年頃から続くインフレ、一四年頃から始まる松方デフレ、それ以降一八年までの不況期の段階では、自己資本の少ない士族によるりんご栽培は、未だ商品作物としての本格的なりんご栽培事業としては行なわれ得なかったものと考えられる。

そのような停滞期後、農村恐慌を勝ち抜いた地主によってりんごが商品作物として注目されるようになった。その時期に、りんごの大規模栽培にいち早く着手したのは藤崎の「敬業社」で、未だ農村の不況を脱していない時期（明治一八年六月）に、株式会社組織の大規模経営による園圃開園が七町五反歩をもってなされたことは驚くべきことであった。しかも、それは勃興しつつある地主と一部の士族信徒とが提携して推進したものであって、その思想的基盤はプロテスタンティズムであった。現在も藤崎はりんごの中心的な生産地で、特に「ふじ」発祥の地として有名になっている。藤崎は本多家が居住した地であり、地元の大地主である長谷川誠三や佐藤勝三郎たちは本多庸一との関係からキリスト教に帰依することになり、天を敬い、神を畏れ、人を愛する道へと導かれたのであった。誰が神を敬う会社という意味を込めた敬業社の名前をつけたか定かではないが、参画者の多くがキリスト信者であることから信仰に立脚した会社にふさわしい名前であった。果物が商品として販売ルートに乗るといった考え方がない時代に、また辺鄙《へんぴ》な東奥の地にいち早く着眼したところにこの「神を敬う」グループのすばらしさがあり、それはプロテスタンティズムから流れ出るパイオニア的精神がそうした未知の世界を切り開くことになったと言えよう。

敬業社の開園場所は藤崎町大字藤崎字真那《まな》板縁《いたぶち》で、平川の沿岸に位置し浅瀬川と合流した地点からおよそ四キロの下流、松ノ木集落の西方五〇メートルの地点にあたる。

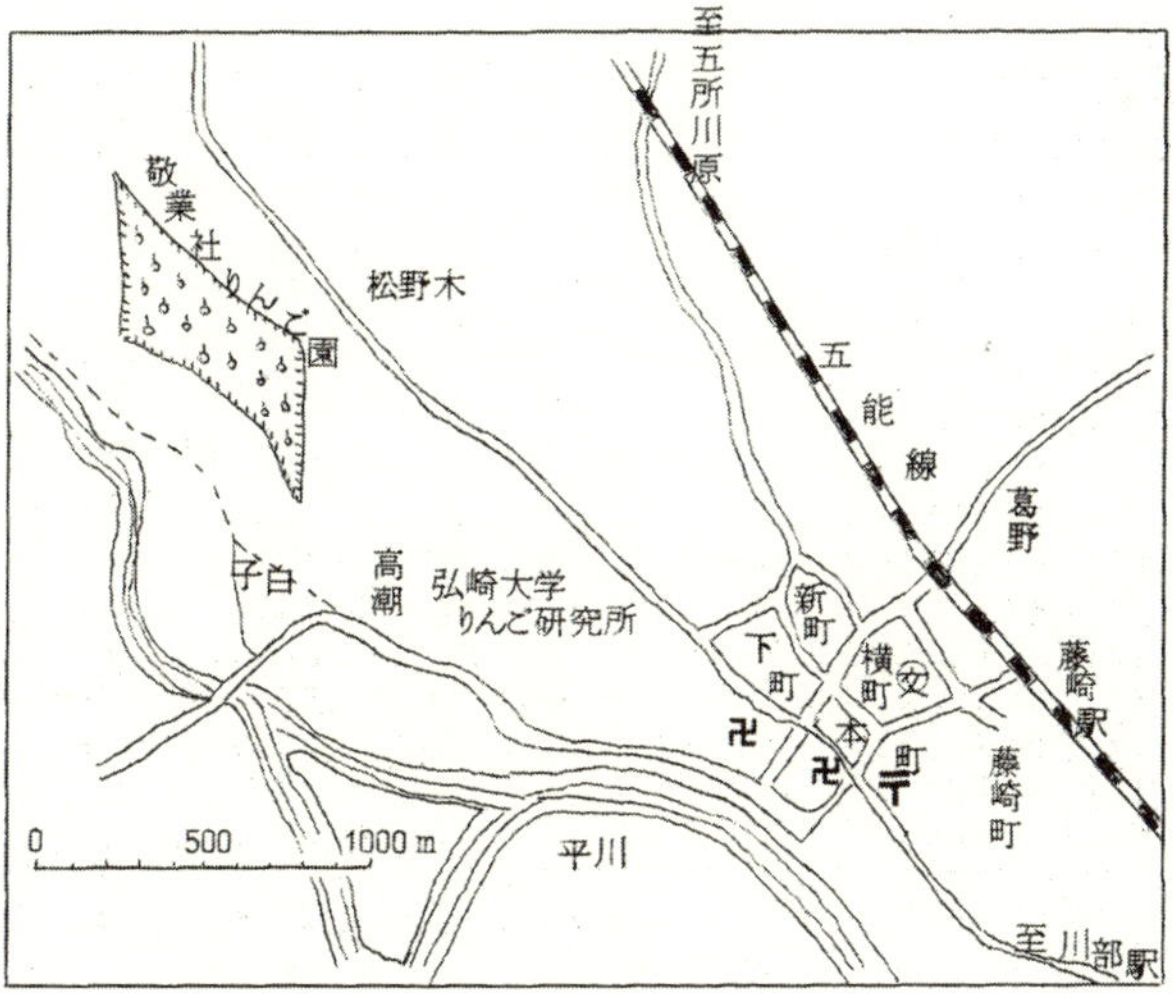

藤崎町略図

旧藩時代は立入禁止の禁猟区であって、沼、湿地が散在する付近一帯はほとんど雑木が繁るにまかされていた。一八七九（明治一二）年になって弘前藩による土地分与政策で士族に与えられたが、その後所有者が転々とし土地も分割され、その東端の一角が佐藤勝三郎（敬業社社長）の実兄佐藤衛の所有となったもののようである。このように真那板縁の一帯は不毛の劣等地とされていた。この土地を佐藤勝三郎は小作料三斗五升七合のおやぐ（親類）値段で安く借り受けたのである。

これより先、一八七四（明治七）年一二月ジョン・イングが東奥義塾教師として来任し、彼によってりんご栽培の可能性が伝達された。(9) 今まで栽培したこともないりんごを植え付けるということは、そこに正しい知識をもって奨励する者がいなければならなかった。まさにイングが故郷のイリノイ州と津軽の気候が似かよっていることに着目し、周りの人たちに積極的にりんご栽培を奨励したのである。こうして、徐々に弘前士族出身のキリスト教信徒によって着手され、試験的に植えた苗が成長結実するに至り、りんご栽培への関心が高まり始めた。さらに、りんごの栽培技術普及を目指す仲間が集まって一八七七（明治一〇）年化育社を創設した。この化育社は、八四年には中津軽農談会、八八年には津軽産業会へと発展していくのである。一方敬業社の主唱者佐藤勝三郎は、一八八〇（明治一三）年頃より義塾の教師などからりんごの栽培が可能であることを聞き、化育社のメンバーとも交流していた。彼は化育社の主要メンバーである菊池盾衛、佐野某（佐野楽翁の長男）、中畑清十郎（本多庸一の妹婿）、菊池三郎等から果樹栽培の接木法などの知識について教えを受けることが多かった。こうして彼はりんご栽培が青森県のような寒冷気候に適することを知り、しかもこれを商品作物にして高収益をあげることが可能であると見抜いていたのである。(10)

第二節　長谷川誠三と佐藤勝三郎

青森りんごのパイオニア「敬業社」

一八八五（明治一八）年六月、佐藤勝三郎は長谷川誠三と協力して発起者となり、牧師の本多庸一、東奥義塾の菊池九郎、その弟三郎、医者の藤田奚疑、その他藤崎村の居住者で友人関係にあった小地主、商人などと連携して、一株一〇円出資（発行株数九〇株）の株式会社組織「敬業社」を創設した。佐藤勝三郎は一八五三（嘉永六）年一二月二七日、父栄太郎、母きくの次男として藤崎で生まれた。「サトカツさま」といわれ、佐藤勝三郎とその一家は町の人々に親しまれていた。勝三郎は藤崎教会の創立者の一人であったし、生涯藤崎教会に仕え、その後四代にわたって教会につながっている。

敬業社の株主は、一一名。出資株数では、長谷川誠三が三五株、佐藤勝三郎が二五株で、この両人が群を抜く大株主であった。二人は長谷川誠三の妻いそが佐藤勝三郎の妹であることから義兄弟の関係にあった。『揺籃時代における青森りんご――藤崎敬業社りんご園経営記録』によると、長谷川誠三といその結婚は、一八八五（明治一八）年敬業社創立の一〇年前の一八七五（明治八）年のことで、いそ一六歳、誠三は一八歳であった。いそは、安政六年九月二〇日（一八五九年一〇月一五日）に藤崎に佐藤栄太郎の五女として生まれた。[11] 長谷川は自由民権運動を通して、本多庸一、菊池九郎らと交わるうちに商品作物としてりんごがこの地に適していることを知って佐藤勝三郎と意気投合していた。佐藤勝三郎のりんごの植栽およびその技術と長谷川誠三の経営的手腕がマッチして、大農経営によるりんご園が開設されることになった。

さらに事業の経過をのぞいてみると、当時の果樹栽培に関する一般的情勢は極めて認識低く、商品作物として収益をあげることは不可能と考えられていた。敬業社は一八八六（明治一九）年に栽植し始め、ようやく五年目にしてりんごが結実した。九一年にりんごが結実する頃ともなると、人気が急上昇し非常な高値を呼んだことから、りんごは「金のなる木」と騒がれた。さらに一八九三（明治二六）年一二月二〇日には勝三郎は明治天皇にりんご一五品種百果を献上し、県下を中心に青森りんごと敬業社の名が響きわたった。[12]

佐藤勝三郎
（『藤崎教会百年記念誌』より）

開園時においては果樹園七町五反歩のうち、実際に栽植したのは四町二反歩で、残り二町三反歩は貸し付けたのである。そして漸次貸付地をやめ、りんご園を拡大していった。

こうして一八九一年からは配当を実現し始めた。敬業

敬業社加盟者並びに株数

	氏　名	在住	出資額	所　属	備　考
1	長谷川誠三	藤崎村	350円	藤崎教会	藤崎銀行創立者
2	佐藤勝三郎	藤崎村	250	〃	敬業社社長
3	藤田奚疑	藤崎村	60	〃	医師
4	清水理兵衛	藤崎村	50	〃	村長
5	幸田儀三郎	藤崎村	40	〃	幸田家の総本家（油屋）
6	福井善助	藤崎村	20	〃	村議員
7	清水久助	藤崎村	10	〃	藤崎村助役
8	工藤承平	藤崎村	10	〃	村議員
9	菊池三郎	弘前	90	弘前教会	りんご指導者
10	菊池九郎	弘前	10	〃	東奥義塾塾長・衆議院議員
11	本多庸一	弘前	10	〃	日本メソジスト教会監督

「揺籃時代における青森りんご――藤崎敬業社りんご園経営記録」『青森県りんご史資料第一輯』10-11頁を参照して作成

社のりんご生産高についての経営成績は表の通りである。これを配当金の面から考えてみると、すなわち一株一〇円の額面に対して、それぞれ九一年七円、九二年八円、九三年一〇円、九四年一一円一一銭と上昇した。九四年末になると青森弘前間の鉄道が開通し、今まで荷車で青森まで運搬していたものが川部駅まででよいことになり運送上非常に楽になった。また九六年になると、差引収益は三七七五円にのぼり、開園して一一年、配当金三〇円（配当率三〇〇％）の最高を示した。この年は社内一の大株主長谷川誠三は配当受取金一〇五〇円、勝三郎は七五〇円を受領するという景気の良さであった。ちなみに、五月九日には敬業社りんご園で大親睦会が開かれた。りんごの花が咲き始めるのは、五月上旬のことであった。りんごの花咲く木の下で社員やその家族、関係者が集って、この年もりんごの豊作を願って楽しい交わりの親睦会がなされた。

一八九一（明治二四）年は七割配当が出た年になるが、長谷川誠三は、農学者の津田仙に害虫駆除の相談をしている。どういう関係から津田に指導を仰いだのか分からないが、同じメソジスト教会に属する関係か、あるいは本多庸

敬業社の経営成績（単位：円）

年次及び栽植年次	収　入	支　出	差　引	配当金額	1株当割当
1887（明治20）年（２）	204.742	167.671	37.071		
1888（明治21）年（３）	248.943	215.233	33.710		
1889（明治22）年（４）	251.749	166.665	85.084		
1890（明治23）年（５）	369.113	220.862	148.251		
1891（明治24）年（６）	1,541.414	877.454	873.300	630.000	7割
1892（明治25）年（７）	2,034.882	929.015	1,105.877	720.000	8割
1893（明治26）年（８）	3,057.961	1,229.051	1,828.910	900.000	10割
1894（明治27）年（９）	3,419.279	1,295.004	2,224.275	1,000.000	11.11割
1895（明治28）年（10）	4,222.438	1,120.279	3,102.155	1,800.000	20割
1896（明治29）年（11）	4,941.792	1,166.640	3,775.152	2,700.000	30割
1897（明治30）年（12）	3,947.936	1,291.916	2,656.020	1,800.000	20割
1898（明治31）年（13）	3,908.464	1,424.326	2,484.138	1,350.000	15割
1899（明治32）年（14）	2,340.693	806.343	1,534.350	450.000	5割
1900（明治33）年（15）	1,746.774	716.160	1,030.610	630.000	7割
1901（明治34）年（16）	3,138.000			3,138.000	35割

「揺籃時代における青森りんご――藤崎敬業社りんご園経営記録」『青森県りんご史資料第一輯』を参照して作成

一からの紹介があったかも知れない。津田仙は天保八年七月六日（一八三七年八月六日）に生まれたので、津田五四歳、誠三は三四歳であった。津田は、学農社の設立者で農学者、下総佐倉藩主堀田正睦に仕える小島善衛門良親の四男として生まれ、一八歳の時江戸に出てオランダ語を学び、さらに英語の習得に励んだ。一八六一年津田初子と結婚、津田を称し、一八七一（明治四）年、津田仙は明治政府の事業である北海道開拓使の嘱託となった。北海道開拓使次官の黒田清隆は女子教育にも関心を持っていた人物で、黒田が企画した女子留学生に津田仙の娘梅子を応募させ、同年岩倉欧米使節団に随行して渡米、五人のうち最年少の満七歳であった。津田仙は、一八七三年ウィーンで開催された万国博覧会に日本政府派遣団の一員として渡欧、展覧会で聖書をみると同時に優れた文化や制度に接触して感銘を受けた。七四年一月三日米国メソジスト監督教会宣教師ソーパーの人格に触れて洗礼を受けた(13)。

一八九一年四月九日、長谷川が害虫駆除について津田仙に手紙で問い合わせをしたところ、一四日付の手紙が届いた。それによると、「能々御洗成候根にも付居候間根辺にもシャボン水」を注ぐようにと記されている。当時りんごの木につく害虫に対する特効薬はなかった。津田仙はシャボンを水で溶かして、それを樹木や根に散布する方法を長谷川に教授している。この散布がどの程度効果があったか分からないが、長谷川は経営者としての責任から害虫駆除に取り組んで、いち早く退治しなければいけないという認識から当時農学者として名をなしていた津田仙に依頼したのであった。(14)

しかしながら、一八九七(明治三〇)年になると、そろそろこの頃の樹齢ともあいまって、敬業社の業績は前年をピークに下降しはじめるのである。それでもなお二〇円(配当率二〇〇%)の高配当を示した。九八年は収入面では前年度と大差ないが、支出面では毎年悩まされている綿虫《わたむし》駆除などに手間どり支出が増加し、収益の低下をきたしている。それでも一五円の配当が出された。経営一四年目の九九年になるや、病害虫の綿虫、ヒメシンクイが猛威を振るい、その駆除には何ら有効な方法がなかった。従って、極端な収益の低下から配当金は五円に低下した。栽植一五年目の一九〇〇年は綿虫駆除費も全く計上せず、半ば栽培を放棄したのではないかと考えられる。こうして、一九〇一年一〇月に藤崎敬業社がついに解散するに至った。解散に至る経過については定かではないが、結局社内の意見の大勢が前途に見切りをつける方向に至ったのではないかと考えられる。以後勝三郎個人に譲渡され、彼の個人経営になった。

以上が藤崎敬業社の発展・衰退過程であるが、注目すべき問題はそれに刺激、影響されて同じような経営方法によるりんご園が開園されたことである。代表例は、一八八七(明治二〇)年に開園された興農会社、東奥義塾りんご園であった。しかも極めて特徴的なのは、これらの企業は思想的基盤において類似した関係を持っていたことである。もとよりこれらの会社の思想的基盤は、県下の民権運動の母体である東奥義塾から流れ出たものであった。東奥義塾は津軽地方を中心とする青森県の開明的精神の文化センター的な存在であり、キリスト教と自由民権思想の発信源となっていた。その義塾から宗教面では弘前教会が形成され政治面では共同会（自由党系）が組織され民権運動が展開された。そして弘前教会から藤崎教会が創立されその信徒を中心に敬業社が創設され、続いて藤崎の又隣の黒石郊外に生まれた興農会社も共同会と同じ基盤にあったものである。また東奥義塾りんご園は、私学財政扶助のために義塾長の菊池九郎が開園したものである。

これらの企業（東奥義塾りんご園を別にしても）は、一つの独立した事業体として収益を確保し、かなりの成績をあげたことは後の「青森りんご」発展の基礎に重要な役割を果たすことになったのである。それでは、どうして相当の収益を上げていながら急激に衰退していったのであろうか。種々の要因が考えられるが、以上の会社に共通して言えることは、第一に重要な点としては、思いがけない病害虫の発生である。例えば敬業社の場合で考えてみると、綿虫発生は開園早々の一八八九（明治二二）年から始まり、九五年から急にこの「綿を吐き出す虫」の急増に悩まされるようになった。

敬業社の摺版

敬業社のりんご箱
（『藤崎町誌』第4巻より）

このことは敬業社の綿虫駆除費を見てもはっきりうかがえることである。九二（明治二五）年には害虫駆除費用が予算をオーバーして三八円となり、続いて九三年には一挙に一九一円、九六年は徹底的に駆除したこともあって三〇〇円、九七年一五一円、九八年には一八六円、九九年に一三三円と、著しく綿虫駆除の支出が増大していることが分かる。そして一九〇一年には、最後の収奪をするように三五割と過去最高の配当を出して経営を放棄し解散しているのである。

第二の要因として考えられることは、りんごの樹齢と栽培方法の問題である。この頃の栽培方法は自然放任で「無剪定、無摘果、無袋」であり少量の施肥が行なわれたにすぎなかった。[15] 敬業社の場合の施肥法をみると、真那板縁において屠殺された鶏の臓腑を入手し、それを溜桶に入れて放置し、腐敗汁となったものに水を加え、春秋二回根元に施用したのである。またこの時期に創業したりんご園は、開園してからいずれも一五年目頃で経営が危機的状態となって倒産していることをみても分かる通り、極めて粗放的な栽培方法であった。現在のように集約的な栽培――労働力を多く投入し、十分な薬剤散布や肥料を施す方法とは異なって、自然放任的な収奪方法はりんごの樹齢（現在では五〇年位）を極めて短いものにしたのである。

元来藤崎は商品作物が盛んな所であって、藩政時代から弘前には紺屋町に織座があり、取扱品の主な生産地は藤崎であった。その中でも麻と藍の重要な供給地でもあった。藍という作物は年によって市況の変動が激しく、極めて投機的な色彩の濃いもので、もとより商人としての才腕が問われるものであった。かねて藤崎の地で起業の機会を窺っていた佐藤勝三郎も長谷川誠三も藍が景気の振幅が大きく、安定した商売ではないことを認識していた。

佐藤勝三郎は前述したように弘前の士族信徒及び士族と交流し、果樹についての知識や接木法を習得し、りんごの商品性に着目していた。しかも彼には優れた商業精神があった。彼はりんご園開園にあたって、劣等地とされていた真那板縁《まないたぶち》に注目するに際して経営的見地から長谷川と検討した。[16] 真那板縁は弘前藩の武士たちが鷹狩を楽しんだ所で、作物を生産してはいけない土地で、極度に生産性の低い土地とみなされていた。にもかかわらずその土地を借り受けた背後には次のような要因があった。その土地は水田や畑にするには表土がやせすぎて適さないが、心土は肥沃で、その上りんご栽培に適する排水のよい土壌であった。そのことを確かめて着眼したところに彼らの先見性があったと考えられる。

一方、長谷川誠三は明治二〇年、本多庸一、菊池九郎等に接触するうちに夫婦共にキリスト教に入信した。誠三と産業への関わりは枚挙にいとまがない。彼は進取の精神に富む精力的な事業家であった。誠三は商品市場に出回る製品を産する土地柄で育ったがゆえに、経営的な考え方が次第に研ぎ澄まされていった。こうして、佐藤勝三郎のりんごの生産性に着目した考え方と長谷川誠三の起業への意欲とが一致して商品作物としてのりんご生産に目をつけたのであった。あとで触れることになるが、長谷川誠三は敬業社参加後、弘前女学校設立期においては私財を投入、教育事業に尽力し、藤崎銀行を創立した。また秋田県との境の疎水工事を興さんと志し、実地測量や工事の設計に奔走したが、実現に至らなかった。一八九二(明治二五)年八甲田山北東に位置する田代平《たしろたい》湿原の開墾を計画、一八九六年着手、一九〇二(明治三五)年頃まで多大の資金を投じ、苦心惨憺して開拓に従事したが成功させることができなかった。りんごとの関係では、敬業社の中核であると同時に大規模な冷蔵倉庫を建設し、りんごの流通機構に貢献した。このように長谷川誠三の足跡を語ることは青森県の産業発達史に通じる観がある。

要するに敬業社は佐藤勝三郎が発起人となり、資本家長谷川誠三を迎え、これに牧師の本多庸一や政治家の菊池九郎、九郎の弟である進取の行動家三郎等が協力したものであった。その集団は信仰者を中心とする近代的な株式会社経営に基づくものであり、そこでは何らかのプロテスタンティズムの倫理からくる進取的精神の作用がその企業体を支配していたと考えられる。いち早くりんごの商品性に着目して、誰も使用しないような劣等地と考えられていた土地を利用して大規模経営を興した背後には、キリスト教信仰から押し出された合理主義的な利潤獲得をめざす経済倫理――エートスの躍動を見出すことができる。長谷川誠三の入信する過程における動きを見ると、禁酒を断行し酒造業を廃して味噌醤油製造業に転業したのである。つまり家業を転換することは、一家の生活上の大問題となったはずだが、それをあえて遂行させるほどまでに実生活の上での信仰の革新がなされて、価値転換のエートスを生み出すほどに教会の影響力が強かったのである。そこでは職業を神から与えられた聖なるものと捉え、与えられた家業に勤しむことが神に仕える道であるという考え方が見える。その家業に励んだ結果得られた収益を聖なるものと受けとめ、蓄財に耽るのではなく次の投資に向け、あるいは社会に還元していく長谷川の姿勢を見ると、M・ヴェーバーの名著『プロテスタンティズムの倫理と資本主義の精神』の日本版を見る思いがする。

注

（1）長谷川虎次郎『菊池九郎先生小伝』菊池九郎先生建碑会、一九三五年、一一七頁。

（2）青森県『青森県りんご発達史』第一巻、一九六五年、七〇—七四頁。

（3）「揺籃時代における青森りんご——藤崎敬業社りんご園経営記録」『青森県りんご史資料第一輯』青森県経済部、一九五一年、六頁。なお、青森りんごのパイオニア的な役割を果たした敬業社について考察した論文に次のものがある。拙稿「明治期におけるキリスト教受容——藤崎村のキリスト教とリンゴ業界」『経済商学研究』第七号、明治学院大学大学院経友会、一九七二年五月。

（4）イングの苗木輸入説は波多江氏（『青森県りんご発達史』第一巻）も指摘しているように十分考えられる。というのは、『苹果病害に関する調査』（大正四年刊）によると、「明治七年弘前東奥義塾ノ教師ニシテ伝道師タル米国人エング氏ハ其故国ヨリ十二、三本ノ苹樹苗ヲ持チ来リ十二ノ人ニ分与シテ家居ノ周囲ニ栽培シ」たと述べられている。しかもこれを裏づける記述が『菊池九郎先生小伝』にある。それによると、イング先生は「林檎苗十数本を輸入して先生（菊池九郎）を初め本多庸一・芹川得一、工藤儀助等に数本宛分配し、それを各々自分勝手に名前をつけた。菊池赤早熟、金時、芹川酔美人などは其の例である」としている。当時弘前に提供された苗木は、「勧業寮から配布されたもの、菊池楯衛、中畑清八郎等が七重試験場から持ちかえったもの、菊池盾衛、佐野楽翁等が東京、埼玉から購入した」ものであって、このことからイングによってもたらされた苗木は、これ等の提供者から来たものではないことを表している。従来、イングの苗木輸入説は、ほとんど重視されていなかったが、『津軽地方苹果要覧』によると、イングのもたらした菊池赤早熟（アーリーストローベリー）、芹川酔美人（ロンビューテー）のいずれもが三田育種場の目録になく、開拓使舶来果樹目録にその品種が載っているのはイング苗木輸入説を裏づけるものとして注目されよう。

（5）この当時の状況を表した資料として、吉川秀造『明治財政関係資料』がある。「弘前に居る士族は（中略）旧藩主より廃藩の際多少の土地を贈られ、且つ其後公債証書を下賜されたるものなれば、今日窮すと雖も、他府県の士族に比すれば、今日漸く、窮迫に赴くものにして、是迄は先ず中等に位したるものなり」

（6）弘前藩の土地取り上げの資料には『津軽承昭公伝』がある。また弘前藩の「帰田法」に関するものには長岡新吉のすぐれた論文がある。長岡新吉「明治初年弘前藩における『帰田法』の推移と帰結」『経済学研究』第一四巻第二号、北海道大学、一九六四年。他に長岡新吉「明治初年弘前藩の『帰田法』をめぐる地主と農民」『経済学研究』第一三巻第三・四号、北海道大学、一九六四年がある。

（7）例えば、明治八年の試植苗受配者の社会層をみてみると、六八人中、士族が五二人、地主その他が一六人となっており、弘前士族は全体の約半分ほどの三二人となっている。

（8）保守派を中心とする青森県が行なった主な事業をあげると次の通りである。興農社（織物）、盛蚕社、農牧社など（これ等の会社はすべて倒産している）。

（9）ジョン・イングは自然科学の知識に富み、初期の宣教師に共通する特徴的なピューリタン的情熱と高潔な人格を有する人物であった。「資性忠厚義気に富み、英語、理化、数学、博物、史学を担当」した（『東奥義塾再興十年史』一四頁）。しかも学生を引率して郊外に散策し、鉱物や植物などを実物教授した。とりわけ農作物については博学で、米国より、りんご、トマト、アスパラガス、キャベツ、ダーツベリー等の各種野菜、果樹を紹介したと言われる。

（10）全国で民間農事団体として早くから設立されたものに、一八七八（明治一一）年の愛知県の北設楽農談会があるが、化育社はそれよりも早く設立されたことは注目すべきである。この組織は、はじめ弘前士族によって構成されていたが、後に地主や篤農家も参加して弘前を中心とする有力な民間農事団体となった。その活動は果樹蔬菜や特殊農産物の技術を交換することが主であって、その中でもりんごの果樹栽培について、その普及に果たした役割は大きい。

その他経営面でユニークな試みとしては、生産量が急増した一八九一（明治二四）年頃から販売方法についていろいろと考えられたあとがうかがえる例がある。例えば、佐藤勝三郎は「西洋林檎卸売商」なる自分の名刺を作って、販路開拓に精を出す一方、菊池三郎と共同して新聞広告を使って購買者を募り、値の高い買い手に売る方法がとられた。「近年に至り弘前の菊池氏藤崎の某氏など東京にて売店を設け津軽林檎として売捌き且つ新聞に広告せるため少し林檎の面目を発揮する端緒となれり」『東奥日報』明治三四年一一月一三―一五日付（『青森リンゴ発達史』第五巻）

(11) このことについては「揺籃時代における青森りんご――藤崎敬業社りんご園経営記録」の一一頁に次のような記述がある。

「長谷川誠三は佐藤勝三郎の妹いそ（安政六年生れ、明治四十二年六月四日歿す）をめとり十一年目、時に齢二十八歳の血気盛り、父定七郎藤崎村に転住酒造業を営んで蓄財あり、盟友藤田奚疑と相携え、腕車を連ねて近江国は琵琶湖の疎水工事見学に赴き、弘前郊外柏木舘野（旧弘前練兵場）の原野開墾に思いを馳せていた頃でもあるので筆頭出資者となり、佐藤勝三郎また名望家に生を享け、長兄衛より財の分配に預り分家創設して幾ばくもならぬ故、畢生の事業として出資額これに次ぎ、両者にして七十二株を持ち八割を占めたことは理の当然であろう」。この資料では、長谷川と佐藤の持ち株を七二株としているが、長谷川が三五株、佐藤が二五株で、合計六〇株である。全株式数が九〇株なので、両者が占める割合は、六六・七％であるので、ここで修正しておきたい。

(12) 敬業社の創立と展開については、「揺籃時代における青森りんご――藤崎敬業社りんご園経営記録」に負うところが大きい。一八九三（明治二六）年一二月二〇日「皇后陛下へ献納願出ノ趣ヲ以テ伝献被致ニ付御前へ差上候條此段申入候也」という天皇皇后陛下に献納した記述がある。

(13) 一八九一（明治二四）年四月一四日付長谷川誠三宛津田仙書簡。

(14) 都田豊三郎『津田仙――明治の基督者』日本キリスト教団九段教会、一九七二年参照。津田仙はいろいろな人々に影響を与えている。一八八二年朝鮮の李樹廷が「第二次紳士遊覧団」として来日、農業を学ぶために津田仙に会ったが、聖書を学ぶうちに同年一二月のクリスマス礼拝で信仰を受け入れ、八三年四月二九日、露月町教会（現芝教会）において安川亨牧師から洗礼を受けた。その後、アメリカ聖書協会のヘンリー・ルーミスに勧められて、漢文から朝鮮語で「マルコによる福音書」を訳し、朝鮮に聖書をもたらした。

朝鮮と津田仙については、金文吉郎『津田仙と朝鮮――朝鮮キリスト教受容と新農業政策』世界思想社、二〇〇三年がある。また李樹廷と聖書翻訳については、二〇一五年六月三〇日、李樹廷のマルコによる福音書翻訳一三〇周年を祝して、御茶ノ水の在日ＹＭＣＡアジア青少年センターにおいて、韓国基督教歴史研究所主催「李樹廷のマルコによる福音書翻訳一三〇周年記念シンポジウム」が行なわれた。基調講演「李樹廷の聖書翻訳と韓国教会史の意味」を李萬烈氏（淑明女子大学名誉教授）、主題講演「聖書翻訳とヘボン（Dr. J C Hepburn）」を岡部一興（横浜プロテスタント史研究会代表）、「李樹廷における聖経翻訳と啓蒙文体」を金成恩氏（全南大学教授）、「李樹廷と日本のキリスト教との関係」を徐正敏氏（明治学院大学教授）が語り、最後に全体で議論した。なお、聖書翻訳とヘボンについて、次の論文が発行されているので参照してほしい。拙稿「聖書翻訳とヘボン」『明治学院大学キリスト教研究所紀要』第四八号、二〇一六年二月。

(15) 民権派とりんご栽培については、青森県農地改革史編纂委員会編『青森県農地改革史』農地委員会青森県協議会、一九五二年には次のごとく記されている。「もともと弘前藩旧士族には反官僚の色彩が強かったが、自由民権思想の台頭とともに、自由党系の勢力が強くなり、国会開設以後政治的発言権を得るようになった地主とは、りんご栽培を通じて結ばれていた」。こうした気風から育ったりんご栽培は、後に「官にあらずして民の力に依るものである」と自負されるに至った。また敬業社の株主になった菊池九郎の弟に三郎がいる。菊池三郎は弘前市蔵主町にあった自宅つづきの一町歩の土地にもりんごを栽培していたが、彼は自園の生産物のほか、近辺からりんごを買い集め販売した。このように栽培、販売両面にわたって活躍したが、その活動範囲は「明治二八年には青森浜町に支店を開設し、翌二九年には函館に函館支店を、東京神田区裏神保町に東京支店を開くほどの拡張ぶりであった」とあるのを見ると、りんご生産者として成功した一人と見ることができよう(『青森県りんご発達史』一七頁)。

(16) 渋川伝次郎、渋川潤一著『りんご栽培法』朝倉書店、一九五五年、一四四頁。また「揺籃時代における青森りんご——藤崎敬業社りんご園経営記録」によると、敬業社は真那板縁の最劣等地七町五反歩を使用して開園することを決議し、とりあえず一株当たり四円ずつ合計三六〇円を払い込み、伐根整地し一八八六年四月東京三田育種場及び弘前の各りんご栽培者より苗木を取り寄せ、「栽植距離二間半又は三間にして方二尺五寸位掘利上げ、上層に肥土を入れて栽植した」のである。

第四章　弘前女学校の設立と経営

第一節　弘前女学校設立

「女学校設立趣意書」

日本における近代的な学校制度は、一八七一（明治四）年に文部省が新設されたことに始まる。翌年公布された「学制」は、全国の府県を八つの大学区に分け、一大学区を三二中学区、一中学区を二一〇の小学区に分け、それぞれに大学校、中学校、小学校を置くというものであった。小学校は下等四年、上等四年の計八年としたが、強制力は弱かったので、義務教育は思うように進展しなかった。一八七九（明治一二）年学制を廃して教育令を公布、画一的な学区区分を変更して町村を小学校の設置単位として、就学期間も短縮された。翌年には教育令を改正して、教育年限を八年のままとしながら、最短規定を三年とした。ちなみに青森県の就学率は、一八八四（明治一七）年では一九・九％という低いレベルであった。義務教育が六年になるのは、一九〇七（明治四〇）年のことで、やっとこの頃になって、義務教育が全国に普及実施されていったと言える。なお、全国における義務教育の就学率が男女平均で九〇％を超えるのは、一九〇二年のことである(1)。

こうした日本の教育状況において、青森県の学校教育は、一八七二（明治五）年開学の東奥義塾から始まった。この学校は弘前藩の稽古館が廃校になり、それを引き継いだ形で発足した。御雇外国人のC・H・ウォルフのあと、米国メソジスト監督教会日本宣教総理R・S・マクレーの息子、弱冠二一歳の米国ウェスレアン大学生のA・C・マクレーが英語教師として着任した。その後、メソジスト宣教師のジョン・イングを招聘して斬新な教育を展開し、受洗者を出し弘前教会の創立を見た。東奥義塾は当初から小学科を置き、その後続々とできた公立小学校の模範となることが多かった。一八七五（明治八）年女子部が設けられ、義塾の創立者菊池九郎の母きく子など数名の女教師が教えていた。この小学科は、義塾が中等教育から高等専門教育に傾斜していく過程で、一八八二（明治一五）年には廃止された。同年二月に北海道函館にアメリカ領事として駐在していたドイツ駐在公使夫人カロライン・ライト女史の寄付が引き金となって「来徳（ライト）記念学校」が開設され、間もなく遺愛女学校（現遺愛学院）と改称することになる。[2]

遺愛女学校は同じメソジスト派の弘前教会の関係者にも呼びかけて発足した女学校だったが、生徒を集めるのはむずかしく、第一期入学者は六名すべてが弘前出身で、第二期の入学生も全員弘前出身者であった。その点に注目した本多庸一は、遺愛女学校第二代校長M・S・ハンプトンと協議、弘前に女学校を発足させることになる。それより以前、一八八〇（明治一三）年秋、元寺町の本多庸一宅の前庭の道路際に弘前メソジスト教会の会員によって弘前教会堂が建てられた。八六年五月二五日、この教会堂内において十数名の生徒をもって女学校を発足、それは函館の遺愛女学校の分校という形をとり、六畳ほどの一室しかなく、僻地《へきち》の分教場という感じであった。翌年には弘前遺愛女学校と改名している。校務担当は山鹿元次郎で、のちに第三代弘前教会牧師を務めた。その際、正式の学校として認可を受けるには、できるだけ早く独立した校舎を建設しなければならなかった。一方、本多庸一は、この女学校を支えていたが、一八八六年九月、弘前教会を辞任し仙台に赴いた。本多庸一は、八六年七月一三日、一四年間連れ添った妻みよ子を失った。三四歳の若さで心臓麻痺による急死であった。その葬儀は、弘前における最初のキリスト教の葬式であった。五〇〇人の大葬列が本多家代々の墓地である日蓮宗の本行寺にやって来ると、大門が閉ざされた。耶蘇《やそ》は入れぬと言い、交渉してようやく埋葬ができたという(3)。みよ子との間には三男二女が生まれたが、三人が夭折し一男一女が残された。この年弘前を離れ、八六年一〇月、日本メソジスト仙台教会牧師として赴任、一年にして東京英和学校（現、青山学院）校主となり青山美以教会牧師に就任、その年の秋にはあわただしく外遊することになるのであった。

本多庸一は、弘前の女学校の事業を遂行していく時に誰にその責任を託したらよいか思案していた。経営手腕があり、教育に関心の強い長谷川誠三に期待していた。長谷川も自分の娘たちにどのような教育を受けさせるかという問題を抱えていた。長谷川誠三は以下のような評価を受けていた。

其の頃藤崎の住人に長谷川誠三氏あり富裕なる酒造家であります。丁度洗礼を了せられたばかりでありましたが、その女子教育につきて有せられたる興味は進歩せる思想の未だ日本の田舎の人々に印象せられざる当時には驚くべきものでありました、慥に神はかかる場合活動せしむべく斯人を召し給ふたのであります(4)。

一八八八（明治二一）年六月、本多庸一の父本多東作、実業家加藤宇兵衛、東奥義塾塾長代理工藤儀助、浪岡の地主山内勘三郎、弘前教会牧師相原英賢、藤崎の地主佐藤勝三郎等と図り、長谷川自ら発起人となって建設資金を得るため「女学校設立趣意書」を作成して賛同者を募った。当時青森県においては、独自な校舎を備えた本格的な女学校の設置など思いもよらず、男子と比べると女子教育の遅れは甚だしく、公立女学校の登場は、一九〇一（明治三四）年に青森県立第一高等女学校が誕生するまで待たねばならなかった。その趣意書を以下に掲げたい。

藤崎小学校にある長谷川誠三翁の碑。また、初代村長清水理兵衛、佐藤勝三郎も校庭に顕彰されている

女子は文明を生む母氏なりとは西哲の確信なり故に社会の進みたると進まざるとは其の国女子知徳の多寡を以て測ることを得べし、是を以て既に俊邁の資を備へたる神童も母氏の教育其の道を失せば終生碌々たる一小人に過ぎずして遅鈍の村児も庭訓其の法も得れば堂々たる大丈夫と仰がしむるを得べし、女子の教育国家の汚隆に関する大なり社会改良に志あるもの宜しく精慮其の法を講ずべきなり百事維新の今日に当り女子教育の風潮満天下に漲り到処喋々其利を論ぜざるなく傖夫野媼も其の必要を知りて淑徳の教師を迎へ完備の女校を設くるを以て急務となせり独り東奥の地雲山萬里人烟稀少王化に濕ふ速かならず天下女子教育の必要を説く喧囂の余声は既に洩聞して知りたるべきも未だ慨然女学校設立を主唱するものあるを聞かざるなり、生等深く之を憾む郭隗の故轍を踏みて不敏の身を顧みるに遑なく為に周旋するを茲に年あり幸なる哉、先達有職の慈善教育家にして賛成を表するもの日に多く海上萬里の外遥に声援を為すものあるに至る。於是乎校摸を張りて之を維持隆盛ならしむるの計略其緒に就き良教師の来りて教授の任に当らんことを求むるもの之あり若し校舎あり生徒あらんには中等普通教育を授けて今日本邦の進歩に対する婦徳を養成するを得べし、然るに校舎新築等の創業費は巨額に上りて薄志の能く辨ずる所にあらず然れども九仞の功を一簣に欠くは生等の忍びざる所なれば広く江湖の慈善家に謀りて其の協力を請はざるを得ず、願くば生等の微誠を憐み天下

> の大勢を察し多少を問はず余財を損して女学校設立の功を終へしめんことを。嗚呼慈善博愛の淑嬢紳士諸卿其妹娘の教育を完うして文明の母子たる敬礼を受けしめ、其の児孫をして孫仲謀たらしめんことは生等が偏に冀望する所なり[5]。

この趣意書は「女子は文明を生む母氏なり」に始まる格調の高い漢文調で書かれた文章で、女子教育の必要性を説き、できるだけ多くの支援者を得て女学校を設立することが重要だと訴えている。キリスト教主義教育を施すことは当然であるが、この文面にはキリスト教の文字がどこにも出てこないところを見ると、広く賛同者を得たかったのではないかと考えられる。趣意書に賛同した者は、一二六名、五九一円を集めることができた。長谷川誠三一五〇円を筆頭に、献金を申し出た者のうち一〇円以上を記すと、加藤宇兵衛（黒石酒醸業）五〇円、山内勘三郎（浪岡・津軽銀行重役）四〇円、佐藤勝三郎（りんご栽培家・村会議員）三〇円、菊池九郎（東奥義塾塾長・東奥日報社長）二五円、菊池三郎（りんご栽培家・菊池九郎弟）二五円、本多東作（元大工町校地所有者・本多庸一父）二五円、大道寺繁禎（県会議長・第五十九国立銀行頭取）一五円、相原英賢（弘前教会牧師）一五円、工藤儀助（東奥義塾教師）一五円、蒲田広（県会議員）一五円、芹川得一（東奥義塾教師）一〇円、伊東重（伊東病院）一〇円、土方和親（県学務部長）一〇円などであった。

当時の「東奥日報」は、この件について次のように報じている。

> 女学校拡張の風潮に連れ弘前有志者の計画せる女学校は目下普請中にて（中略）また本校建築発起人中に基督教信者の多きにより其教科には神学を設くる抔と噂するものあれど本校の設立は宗教拡張の手段として計画したる如き優等のものにあらずして全く女子教育の必要に迫られて茲に及びしものなれば宗教学校といへるは人の事業を猜める跡形もなき風説なりとか[6]。

第二節　校主長谷川誠三

校主に就任

こうして長谷川誠三は、一八八九（明治二二）年四月二九日、メソジスト監督派教会女性海外伝道協会（WFMS）と契約書を交わした。結社人は、長谷川誠三、工藤儀助、山内勘三郎、佐藤勝三郎の四人であった。その契約内容は次の通りである。

一、米国メソジスト派の婦人外国伝道協会（WFMS）は本校に校長を派遣し、その会議体（年会）において決定される経費をもって本校に援助を与える。
二、本校の教育はキリスト教主義により、校長には学科や校則をきめる会議における議長席を与える。
三、結社人において同校創業費や校舎修繕費を負担し、監督官庁等に対する公務上一切の本務を負担する。
春秋二回結社人会を開き教員の任免その他の事務を担当する。

一八八九年（明治二二）年四月二九日
結社人総代　長谷川誠三(7)

WFMSと取り交わした契約書には、校長はミッションから派遣することになり、校舎、修繕その他は結社人の負担となっている。学校経営にあたってはかなりの部分を結社人が責任を担うものとなっていたが、実際には総代の長谷川誠三が全責任を負う形になった。元大工町の最初の校舎の建設費は何とか結社人で捻出したが、塩分町の校長住宅は彼の負担するところとなった。彼は「校主」という位置づけであった。校主とは、私立学校の持ち主、経営者をいう。弘前市当局の教育関係者と折衝、教員の任免に至るまで様々な経営上の責任を担い、本多庸一と緊密な連絡を取りつつ学校経営に当たった。

WFMSとの契約が成立して早々の一八八九（明治二二）年五月二二日、「弘前女学校設立願」を県庁に提出、五月二八日、県知事鍋島幹《なべしまみき》の名をもって開校許可が下り、六月二五日に青森県初の女学校として弘前女学校を開校することになった。県知事鍋島幹に長谷川誠三が提出した願書は以下の通りである。

弘前女学校設立願

今般弘前市大字元大工町壹番地に於て別紙の如き目的を以て女学校設立仕度存候間別紙相添へ此段奉願候也

明治二十二年五月二十二日

青森県南津軽郡藤崎町大字藤崎二十一番戸

長谷川誠三　印

青森県知事鍋島幹殿

前書之通願出に付押印仕候

明治二十二年五月二十三日

中津軽郡弘前本町外十六町

戸長　山形豊五郎　印(8)

弘前女学校の学科は、尋常小学科と高等小学科各四年、本科三年の通年一一か年の一貫教育課程になっていた。現在、本多から長谷川誠三に宛てた書簡が二〇通残っているが、その大半が東京在住の本多から長谷川に宛てた学校運営に関わる手紙である。例えば、辞任する教頭の後任選びのやり取りが頻繁に行われ、長谷川が本多の指導を仰いでいるのを見ることができる。以上のような状況を総合的に考えると、当時の弘前女学校の経営は、ミッションが直接経営するミッションスクールではなかった。本来的なミッションスクールは、婦人宣教師を校長として派遣するほか経営資金を全面的にミッションが負うことを言う。その意味では、ミッションが直接経営する学校ではなく、結社人が「創業費や修善費」を負担するところに表れているように、派遣された校長と校主との合意によって運営される学校と言うことができる。

『弘前女学校歴史』には、開校式の様子が書かれている。当日の生徒出席者は六八人で、多数の来賓が招かれ、「新しい学校の建築は過去一年の中に大工と資金の困難の中に出来た、校舎はいと小さきものなれども市の最も好位置を占めて居った、そして其の附近に日本造りの家屋を婦人宣教師の住宅として買い求めました」という報告がなされた(9)。大工町のこの土地は本多庸一所有のもので、長谷川は婦人宣教師の住まいを購入した。こうして本多と長谷川は、弘前女学校の経営を通して切っても切れない間柄となっていく。また『学友通信』には、「弘前女学校」と題して、落成式及び開校式を次のように報告している。

玄関前には緑門を造り日章旗を交叉し屋上より細綱を四方に張り日の丸の小旗及各国の旗章連結せるを大空に晃きていと見事なる景状なり此日は早朝より雲大にて午前十時頃よりは小雨と鳴れり正午頃より兼て案内を置ける賓客の陸続参集し結社人諸氏は一々之を扣席に導きて暫時休息一時二十分一同を式場に案内せり式場は楼下の二大教室を併せざるものにして正南面には「淑徳」の二字を書し（中略）早や風琴洋々場の一方に起ると同時に結社人相原英賢氏は先つ起ちて本日両典を挙行する旨を述べ夫れより主一の神に禱告し賛美歌を唱へ次に結社人工藤儀助氏が本校設立に至たる来歴と将来本校に於て執る所の教育の方針とを演説し次に結社人長谷川誠三氏は新築経費収支決算を報告し次に海野ヨネ子は旧約聖書中詩篇一章を朗読し次に来

賓菊池九郎工藤東三郎両氏の祝文伊藤重芹川得一藤田寛吾氏の演説有中村アイ子より寄贈せられる祝詞を藤田奚疑之を代読し五所川原村今力太郎外三氏より贈られたる祝文は工藤儀助氏代読せり次に本多女教師の演説生徒代表中村ノブ子外一名の祝文長谷川誠三氏の答辞等あり（以下略）(10)

この『学友通信』では最後の方で次のように述べている。同校のことに関してキリスト教拡張の学校として「終年終日唯基督教を教ゆる場所なり」という悪評を飛ばして妨害者もいないわけではなかった。しかし、この女学校は倫理道徳の基本をキリスト教主義に置いて、完全有用な女子を養成する目的をもって、学科課程は他県の女学校並みに普通の諸学科をそろえ、「英語数学裁縫科」を最も重視した。県立の女学校がない時代にあって先進的な学校として注目すべきものであった。式が終わった後、別室にて茶菓をふるまい歓談の時を持ち午後五時に無事終了した。

長谷川誠三が結社人総代として答詞を読んだ。その内容が分かっているので、次に掲げたい。

答　詞

茲に本校土木功竣を以て本日を卜して開校の式を行ふに際し諸君恵然として来臨し諄然として祝詞を辱うし本校栄孰れかこれより大ならん予輩不肖自揣らす本校を創立し女子を教育し淑女賢婦を養成し文明を進め開化を促すを以て自から任せり爾後孔々勉励学事を旺盛にし以て諸君の厚意に副ひんことを期望す聊か一言して以て謝すと云爾

明治二十二年六月二十五日(11)

長谷川は短いながらも、「女子を教育し淑女賢婦を養成し文明を進め開化を促す」と述べ、そのなかに、この学校のねらいが示されている。本多庸一と長谷川誠三との固い絆のもとで、一八八九（明治二二）年一二月一六日付で、弘前市に届け出を行なった。教員と関係役員は次のようであった。

教職員名簿
校主　長谷川誠三　教頭　欽　副校長　本多テイ
教員　成田ラク、白戸サタ、海野ヨネ、工藤サタ
授業生　豊島タケ、舘山フサ　幹事　欽
常議員　長谷川誠三、本多テイ、工藤儀助、蒲田廣、佐藤勝三郎、久野正香
教主　相原英賢　会計主　大沼左馬之輔(12)

一八八九（明治二二）年五月二八日、元大工町一の一角に木造二階建て五教室六四坪ほか小使室の校舎が落成した。弘前女学校の開校は、同年六月二五日で、設立が認可されて約一か月後のことであった。授業料は尋常小学科一〇銭、高等小学科一五銭、本科二五銭と定められている。副校長本多テイは本多みよ子の死を受けて、一八八八（明治二一）年四月本多庸一と結婚、同年一〇月サダからテイ（貞子）に改名している。テイは文久元年一二月一〇日（一八六二年一月九日）、盛岡藩士長嶺忠司と妻タミの次女として生まれた。一四歳の時志家女子学校に採用された後、県より選抜されて東京女子師範学校（現、お茶の水女子大学）に入学、卒業した。矢島楫《かじ》子《こ》の桜井女学校の教員になった後、岩手師範学校小学校、続いて遺愛女学校の教師に赴任後、一八八八（明治二一）年六月、弘前遺愛女学校に移った。同年九月から本多庸一がドルー神学校に留学、九〇（明治二三）年六月、本多が留学から帰国すると、貞子は弘前を離れた。稀にみる有能な教員であったが、その月給わずか五円の待遇

米国留学の本多庸一送別記念写真（明治21年）。前列右から３人目本多庸一、後列右から３人目長谷川誠三、４人目藤田匡、左端藤田奚疑（『藤崎教会百年記念誌』より）

であったという。教主の相原英賢は弘前教会の牧師である。弘前女学校は発足して三年余、一八九二（明治二五）年七月一日、第一回の卒業生を出している。卒業生は、本科に在籍していた中村のぶと長谷川まつの二名であった。中村のぶが卒業生総代として挨拶をした。中村のぶは、中村春台という町医者の娘であった。春台の家は自宅を開放して弘前教会土手町伝道所になっていた。のちにのぶは弘前女学校の教師となり、同窓会長も務めた。まつは長谷川誠三の長女で一四歳であった。長谷川まつや中村のぶたちの授業は、まさにマンツーマンと言ってよく、英語は週六時間、ハンプトン校長やボーカス校長から直接英語の授業を受けたので、その実力は相当なものであったと思われる。ちなみに次女の長谷川きみは、翌年本科を卒業、その時の卒業生はきみだけであった。さらに三女ミツ、四女まさも弘前女学校を卒業した。自宅から弘前まで約六キロの道のりを、長袖に袴をはいて人力車に乗って通学したと伝えられている。

第三節　弘前女学校の経営と長谷川誠三

校主長谷川誠三の働き

学校の目的とするところは、「知徳併進を旨とし女子に高等及普通の教育を授け善良にして有用なる婦人を養成する」ことであった。カリキュラム表をみると、高等小学科では英語が週五時間、本科では六時間、教科書は「ナショナルリトル」（壱ヨリ四、編輯人米バァーンス）が用いられ、算術に五時間、代数幾何に五時間が充てられている。その他米英人の著書では、「小生理書」「小修字」「萬国史」「科学初歩」「経済学」「読本」「理学初歩」「綴字書」等を使用しているので、学習には相応の英語力が必要になるものであった。ここで注目すべきことは、文部省による高等女学校規定が明らかになるのは、一八九五（明治二八）年一月のことであり、その課程表と弘前女学校のそれとを比較してみると、弘前女学校の方がはるかに高度な教育を行なっていた。とりわけ英語、数学、理・化学などの水準は群を抜いている。これらの教育課程の立案には、本多庸一や婦人宣教師の示唆助言があったにせよ、校主長谷川に負うところ大であった。なお、学則第六条を見ると、「一学年試験、卒業試験に於て落第したる者は尚原級に留め置くこと」としているところを見ると、厳しい教育が行なわれていたものと思われる(13)。

翌年九月七日学則を改正し、予科四年本科二年に加え、手工科専修のために選科一年を設け、さらに付加学科として全学年に週二時間聖書を教授することを県に申請した。ところが、教則第五条として申請した「一女子ノ徳性ヲ発達セシメン為附加学科トシテ基督教ノ聖経ヲ授ク」という規約は許されなかった。ここに、台頭しはじめた天皇を絶対君主とする国家主義的風潮の反映と思われる事件が発生した。一八八九（明治二二）年二月一一日、大日本帝国憲法が発布された。その当日の朝、文部大臣森有礼《ありのり》が山口県士族西野文太郎に刺され、翌日死亡する事件が起こった。文相の秘書官木場貞長は、森有礼が伊勢神宮の外宮参拝の折、神官の先導ですだれの前まで来たところ、突然神官が右側に身をかがめたので、勢いあまって直進して神殿内に入りかかった。そこで、神官と言葉を交わし、立ち止まって参拝、引き返したという。ところが、『伊勢新聞』では森が外宮においてステッキですだれを高く上げ、神官にとがめられて参拝、内宮には参拝せず帰ったと報道された。このねつ造記事が反響を呼び、森有礼は保守主義者から反発を買っていたので効果覿面《てきめん》であった。記事を見た西野は、これは皇室に対する冒瀆とみて、森が式典に出席しようとした官邸の玄関先で待ち伏せして刺殺した。そのとき西野は「斬奸状《ざんかんじょう》」を懐に入れていたが、「斬奸状」から、森が伊勢神宮に参拝したとき杖で神殿前のすだれをあげたことは、神はもちろん皇室に対する冒瀆であると見ていたことが分かる。(14)

一八九〇(明治二三)年一〇月三〇日、「教育ニ関スル勅語」が公布され、天皇制絶対主義の精神的な基礎を形づくる勅語が出されたことによって、臣民に忠君愛国を強制する国民道徳ができあがり、キリスト教とは相いれない思想状況が生み出されていった。一八九一(明治二四)年一月九日、第一高等学校倫理講堂において教育勅語奉読式が行なわれた。この時、キリスト教の受難を象徴する内村鑑三不敬事件が起こった。当日は約六〇人の教員、一〇〇〇人の生徒が列席していた。卓上に宸署《しんしょ》の教育勅語を安置してあり、教育勅語奉読後、教師及び生徒が五人ずつ順次「御宸署の前にて親しく之を奉拝」したという。内村は三番目に奉拝した。奉拝の対象は「御真影」ではなく、教育勅語の最後にある明治天皇の宸署に敬礼し、お辞儀をするというものだった。内村によれば、「敬礼はした。併し或る者がお辞儀のしようが足らんから、もう一度やり直せ」と言ったが、お辞儀は何度もする必要はないと言ってこれに応じなかった。内村は教育勅語そのものに反対ではなかった。教育勅語は実行すべきもので、礼拝すべきものではないと考えていた。内村は謹厳な態度で教育勅語の前に進み出たが、彼の信仰に基づく良心がためらいという形で、態度に出たのである。この行動が、天皇神格化を否定するものと捉えられ、一高の一部の教師と生徒たちに激しく攻撃されるものとなり、ついに依願退職に追い込まれたのである。[15]

弘前女学校が正科として聖書を教えることは、教育勅語の精神からいって問題があったし、こうした教育を行なう学校が弘前に存在すること自体、県知事としては好ましいことではなかった。長谷川誠三は、「私立弘前女学校規則」第五条「一女子ノ徳性ヲ発達セシメン為附加学科トシテ基督教ノ聖経ヲ授ク」という規則は学校教育にとって重要なキーポイントであったので執拗に県庁に赴き交渉している。キリスト教を正規の学科として教えられるかどうかは、ミッションスクールにとって譲ることのできない問題であった。そして一八九三(明治二六)年九月七日、「私立弘前女学校設置の儀に付願」を県知事佐和正に提出している。これに対し、結局一一月六日付で県知事より、「指令第四八七号　願之趣聞ク　但教則第五条並課程表中附加科ハ之ヲ删除スベシ」との通達があった。『弘前女学校歴史』にはこの件についてのやり取りが記されている。設立者長谷川が「本校の重要学科なればこれを删除されては困る」と縷々陳述したが、県庁の当事者石井信敬は一一月一二日にその内意を長谷川に通告してきた。

貴翰拝承仕候兼て御願出相候女学校副科として神教御差加の件は生徒の志願に依り正課時間外授けられ候儀は敢て差支無之事と申上置候共一般生徒へ課業として相授け候儀は詮議相成り難き次第にて删除の指令相成候得共前顕の時間外生徒の志望に依り相授け候儀は差支無之と存候間其含みを以て可然御教養相成度此段貴答迄早々不一尚設立者は其後自県庁を訪問し篤と事由を開陳したる。[16]（以下略）

さらに同月一六日、再度、石井信敬より長谷川誠三に通告があった。長谷川が附加科として明記するため「苦心惨憺《さんたん》」のうえ交渉していた様子がこの資料から読み取れる。

拝啓過刻御談示申候附加科の義は正科課程表と区別を明にする方穏当と被存候間正科時間表は其時間丈にて合計を記し附加科と区別相立候様御取計相成度尤も上申書は過刻御談示の通にて不苦と存候右為念申上置候　早々(17)

その回答は、正課として生徒にキリスト教を教えることは許可できないが、生徒の希望により時間外であれば差し支えないというものであった。長谷川の申し入れは、大日本帝国憲法において信教の自由が認められているところに根拠があったので、県知事もその申し入れを拒否できるものではなかった。しかし、大日本帝国憲法では、「法律の範囲内において信教の自由を有す」という条件付きのものであったことと、教育勅語が施行されている点において、県知事としては長谷川の主張を全面的に認めるわけにはいかなかったと思われる。キリスト教を正課として教えることが認められなくなるのは、後述する一八九九（明治三二）年八月三日に公布された文部省訓令一二号以後のことであった。それは、条約改正に伴って内地雑居が許されるようになると、キリスト教の勢力が強まるという懸念もあって、監督を強化し、私立学校令を出して宗教行事を禁止する項目を入れたのである。しかし、私立学校における宗教行事を一切禁止することは、憲法に定められている信教の自由に反するものであるとして反対された。そこで、政府は訓令によって一切の宗教行事を学校で行なうことを禁止することとなった。

しかし、未だこの時期においては、訓令一二号のようなものが出ていない。この状態において、県側は長谷川の申し立てに対し、許可できないという立場をとるものの、許可できない根拠を示す法令上の根拠を欠いているので、「附加科の義は正科課程表と区別を明にする方穏当」という言い方で、なぜ承認できないかの理由の説明がなく対応に苦慮しているのが分かる。最後は、生徒の希望があれば、時間外に教えてもよいという回答で、許可できない理由を明確にしておらず、歯切れが悪い。その後も長谷川は県庁を訪ねて交渉したが、付加学課新設の許可を取ることはできなかった。その回答の裏には、森有礼の不敬事件、内村鑑三不敬事件が起こったところに象徴されるように、国家主義的で保守的な思想とキリスト教への反発が働いていたのではないかと考えられる。

坂本町への移転

弘前女学校はその後、一八九八（明治三一）年には生徒が一〇〇名を超え、手狭な元大工町の敷地から移転を考えた。一八九七（明治三〇）年一一月一三日E・J・ヒュエットが校長に着任、教頭工藤玖三《きゅうぞう》と共に新校舎の建設と教育制度の整備に励んだ。『弘前女学校歴史』によると、工藤玖三は弘前の人で、一八八四（明治一七）年七月青森県師範学校を卒業し、附属小学校及びその他の小学校において良好な成績を挙げ、東京に遊学していた折に本多庸一の勧誘により弘前女学校に就職し、一九〇三年四月三〇日まで忠実に勤めた。工藤は、唱歌、英語、作法、裁縫を除いてどの教科でも教えた。就任時の年齢は三二歳で、若い教頭として、実によく働いた。尋常小学科、高等小学科、本科、選科に至るまで、たくさんの授業を持ったという。また弘前教会では、日曜学校の校長を務めて、信仰的にも生徒によい影響を与えていた。長谷川誠三は、一八九八（明治三一）年頃から翌年にかけて、土手町という賑やかな通りに比較的近い閑静な屋敷町である坂本町の土地を入手し、一九〇一（明治三四）年二月四日、新校舎の移転を完了した。元大工町の旧校舎は、一九〇一年五月頃南津軽郡大光寺村に売却した(18)。

これらの移転、新校舎の建築、旧校舎の売却の大事業は、長谷川誠三とヒュエット校長とが連絡を取りつつ、教頭の工藤の協力を得ながら成し遂げたのであった。校長は、「リトル・ミス・ヒュエット」の愛称で呼ばれ、着実に仕事をこなすタイプの人物であった。ヒュエットは、在任満四年の間、工藤教頭と呼吸があったと言われ、「王女会」の育成など宗教教育に力を入れ、リバイバルをもたらした。王女会はキリスト教に基づく人格向上と奉仕の精神を養うグループであった。一九〇〇（明治三三）年、「二十世紀大挙伝道」といって日本プロテスタ

弘前女学校坂本町校舎

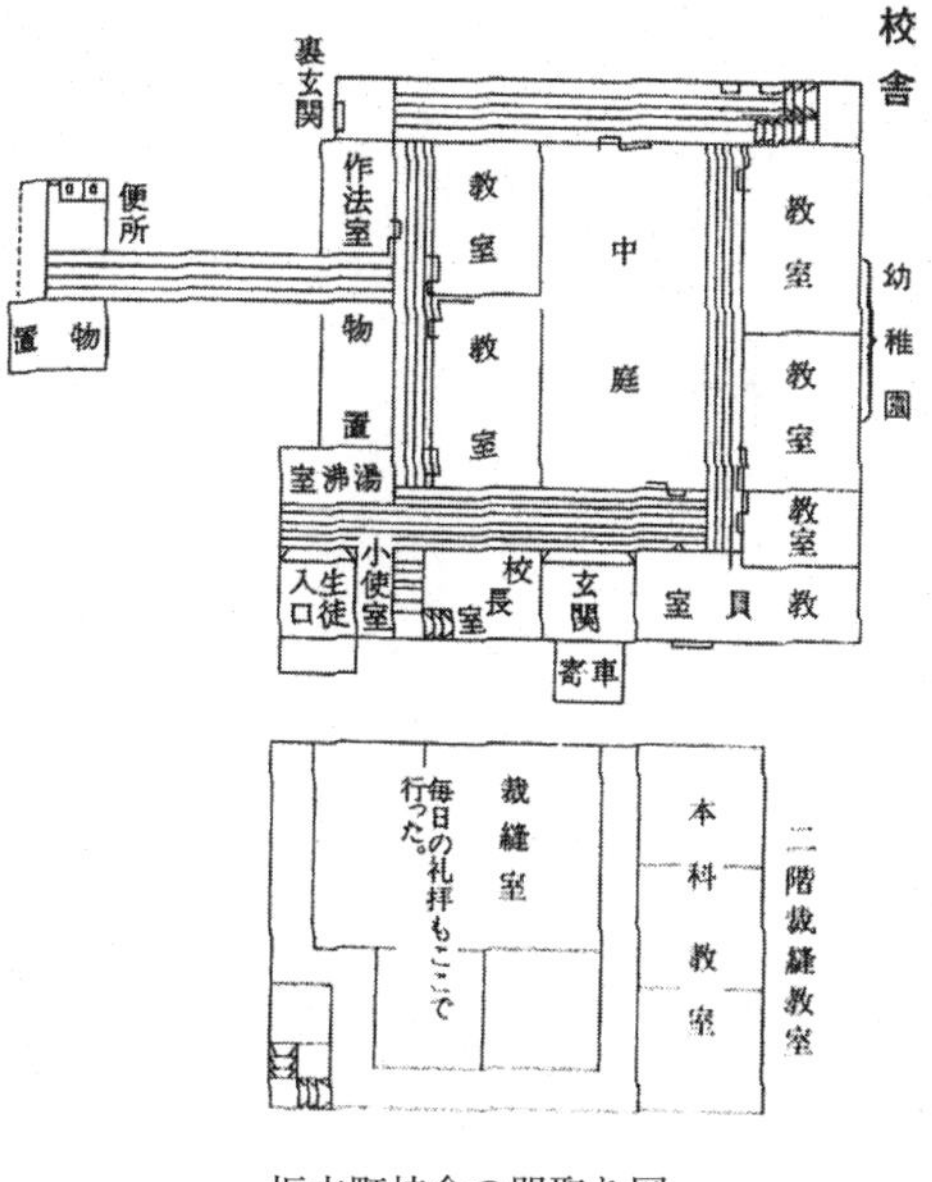

坂本町校舎の間取り図
（いずれも『弘前学院百年史』102頁より）

ント教会ではエキュメニカルな伝道を展開、それに便乗して長谷川がアメリカ本国から坂本町の校舎建築資金を獲得したのは弘前女学校にとって大きな出来事であった。

最初の契約書によれば、校舎建築、修理費などは、すべて地元の負担で行なうことになっていた。長谷川誠三は、地元の負担で行なうことは自らそれを負担する覚悟でなさなければならないと思っていたが、アメリカ北メソジスト派が海外大挙伝道のために巨額の募金運動を展開していたことを知った。狭い大工町の校舎から新たな土地を求めて考えていくうちに、この情報をキャッチし坂本町の校舎建築資金に何とかつなげることができないかを模索し、本校の建築費五〇〇〇円が認められ、そのうち一二〇〇円は地元が負担することで折り合いがついた。ここにヒュエットを中心とする女性宣教師を通じて建築費の獲得に成功したのであった。地元が負担することになった一二〇〇円の大金は、結局長谷川誠三が用意することになった。

坂本町の弘前女学校の新校舎は、一階は尋常科教室、予科教室のほか幼稚園に提供した教室二つ、作法室、教員室、便所、小使室、二階は本科教室、畳敷きの裁縫室、裁縫室の間仕切りを外すと講堂となり、ここで毎日の礼拝ができるようになっていた。西の正面には岩木山が見え、内部はペンキ塗りで明るく、元大工町の校舎とは雲泥の差があったという(19)。

この年の在籍生徒数は一六四名に増え、職員一四名、学則改正で本科卒業生には高等科教員免許状、裁縫専修科卒業生には裁縫科教員免許状が与えられた。教科も元大工町時代より大幅に拡充し、幼稚園、尋常小学科（四年）、予科（高等小学科二年）、本科（高等女学校程度五年）、裁縫専修科（四年）を揃え、幼稚園から本科までの一貫教育が整った。一八九七（明治三〇）年七月には、全校生徒を三分して各組長を公選し任期を一学期として一切の責任を負う形の校内風紀の「振粛」を図った。翌年の一月一四日にはリバイバルが起こり、信者になるべく決心したる者二一名を数えるという風に信仰の覚醒をもたらし校内が活気を帯びていった。九九（明治三二）年には定員一五名の寄宿舎が開設され、一九〇〇年には同窓会、後の校友会が作られた。またキリスト教学校の運営は、家庭との連携が大切だとして女学校の規定を整備しているが、それらの中で、職員による「家庭訪問規定」を作り、家庭への伝道も考えていた。その規定は次の通りである。

一、家庭訪問を分ちて定時訪問、臨時訪問の二とす　二、定時訪問は毎土曜日教師順番を定めて受持生徒の家庭を訪問するをいふ訪問当番教師は勿論学校課業を休むものとす訪問時間は礼拝後正午十二時までとす　三、臨時訪問は生徒欠席二日に及ぶとき（届出の有無に関せす）組長をして訪問せしめ生徒欠席四日に及ぶときは受持教師訪問するをいふ此場合の訪問時間は勿論放課後とす　四、生徒の父母兄姉重き病気のときは受持教師随時之を見舞ふへし　五、組長訪問したるときは其復命を被訪生徒の受持教師に申出て受持教師は之を訪問簿に記載すへし　六、教師家庭訪問の都度之を訪問簿に記載すへし　七、訪問は凡て家長に限る。八、訪問者は決して飲食物の贈遺を受くへからす又序を以て私用を辨する等の事を遠慮すへし。[20]

坂本町への移転に際して、ヒュエット校長と教員たちは新たな教育を志向したのであった。例えば、一九〇一（明治三四）年五月二〇日、小学生に筒袖を着用させることを決め、保護者に通告し実施した。そこには小学生のように、動作が活発な子どもには筒袖が適しているとの考え方があった。この試みは当時の世相では一大革新であったようで、翌日の新聞に投書があり、「西洋心酔者のやり方、左袒的野蛮時代に逆転させ、劣等人種を養成する云々」と罵倒非難されたが、学校当局は意に介せず実行したという。[21]

同年一一月ヒュエット校長が去って、A・サウザート校長の時代になるが、一九〇二（明治三五）年一〇月一七日、校内広場で初めて運動会を行なった。さらに一九一九（明治四二）年八月一六日、一九名の一団が岩木山の登山を行なった。当時の世情を反映して、「不浄の女人を引率して霊山を冒とくしたる罪、万死に当たる」という投書が数通寄せられるなど、女学校の一団が岩木山に登ることは地方の習慣としてはあり得ないことであった。このような教育は、キリスト教信仰から発せられた自由な教育を目指す教師たちが考えたからこそできたものであった。

『弘前学院百年史』の第三部坂本町時代によれば、「今や同校は年を追って生徒数は増加し到底従来の建物にては狭隘を告げ今春融雪を待ちて同市坂本町に新築する由なるがその設計を聞くに費用は五千円にて千円は敷地購入費」というように、生徒が増加して校地と建物を考えなければならないという報告がなされている。そして坂本町の校舎に隣接する土地七二三坪の購入費一〇〇〇円の大金をこれまた長谷川個人が負担したという記録を見ることができる[22]。

第四節　文部省訓令一二号

文部省訓令一二号と弘前女学校

一八九四（明治二七）年七月一六日、日清戦争の直前のことであるが、イギリスとの間で日英通商航海条約が調印された。この後、米、露、独、仏国などと新条約を締結、旧条約の「修好通商条約」を改正し、四〇年ぶりに安政の不平等条約が改正されることになった。この条約改正によって、領事裁判権の撤廃、関税自主権の回復、外国人居留地の廃止と日本内地への開放が認められることになった。そして日清戦争の勝利によって日本の国際的評価が高まり、条約改正を成功させ、一八九九（明治三二）年を機に改正条約が実施されることになった。居留地が廃止され、外国人には居住・旅行の自由、営業の自由が認められた。ここに内地雑居が認められることになった。政府は、これまで抑制されていた外国人宣教師の活動が自由化されると、欧米諸国に従属させられ、キリスト教教育がますます活発化するのではないかという恐れを持っていた。

また、一八九九（明治三二）年は、教育関係の法令が次々に発布された年であった。二月七日「中学校令」、八日には「高等女学校令」、九日には「高等女学校編成及び設備規定」、二月二一日には「高等女学校ノ学科及其程度ニ関スル規則」、三月九日「中学校及高等女学校設置廃止規則」、三月三一日「高等女学校教員に関係する件」、八月三日には「私立学校令」が公布された。

私立学校令は、学校設立にあたっては監督官庁の認可を受けること、学校を代表して公務を掌る者は監督官庁の認可を受けること、教員は学校の教員免許証を取得しなければならないとした。「私立学校令」の目指すところは、明治以降の学校制度において、行政諸規定を整備して私学に対する監督強化を図ることであった。とりわけ、キリスト教諸学校、女学校、幼児教育機関が行政の統制下、すなわち地方長官の監督下に置かれるようになり、その学校が「教育上有害」とみなされた場合には、内容の変更（第七条）、閉鎖（第一〇条）、罰金刑（第一一、一三条）に処することが規定された。

なぜこれらの法令、訓令が同時に公布されたのかというと、条約改正に伴って外国人の内地雑居が増加し、外国人が設立する私立学校も増加するのではないかという恐れを当局者が抱いていたということに他ならない。とりわけキリスト教学校に焦点を合わせてこれらの法令訓令を公布したと言っても過言ではない。外国人宣教師の自由な活動を規制し、私立学校令と同時に公布された「文部省訓令一二号」によってキリスト教学校が盛んにならないように歯止めをかける狙いがあったと考えられる。もし、この法令を遵守しない場合には、兵役の免除と上級学校への進学ができないという厳しいものであった。訓令一二号の条文は次のようなものであった。

一般ノ教育ヲシテ宗教ノ外ニ特立セシムルハ学制上最必要トス依テ官立公立学校及学科課程ニ関シ法令ノ規定アル学校ニ於テハ課程外タリトモ宗教上ノ教育ヲ施シ又ハ宗教上ノ儀式ヲ行フコトヲ許ササルヘシ

明治三十二年八月三日　文部大臣　伯爵樺山資紀[23]

「明治三二年文部省訓令一二号と外国ミッションの対応」についての研究をした中島耕二氏は、訓令一二号は憲法で保障された「信教の自由」を制限するものとして、日本人キリスト教指導者や外国ミッションの宣教師から猛反発が起こって、政治外交上の問題になったと指摘している。訓令一二号の発布当時、日本人キリスト教指導者の反応は深刻なものではなく、明治学院の井深梶之助、青山学院の本多庸一などは、この訓令に対する危機感を抱いていないことに明治学院のW・インブリーは驚愕している。井深からは、訓令一二号は時限立法であるので、そのうちに嵐は止む、その間中学部の生徒には個人的にキリスト教教育を施せばよいといった楽観論を聞かされたという[24]。

一八九六（明治二九）年一一月、第二次松方内閣が組閣された。内務大臣樺山資紀を委員長として条約実施委員会が発足、一八九九年の改正条約実施に向けて法整備を進めた。そのなかから「私立学校令」「文部省訓令一二号」が生まれた。政府は私立学校令の中にキリスト教教育に対する歯止めを条文として挿入したかったが、信教の自由が憲法で認められている以上、これは法令にするのは問題があった。そこで、文部省は訓令一二号という形で同じような効果を狙ったのである。この訓令でミッションスクールが一番困ったのは、前述したように、この訓令通りにしないと兵役の免除と上級学校への進学ができなかったことである。とりわけ男子校は、この二つが取り上げられたら学校経営が行き詰まり破綻するのは必然的であった。

キリスト教学校では、インブリーを中心として同志社、青山学院、明治学院、東洋英和学校、立教学校、名古屋英和学校の六学校代表者会議を組織し、対応を協議し訓令一二号が憲法違反であることを指摘した共同声明を新聞紙上に公表する方法を取った。また文部省と交渉し、大隈重信、伊藤博文、山県有朋との会見などを行なった結果、一九〇一（明治三四）年四月には同志社学校で、七月には明治学院普通学部でそれぞれ徴兵猶予の許可を得ることができた。その後、全国官立高等学校校長会議により高等学校進学の権利を回復、最終的には一九〇四（明治三七）年、中学校令によって官立中学と同等の資格を獲得することになった。しかしこれを契機に、以後文部省は私立学校に対し、様々な形で監督を強化することになっていくのである。[25]

　男子校の場合は、以上みたように改善策を講じて交渉し上級学校への進学、徴兵免除の特権を回復したとはいえ、その代償は大きなものがあった。では弘前女学校のような、キリスト教女学校の場合はどうだったのであろうか。全国のキリスト教女学校の動向をみると、男子校のような目立った動きをしていない。

　弘前女学校は文部省訓令一二号に対してどのような対応をしたのか、またどのような影響があったのだろうか。『弘前学院百年史』は、「訓令一二号と本校」という見出しでこう叙述している。「本校の場合言うまでもなく私立学校であり、とくに女子校であるため宗教教育を行なうことに特に制約を受けることはなかったが、ただこの『訓令一二号』にある『法令ノ規定アル学校』の一句がひっかかってきた」と言っている。つまり、キリスト教主義学校で文部省が規定する義務教育課程を持つ学校にあっては、重大な問題であった。横浜の捜真《そうしん》女学校では、尋常小学科を持っていたがやむなく廃止し、在校生を公立小学校に転校させている。この場合は、キリスト教学校なのにキリスト教教育が規定上できないという理由からという。また現在の横浜指路教会の前身住吉町教会では、かつて、明治期に「住吉学校」と称する小学校を経営していたが、この訓令一二号によって小学校においてキリスト教を教えることができなくなったためその存在意義が認められないとして、この小学校を廃校にし、女子住吉学校という各種学校に変更したのである。

　弘前女学校の場合、開校四〇周年の時に編纂された『弘前女学校歴史』に訓令一二号関係の記事を見つけたが、全くと言ってよいほど書かれていないのである。また『弘前学院百年史』でも、校主長谷川誠三が監督官庁である県学務課とどのような折衝を重ねたか明らかでもないし、学校自体に資料もないと言う。[26]すなわち、『弘前女学校歴史』にも『弘前学院百年史』にもほとんど記述されていないということは、弘前女学校としてはその問題は解決済みであると認識していたことを表していると考えられよう。

前述したように、一八九三（明治二六）年九月、校主の長谷川誠三は、キリスト教を教授することを県庁の学務課に赴き交渉した。生徒の希望により時間外であれば差し支えないという回答を県庁から得ていた。このため訓令一二号が出た時に新たな対策を講じる必要はなかったものと考えられる。このように、全国にあるキリスト教学校において、文部省訓令一二号発布以前に県庁や文部省にキリスト教を正課として交渉したという事例を見ることができない。長谷川は、県庁との交渉によってキリスト教を正課として教えることを認めさせることはできなかったが、キリスト教を教えることの是非をめぐって交渉したことに先見性を見出すことができることを評価したい。

弘前女学校では、訓令一二号によって尋常小学科では宗教教育が禁止となり礼拝をもって始めることができないので、やむなく始業を三〇分遅らせて、八時半の始業と同時に授業に入る形を取った。坂本町の校舎は一階が小学科、二階が予科、本科の教室になっていた。礼拝は二階の裁縫室で行なわれた。

その入口には、先生が立っていて生徒は組ごとに入場し、まず讃美歌、聖書朗読、祈禱、説教、そして讃美歌を歌って終わる形を取り、三〇分で終わることになっていた。説教といわれる奨励は、クリスチャンの先生が順番に語った。

では、この頃の弘前女学校の生徒状況を次に見ておきたい。生徒在籍状況をみると、一八九七（明治三〇）年九〇人、九八年一〇〇人、九九年一五〇人、一九〇〇年一六〇人、〇一年一八〇人というように四年間で倍に増えている。(27) この四年間は、校長ヒュエット、教頭工藤、校主長谷川が経営を担当し、坂本町への移転、また教育面での改革がうまくいった時代であったので、他のキリスト教学校では見ることができない現象があらわれた。

明治一〇年代の欧化主義ならいざ知らず、全国的な動向を見ると、明治三〇年代のキリスト教学校は急激に激減しているのが一般的である。日本最初の女学校といわれるフェリス女学校では、教頭の林さだによれば、その後

「一時は二百名にも昇った生徒の数が参八名に減じた」と書き記し、訓令一二号の影響によって激減したことを記している。この激減はフェリスのみならず、どのキリスト教学校も減少しているのが当時の状況であった[28]。

ではなぜ、明治三〇年代の生徒募集の困難な時期に、弘前女学校だけ生徒数が増加したのだろうか。当時のキリスト教女学校は、キリスト教教育を重視して、高等女学校とせず、各種学校にしてキリスト教教育をないがしろにしないようにしたのである。弘前女学校も同様であった。しかし、弘前女学校では、創立当時長谷川が県庁と交渉して到達した結論は、生徒の希望があれば、時間外にキリスト教を教えてもよいという回答であったので、この路線に沿って課程外にキリスト教教育を位置づけたのであった。文部省訓令一二号の発布の前にそうした取り決めをしていたので、この時期に改めて話し合うことはなく、従来通りの形で募集を続けることができ、地元に信頼された女学校として発展できたのではないかと考えられる。そこにも長谷川誠三の学校経営に対する先進的な考え方が反映されていると見ることができる。

高等女学校は、一八九九（明治三二）年の高等女学校令に基づいて各都道府県に創設された。弘前では、翌年青森県立第一高等女学校という名称で発足した。弘前女学校はそれ以前から学校が誕生していたので、弘前の人たちに認知されていた。そして、一九〇〇（明治三三）年に弘前に青森県立第一高等女学校が発足すると、県立の女学校と比較されるようになった。長谷川誠三がいた時の弘前女学校は、小学校から授業科目に英語を置き、宣教師が教える形を取っていたので、高等科になると県立の女学校の生徒より英会話ができて、英文が書ける生徒が多かったのである。しかし、弘前女学校は県立の高等女学校と同等とは認められず、官公立の上級学校に進学しようとすると、県立高等女学校卒業並みの学力を調べる検定に合格しなければならなかった。一九一〇（明治四三）年八月に県知事より認可された「私立弘前女学校規則」でも、県立の高等女学校と同等ではなかった。この年は設立者が長谷川誠三から本多庸一に変わった時であったが、その規則では「予科ハ高等小学校第一学年ノ程度に準シ本科ハ高等女学校ノ程度ニ準ス」とされ、各種学校的な位置づけをされている。高等女学校と認められるためには、高等師範の卒業や正規の中等教員の免許状を持った教員を抱え、校舎、教材、教具などの設備が基準を満たさなければならなかった。

第五節　学校運営と本多庸一

本多庸一からの書簡

長谷川誠三は本多庸一からたくさんの手紙をもらっている。もちろん長谷川も本多に多くの手紙を書いたものと考えられるが、長谷川が書いた手紙は残っていない。現在残っている長谷川誠三宛書簡を見ると、本多からの書簡が二〇通、そのうち年代不詳の書簡が三通ある。これら二〇通の書簡は、弘前女学校の経営や運営に関するものが多い[29]。

長谷川と本多とのやり取りを通して感じるのは、長谷川がいかに本多を頼っていたか、また本多が長谷川を信頼し学校にとって欠かせない存在として見ていたことである。一九〇六（明治三九）年には長谷川誠三がメソジスト教会からプリマス・ブレズレンへ離脱するが、その時の書簡が二通ある。さらに、この時同時にプリマス派へと移ったメソジスト派牧師の平野栄太郎に関しての書簡が二通、その他妻いそ死去の際の手紙、さらに誠三の娘の縁談、息子の進学などの内容の書簡となっている。なお、ここでは、弘前女学校の運営について本多とのやり取りの手紙を取り上げることとし、プリマス・ブレズレンについては、他の章で扱うこととする。以下に本多から長谷川に出された書簡二〇通を列記しておきたい。

①明治三六年四月二三日付書簡

教頭工藤玖三が転出にあたっての慰労金について

②明治三六年五月一日付書簡

第八代校長サウザート（A.Sourthard 一九〇一・一一—一九〇三・六）、並びに工藤教頭への慰労金、佐々木の給額について

③明治三六年五月四日付書簡

工藤教頭後の教頭人事の相談の書簡

④明治三六年五月一七日付書簡

工藤教頭とその妻瀧子の日常生活を書いた書簡

⑤明治三六年五月一八日付書簡

工藤教頭の生活の実情と本人の弁解に言及した書簡

⑥明治三七年四月二八日付書簡

後任教頭吉田本次のことが記された書簡

⑦明治三七年四月二九日付書簡

長谷川誠三の病気に対する御見舞状

＊何年に出されたのか不明だが、吉田教頭が就任した年の書簡なので、明治三七年とした。

⑧明治三九年六月二七日付書簡

長谷川誠三がプリマス・ブレズレンなる小教派へ移るに際し、本多に相談、その返事の書簡

⑨明治三九年一一月一九日付書簡

長谷川誠三がプリマス・ブレズレンに離脱した後に本多が長谷川に出した書簡

⑩明治四二年六月七日付書簡

長谷川誠三の妻いそ逝去に付き弔意を表す書簡
⑪明治四三年一月三一日付書簡
長谷川誠三の娘の縁談についての書簡
⑫明治四三年二月四日付書簡
前書簡に続き、娘の勤めの斡旋の内容を記した書簡
⑬明治四四年八月一七日付書簡
弘前教会創立三五周年記念会に出席、前メソジスト教会牧師平野栄太郎の苦境を記した書簡
⑭明治四四年九月四日付書簡
平野栄太郎の動向を記し、長谷川と会いたいとの内容の書簡
⑮明治四四年一二月二八日付書簡、はがき
教え子の死去についての書簡
⑯四月一五日付書簡
誠三の病気快復のことを書いた書簡
⑰四月二一日付書簡
高等師範出身の吉田本次が弘前女学校に就任を依頼するについての書簡
⑱三月二二日付書簡
白戸なる人物に尋問したとの内容の書簡
⑲一一月二二日付書簡
長谷川誠三の娘の縁談、三浦猛雄のことを書いた書簡
⑳長谷川誠三宛本多庸一書簡（年月日不詳）

東京への移住を勧め、ともに伝道しようという書簡

教頭の人事

一九〇三（明治三六）年四月、長谷川は本多から手紙をもらった。この手紙は、現存する本多庸一書簡の中で、一番古いものである。ここに掲げた書簡は、急遽教頭の人事について、本多に相談しなければならない問題が起こった際の書簡である。教頭の工藤玖三は、弘前士族の出身で東奥義塾を中退、青森師範を卒業、県内の小学校や師範小学校で勤務した経験豊富な教師であった。しかし、英語が不得意なことから、外国人校長の補佐としてコミュニケーションの点で問題があった。一八九七（明治三〇）年六月、工藤が弘前女学校に着任した時の校長はミス・ウィルソンであった。

一八九七年一一月にはウィルソン校長からミス・ヒュエットに校長が代わった。第七代校長ヒュエットと工藤は息の合った運営によって学校運営が順調に進んだ。また工藤は校主長谷川誠三の協力の下に、一九〇〇（明治三三）年の弘前の坂本町への学校移転、校舎新築など弘前女学校が発展していく時期に教頭として手腕を発揮した(30)。この年の生徒数は、在籍一六四名と増え、職員一四名、三六名が受洗したという記録があり、学校運営が好転していることが分かる。ところが一九〇一（明治三四）年一一月ミス・ヒュエットが遺愛女学校に転任、代わって八代校長にA・サウザートが就任すると、今までの状況が一変した。ミス・サウザートは弘前女学校と経営を同じくする私立幼稚園の園長で、女学校の校長を兼務、二年近く校長を務めた。『弘前学院百年史』によると、サウザートと工藤とは呼吸が合わなかったと叙述されている。当時弘前に幼稚園設置の要望があったことから在米ミッション本部が、幼児教育を専攻したサウザートを派遣し開園することになった。本来は地元の負担で独立の園舎を建設しなければならなかったが、故ミセスM・アレキサンダーの弔慰金六〇〇円を繰り入れても不足した。結局、新校舎の建築に繰り入れた関係上、独自の幼稚園の園舎を建てることができなかったので、幼稚

園に二つの教室を提供しなければならず、その点でも女学校の教頭の工藤との関係がうまくいかなかった。サウザートは、付属幼稚園の園長として就任した後に女学校の校長を兼務したが、経歴から見ても女学校の校長として必ずしも適任ではなかったようである。例えば校長は上級生の英語を担当する実力がなく、上級生の英語を担当する婦人宣教師の着任を希望する始末で、工藤玖三との関係は思わしくなかった。

校長と教頭は、信頼関係に基づいて安定した学校運営をすることが何よりも大切なことであるが、校長と教頭の関係がギクシャクしていることは決して良い状態ではなかった。教頭の工藤は英会話が不得意であったので校長と直接コミュニケーションが取れず、通訳を介さなければならなかったことも彼に不利に働いたものと考えられる。結局工藤は、辞任することになった。長谷川誠三は、本多庸一に校内状況を知らせて相談することになり、その返事の手紙が以下に示すものである。「二百里余」という表現に表れているように、本多は遠方に住んでいるものだから最終的には長谷川の判断で執行してほしいという書き方で相手を気づかう文面になっている。

本月廿日廿二日之両封正に落手拝見仕候電報にては情意兼候様に付何とも手ぬるく候得ども手紙にて申上候イロハニとも各利害得失之通り容易に決しかね候に御座候得ども遠方より盲打に一刀を用ゐ候得バ女教師（既に今日は弘前に居るべしと只今承り候）の同意を得て（イ）を断行する方存奉候尤工藤之功労も亦没すべからざる議ニ付一ヶ月又は二ヶ月分之慰労金を贈りて可成厚く取扱ヒ候事至当と奉存候此為にハどうしても女教師等と協議を要するならんと推考仕候尤九月まてハ長治氏ニ願ふ事とて可成薄酬にて願ひ候バやり繰り出来候も難計存奉候新任者ハ中々一寸見当りそふも無之困入り候去りとて工藤を捕へ居ること恐くハ相方之不為ならんと奉存候過日申上候一ノ関之人もどしても教頭としては不足多き様に相聞申候

一、アレキサンダ夫婦は五月五日に横浜に□□致スベキよしに御座候ども同月末ならでは弘前へ参るまじきよしにと御座候間現在の女教師達と図繰りて決することを要す然連共万一女教師共も断じかね候節ハ運を天に任せ校長着弘まで工藤に留任をしめ徐々に後図をなし候も可然但し工藤辞職之事を公ケにし校長肯の末にて後任者之見守に拘ハラズ解任之期を定むる事と致し候事右其二百里余盲打に付決して余り重きを置カレヌ様願上候帰スル所愛兄之御方針に委するより外無之候呼御心労御察し上候得ども可愛子供に付ては苦労多きものと御悟り下度奉存候　早々如件

四月二三日夜庸一

誠三様(31)

工藤教頭の問題は、一九〇三（明治三六）年六月、工藤が名古屋にある金城女学校に転任したことによって決着を見たのであった。同年六月五日、第九代校長ミセスＦ・Ｇ・アレキサンダーが着任すると同時に、工藤が転任した。工藤が辞任するにあたって、以前から交流を持っていた中田久吉牧師が名古屋の教会で牧会をしていた関係で、中田の推薦で金城女学校への転任が決まったのである。弘前女学校を辞任するにあたり、本多が退職金を給料の一か月分にするか二か月分にするかを長谷川と相談しているが、サウザート校長は、一か月分を支払うことも不賛成という厳しいもので、このことでも校長と工藤の間が良好な関係ではなかったことが分かる。退職金については、本多が工藤の業績を評価していたので、恐らくそれなりに支出したと考えられる。そのあたりの事情は次の書簡でふれられている。なお、右の資料に出てきた「アレキサンダ」とは、アレキサンダー宣教師の後妻で、ミセスＦ・Ｇ・アレキサンダー（校長）のことを指す。先妻のミセスＭ・アレキサンダーは、一八九九（明治三二）年一月一九日、弘前女学校で音楽を教えていたが、不慮の火災で焼死した。(32)

拝誦慰労金サヽルド嬢不賛成とハ一ヶ月分給料も不賛成なるべきか疑わし然からバ余り刻なる事と奉存候
佐々木氏之給額如何に就てハ小生明言仕りがたく是までの給額如何による事と奉存候　石川之話な連バ是ま

で三拾円以下ならんとの事（尤も是も推測のよし）承知便之如申上候御座候　小生ももう少し知り度ハ教授之技量に御座候　長治様是の御見込み（教頭之学力に付）御尤もニ御座候　然るに猶考えふべきことハ高等女学校程度と為すこと如何にの事に御座候や右程度之全科を設クルこと弘前女学校之教えなし得べき事に候や二三年位まで之程度ハ格別な連共全科とハ甚タ疑わしく好存し即ち中学科目等に御座候　是此際よくよく女教師等と御協議を要することと存じ候　前校長之相□□□□しをや裁縫科拡設之事好案ならんと奉候

一昨日工藤様之妻小生方承り候（一時二日脱去して川部より乗車せられし）に付書生之騒ぎも承候　工藤之彼処ニ留まることおとなしからざる事と存奉候　妻女も留守に成候故ハ早ク変化をなす至れる連や存奉候妻女一件に付ては如何致然き目下考慮中ニ惑フ工藤よりも掛□□即ち着せんとも思ひ候

一アレサンドルグ青山江来り居ることを遅く知り昨朝去る節汽車にて途中まで同行し大略申聞き置き候大兄サへ大丈夫に御主張成られ候はばとても守り通し出来る処ニハ是無存奉候　妻女が談じたる事実ハ教師共之決心をも促すならんと奉存候　教会並之学校の不幸申し斗り之無候共彼様にズウ〳〵しく候バ一度ハどうしても此位之騒ぎを生じ申スベキ殊意の至りに奉存候　今日ハアレキサンドル夫婦着弘申可に付早速相談下され候しかるべく奉存候　后任者之は余り狼狽せざる方然べし此際兎に角長沼君にて詮定とし徐々に后任を求めた候方可然候奉存生徒之騒ぎは父兄に懇談いたし候ハ落着キ可申に得止ハ巻直を覚悟して退校せしむるも然可奉存候　どう前任者の技量にて情けたるものは当にならぬもことに御座候然外に為なる煩忙にて早々

五月九日

本多庸一(33)

話は変わって、山口の秋吉台で事業をやっていた本間俊平が、一九〇三（明治三六）年八月に長谷川に手紙を出している。本間が中田久吉から工藤玖三が弘前女学校を辞めたことを聞いて出したものである。

工藤兄　弘前女学校ヲ去ラレシコトハ中田君ヨリ通知シ呉レタル為メ知リ申候如何ナル事情ヤ離別も貴校無限候学苑之永ク変ラザル涙ノアルアレバ彼レハ岩木峻嶺ト共ニ是ニ暫ノご忠告ヲト渇望仕有候断時日切迫遂ニ光栄ニ浴スル能ハザルカ貴校是事ニ候(34)

工藤は転任した後、勤務しながら「自由メソジスト派」の伝道者を目指し、幼友達の中田久吉の弟ホーリネスの中田重治に接近し、重治とともに「日本ホーリネス教会」を宣言した。ホーリネス派は、太平洋戦争中に激しく弾圧された。一九四二（昭和一七）年六月には、ホーリネスの「再臨信仰」が国体否定に当たるとして、治安維持法違反容疑に問われ、一三〇名を超える者が検挙され、七一名が起訴、一四名が実刑となり、七名が獄死した。しかも、日本基督教団統理が文部省当局の代行者として、教会設立認可取り消しと結社の禁止を言い渡すという悲惨な出来事となったのである。この弾圧の流れの中で、工藤玖三は実刑二年を言い渡された後、老齢のため一年で出獄を許されるが間もなく亡くなった。

一九〇三（明治三六）年六月、工藤玖三の後任を任命するまでに結局、約一年かかってしまった。キリスト教情操教育を教育の基本と考えていたので、宣教師の補佐としての適性を備えながら、学校の教頭の職務をこなすことができる人材を限られた予算で探すのは簡単なことではなかったのである。教頭は一般職員と校長とを繋ぐパイプ役を果たし、とりわけ校長を補佐するものとして重要な位置を占めるものであった。授業のほかに教育勅語の奉読、一年間の学校行事の計画、実施、各教科の編成、時間割の編成、教師の勤務の掌握など実質的に学校を運営するかなめの役割を果たすのが教頭であった。一九〇四（明治三七）年五月一一日、吉田本次が新教頭に就任した時、長谷川はほっと一息ついたものと思われる。吉田は信州の出身で、東京高等師範学校を卒業、有資格者としては第一人者と言える人物であった。本多庸一からの書簡が長谷川誠三のもとに来ているので、次に紹介したい。

拝啓過日御紹介申し上げ候吉田本次ハ弘前女学校ニ付き半信半疑の間ニ居り候処（新潟縣ニも相談有之よし過日申シ居り候）友人県立女学校長左乙女豊秋より是非弘前之勧め度ニ付早速弘前之照会せよと申し来り候同人の推薦なれバ大丈夫と被思候人物も一見良好と見え候間唯今弘前え相勧め申候（五拾円教頭）尤も英文認め方ニハ時間を要し候ニ付高杉幸子まで認め申候明日篤と御相談可致存候処唯今承レバ明日ハ御出立つのよしニ付急ニ一封相認め申候御出立つ前に御入手相成候ハバ御速目於否弘前え一飛び被成下御相談上電報ノ御返事願い上げ度奉存候高校えも電報にて申候　右早々　如件

四月二十八日　庸一(35)

誠三様

四月二八日に本多が長谷川に手紙を書いた後、翌二九日に長谷川が返事を出している。この書簡には、四月二九日付の記載があるが、何年かが書かれていない。ただ、吉田本次の教頭就任のことが記されているので、明治三七年に出した書簡であることが分かる。手紙の冒頭に長谷川誠三の病を気遣う見舞状になっている。どんな病であったのだろうか。持病の腎臓病か不明だが、四七歳の長谷川はそう若くはない年齢であった。そのあとに本多が、誠三の三男三郎が青山学院に入学するにあたっての費用に関しての相談に答えて、月謝、食料、雑費などのことを細かに書いている。

拝誦仕未ダ候御恵癒無之も一先御帰村との御事無余儀と存じ候どうせ急速に御療治の効無之御病ならん御帰村の上ニ施薬ヲなされ御事可然と存候

一　三郎君御入塾の事ハとても突然出来不申候
一　女学院の校費ハとても突然出来不申候一年も前より申込み置き候趣又は自費入学致し居り候可伝候其も必ず出来るとは申しかね候義務年限は大概で半校費は二ヶ年全校費は三ヶ年位と承り候（全費の幾分を三分月謝食料雑費とも六円より七円まで其の外自分の書籍衣服小遣等を要す費少なくみて十円要す）資格と申した定まれる事も有之間敷入学の資格を具へたる上余りは相談上に之有り候と存じ候
一　吉田氏の事は可成御早く願上ゲ度候新潟の方ハ文部省ニテ勧め自分も一旦は其ノ気になりて相談せし故承し向より返事が来りて後には動難く相成り候乎紹介人の左乙女氏の心配は其レナルベシと存じ候小生は左乙女には左程迅速には返事六ヶしからんとは申置き候得ども可成り御早く願い上度奉存候明後日は日曜に御座候得ども弘前に御出被下候へば難有奉存候小生も朝鮮より返事次第出立の筈にて毎日返事を待ち居り候体に御座候間御急き被成り下度願上ゲ候高校女子には昨夜投函いたし候間今朝の便に発送せられ被聞と候折角御厭ヒ被遊バ度御報まで略書仕り候　　如件

四月二九日　　　　庸一

誠三様(36)

第六節　藤崎教会と長谷川誠三

明治三〇年代の教会生活

明治三〇年代の長谷川誠三は、事業家として大きな前進を見ると同時に、教会の働きの方も充実したものとなった。弘前女学校の経営のほかに、後述するように、一八九七（明治三〇）年に藤崎銀行を立ち上げ、翌年弘前銀行が経営難に陥ると、整理の任にあたり経営を安定化させるのに重要な働きをした。また雲雀牧場や小坂鉱山の経営、日本石油の大株主と多忙を極め、充実した日々を過ごしていたと言えよう。そのような忙しい中にあって、教会生活はどうだったのだろうか。一般に事業経営などで忙しくなると教会から離れがちになりやすいが、長谷川は日曜学校の校長として、藤崎教会の役員として熱心に教会に関わった。『藤崎美以教会記事録』によると、一八九七（明治三〇）年四月二〇日、「牧師及び長谷川両氏中島村横山音太郎宅に禁酒幻燈会を開く」とある。当時、幻燈会は物珍しいもので、人を集めやすい器具で、何人集まったかの記載はないが、白鳥甲子造牧師と誠三が企画して中島村の横山音太郎宅で行なった。また同年六月五日付のメソジスト派の機関誌『護教』によると、日曜学校と祈禱会の報告が掲載されている。

一、聖日　大人日曜学校は長谷川誠三氏なり氏が多年の試練は能く其職に適せり子供は佐藤勝三郎氏諄々として倦まず懇に教授の労を助けらる生徒の数は八十名余男子組会、婦人会、聖書輪読会は隔週聖日に交互会友の自宅に於て開く会友中資産家あり又家政の困難なる等あり斯く順逆二境に立つ信徒が厳しく主の日を聖別して余念なく心霊の修養をなせるは真に弱信の小生をして転々無限の感想を堪へざらむ

一、祈禱会は平均十余名の出席者あり何時も専心懇禱の状は如何にも誠実にして能力ある集会なり

一、授洗者は（七名内子供二名）なり求道者は十余名もあらん其中信仰を告白し受洗の決心あるものは高等小学校教師一名深く孝誼を重んじ思想堅実の好青年なり又夙に村民の信用浅からず有志者一名一家挙て反抗するにも係わらず断乎として基督教の主義に立たんことを告白せり

余は昨年当教会赴任以来茲に始めて此通信をなすに方り謹で先任牧師平野栄太郎氏が多年亦誠の空しからざりし好果を収むるを謝す(37)

藤崎教会の二枚看板ともいうべき長谷川誠三と佐藤勝三郎は、日曜学校においても熱心に奉仕した。日曜日には、長谷川は大人を対象とした日曜学校、子どもは佐藤が担当し、その他男子の組会、婦人会、聖書輪読会が行なわれた。また平日には祈禱会が行なわれていた。一八九八（明治三一）年一月一〇日の『藤崎美以教会記事録』には「弘前教会リバイバルありて盛会況を呈す」とあり、初週祈禱会が「教勢一変の導火線」となったと記録されている。この弘前のリバイバルは藤崎教会に影響しないはずはなかった。藤崎教会では、同年一月一日の聖日、白鳥甲子造牧師が説教し、その夕べには中田久吉の説教があった。この礼拝の中で白鳥牧師から藤本徹郎、荒川ときが洗礼を受けた。三日は初週祈禱会を開き、感謝をもってこの年のスタートを切った。一月一〇日、川部村において禁酒会の演説会を開き、長谷川誠三と白鳥甲子造が講演した。二月三日から五日にかけて「奨励会」という御言葉を宣べ伝えて祈りを合わせる会を開き、中田久吉、西館庸一郎、工藤玖三、佐藤繁男、白戸良作、三上正道などが担当した。「奨励会」ははじめ一日だけであったが、三日間毎夜行なわれ、聴衆に感動を与えたという。さらに二月一一日から一七日までの七日間、藤崎教会において連夜の祈禱会を行なった[38]。

同年三月二〇日、礼拝において白鳥甲子造牧師から横山音吉、横山すみが洗礼を受けた。二人の父親の横山音太郎は、一八八九（明治二二）年六月に洗礼を受けた熱心な信徒で、ここに家族への伝道が実ったのである。また一八九八（明治三一）年三月二八日から三日間、川部村で連夜の奨励会を開いた。続いて四月一一日から三日間、中島村横山音太郎宅で演説会を行ない、また同月一三日の婦人のみによる演説会も盛況であった。さらに四月一五日より一七日にかけて宮川経輝、山鹿元之進による演説会があった。このような伝道の中で、大きな恵みがもたらされた。同年四月三日には礼拝の中で、岸健助、馬場閑吉、馬場志ん、長浜すゑ、清水太郎が洗礼を受けた。ここに、藤崎教会のリバイバル的状況が生まれて、この年の受洗者は一四人に上った。

一八九九（明治三二）年二月二五日、川部村で村民を集めて禁酒幻燈会並びに演説会を開き、長谷川誠三、白

藤崎教会の受洗者等一覧表　1882年～1911年

年代	受洗者		転入者		転出者		退会者	
	男	女	男	女	男	女	男	女
1882（明治15）	2	0						
1883（明治16）	0	0						
1884（明治17）	2	0						
1885（明治18）	4	4						
1886（明治19）	3	1		1				
1887（明治20）	3	8				1		
1888（明治21）	5	0						
1889（明治22）	5	5						
1890（明治23）	0	0	1					
1891（明治24）	1	3	1		2	1		
1892（明治25）	0	0			1	1	死1	
1893（明治26）	3	2					死1	死1
1894（明治27）	1	1	2	1	1		死1	
1895（明治28）	0	0		1			死1	
1896（明治29）	0	0		1			死1	
1897（明治30）	2	6						
1898（明治31）	9	5				1		死1
1899（明治32）	1	0			1	2		
1900（明治33）	2	2				1	死1	
1901（明治34）	0	1						
1902（明治35）	0	1			2	3		
1903（明治36）	4	2			1	1		
1904（明治37）	0	0		1		2		
1905（明治38）	2	0		2		1		
1906（明治39）	4	0					退8	退5
1907（明治40）	2	2	1	1				
1908（明治41）	0	1	1	1				死1
1909（明治42）	1	0					退1	死1
1910（明治43）	2	0		1		1		死1
1911（明治44）	0	1		1				
計	58	45	6	11	8	15	死亡6 退会9	死亡5 退会5

『地の塩世の光として ―― 藤崎教会百年記念誌』の藤崎教会百年史年表を参考に作成した

鳥甲子造、須藤唯一が演説をした。翌月の三月二八日より一〇日間、東京青山において年会が開かれた。その間牧師が不在となるので、長谷川誠三は、藤田奚疑、棟方定次郎らと説教や祈禱会を順番で担当した。この年会において、白鳥甲子造が山形県米沢教会へ転任、後任に藤田匡が黒石教会から藤崎教会に来ることになった。藤田は、かつて一八九二（明治二五）年から二年間藤崎教会を牧したことがあり、再び地元出身の藤田牧師が戻ってくることになった。『藤田匡伝』は、「郷党意識の強い藤崎の人々はこの任命を非常に喜んだ」と記している。着任早々、赤痢が蔓延《まんえん》し、町は恐怖の中に置かれた。青森県では二七九〇人が死亡する騒ぎになった。藤田を中心に一刻も早くこの悪疫が治まるように祈り、艱難の中にある人々に慰めを与えた。一八九九年九月、藤崎教会では、「沈静するまで公会、日曜学校を休み、有志の祈禱礼拝を為すこととせり」という決定をし、日曜学校は休校とし、礼拝や祈禱会は有志者によって行なうことにした。長谷川誠三も赤痢に罹り、回復したものの大変な年であった。(39)

このような状況の中でも藤田匡は、週二回の路傍伝道を怠らなかった。しかし、心ない者たちが石を投げて妨害することがあった。眼が見えないのでどこから石が投げつけられたか分からず顔にあたって出血したこともあった。妨害されても路傍伝道をやめない姿を見て、町の無頼漢が感心し、今後妨害する者がいたら容赦しないと防衛を買って出たとの記述が『藤田匡伝』に見られる。(40)家庭にあっては、妻のりゆが小さな子供を抱えて、聖書を読んであげたり、手紙を代筆したり、多くの訪問者に応対して温かく迎えた。ある人が「先生がもし目が悪くなかったら偉い学者になったでしょうね」と言ったところ、藤田は笑いながら「もし目が悪くなかったらキリストの福音に接することはできなかったかもしれないよ」と穏やかに答えたという。この頃、藤田のために読書の手助けをしたのは、後に町長になった藤本徹郎で、三〇年にわたって聖書、宗教、哲学、漢学などの書を読み聞かせた。

一九〇三（明治三六）年、藤田匡から導かれて洗礼を受けた長谷川誠三の三男三郎は、誠三が経営する藤崎銀行に勤めながら宗教哲学書などを購入しては藤田のために音読の奉仕をしたのである。のちに三郎は、鶏を飼い七面鳥も養い、花づくりが上手で日本中の花や種を取り寄せたくさんの花を育てた。音読のことは、人に語らなかったが、八〇歳近くなってから回想して、『藤田匡伝』を書いた福島恒雄牧師にそのことを語っている。三郎は、藤田匡が再び藤崎教会に来たことを喜び、暇があれば訪れては読書の奉仕をした。藤田は貧しいゆえ本を買うことができなかったが、三郎は東京神田の東京堂に先にお金を送っておいて、藤田の意向を聞いていろいろな書物を購入した。

　プラトン全集、ベルグソン、オイケン、カント、ラスキンなどの哲学書や、ヴェダー、仏典、ガンジーのものなど、更にシエスクピア全集、ゲーテ、ユーゴーなどの文学書から、当時最も新しい生理学の本迄、地方では目に不自由でない者でも中々読めなかったこれらのものを読みこなしていたとの事である。(41)

その読書法は忍耐が必要で、読む者が一節を読むと藤田匡がその一節を繰り返す、このようにして数百頁の哲学書を読むので骨の折れる奉仕であった。藤田は、点字訳の聖書を愛用し、毎朝決まった時間に正座して点字の聖書を読んでいた。彼が亡くなった時にその聖書を見ると、点字の凹凸が磨滅して分からないほどであったという。また藤田匡のまわりには、漢学を学ぶ人たちと漢詩を楽しむ人たちが集まった。

前者には、東奥日報社の論説委員で『竹南文集』を書いた長谷川虎次郎、八戸区裁判所監督判事の中西酉蔵、教育者の堀内まさがいた。後者には、藤崎町の名校長と言われた原源吉、長谷川虎次郎、満州の建国大学に招かれた村上民蔵、小学校長の浅利要左衛門などがいた。

　一九〇〇（明治三三）年四月、第一〇回日本福音同盟会大会において、二〇世紀大挙伝道が決議された。日本福音同盟会というのは、諸教派の連合体をいうが、この同盟会が超教派的一致をもって大挙伝道を展開した。大挙伝道は「我が国をキリストに捧げよ」というスローガンのもとに始まった。一九〇二（明治三五）年に入ってもやまず、明治二〇年代後半の教勢が約三万人だったものが、一九〇二年には約五万人に上昇した。一九〇一年二月一日、朝礼拝において藤田匡牧師が「我が国をクリストに献げよ」の題で説教し、二〇名の会員が出席、午後には藤田匡と佐藤勝三郎が青森で開かれた大挙伝道の大会に出席している。同月一一日の夕べ、藤崎教会において大挙伝道のための祈禱会を開いている。藤崎教会側の資料を見る限りでは、藤崎教会における大挙伝道は盛り上がりを見たという記録を見出すことはできない。この伝道は計画的組織的に伝道するところに特徴があり、都市、農村に伝道することを目指したが、その過程において都市の中産階層を中心に伝道が展開し、農村は切り捨てられていった。(42)

一九〇三（明治三六）年一〇月、盛岡美以教会平野栄太郎牧師が藤崎を訪れ、連日連夜集会を開いた。同月一一日主イエスの再臨の図解を掲げて旧新約聖書に基づき熱心に説教したとあり、ここで聖別に与った告白者は、長谷川誠三、棟方定次郎、佐藤又八、長谷川いそ、鳴海もと、長尾弘一郎、長谷川すゑ、藤田匡、藤本徹郎の九人であった。これより先、同年四月、創立期に建てた会堂が古くなり改築が必要になった。改築委員には藤田牧師、長谷川誠三、佐藤勝三郎が選出された。全会一致して、一九〇七（明治四〇）年までに二〇〇〇円を募金することになった。長谷川は一〇〇〇円、佐藤五〇〇円、長谷川英治二〇〇円を出し、残る四百円を会員が拠出することになった。当時の藤崎教会の会友は三九名であった。一九〇四年四月、藤田牧師は弘前教会に転任、新任牧師には工藤官助が決まり、同年四月二〇日、工藤牧師着任、藤崎銀行の階上にて工藤牧師を迎え、藤田牧師を送り出す歓送迎会を開き、交わりの時を持った。(43)

一九〇五（明治三八）年四月二二日、工藤官助牧師が年会に赴いたので、朝礼拝の説教は長谷川誠三が担当、夕礼拝は藤本徹郎が行なった。四月一六日、工藤牧師が朝礼拝において「別離の辞」なる説教をした。一年間という短い期間であったが、初めての任地であった新任牧師にとっては思い出深い教会になったとみえ、このような説教題になったと思われる。二日後の一八日には送別会を開き、二五名の者が出席、別れを惜しんだ。佐藤勝三郎の司会、長谷川誠三、長谷川定次郎、藤本徹郎の各氏が送別の辞を述べた。後任牧師には白戸良作が着任、教会の記録には、四月某日白戸新任牧師の歓迎会があったと記されている。四月二三日には白戸が「主の復活」なる説教をし、イースター礼拝の喜びを分かち合った。

メソジスト教会では、「四季会」といって春夏秋冬の年四回会長がそれぞれの教会に出向いて会議を持っていた。会議の様子を、一九〇四（明治三七）年七月二日に開催された『藤崎教会四季会記録』(44)の会議録から紹介したい。会長が山鹿元次郎、藤崎教会側の出席者は、牧師工藤官助（書記も兼務）、出席会員は長谷川誠三、佐藤勝三郎、藤田奚疑であった。「日曜学校長ニ認可セラルル委托人ハ誰ゾ長谷川誠三」「役員ニ不服アリヤ」「上告アリヤ」「前年度教師給料総支出高如何」などの事項が並び、その後に「報告アリヤ」として、牧師（別紙報告アリ）、定住伝道者、勧士、日曜学校長（別紙報告アリ）、エプヲース同盟会長、組長（別紙報告アリ）、婦人伝道者、会計吏（別紙報告アリ）、委托人、役員会、委員などの項目が続いている。「別紙報告アリ」のほかは、ほとんど「ナシ」の記載となっている。その他の事項では、「来ル十月迄ニ伝道会社牧師給料不足額ニ対シ会友一人ニ付五銭ツ、出金スルコトニ決ス」という事務報告があり、藤崎教会ではこの報告を受け入れている。

日曜学校は伝道上重要な働きをするものである。一八八八（明治二一）年三月、「四季会」において長谷川誠三は、日曜学校の校長に就任してから一六年間その責任を担ってきた。一九〇四年七月二日の報告では、「前期ニ比シテ教員ニ於テ二名生徒出席ニ於テ十四名ノ増加ヲ見ル」とあり、出席者平均は六四名であった。それが同年一〇月一日の「四季会」では、出席総数七五名、出席平均五二名であったが、一九〇五年三月一八日の「四季会」では、生徒総数一六五名、出席平均が八〇名と上昇している。同年七月一七日の「四季会」報告では、生徒総数一〇四名、出席平均九〇名と平均が一〇名増加した。なぜこれほどまでに増加したのかその原因を議事録からつかみ取ることができないが、長谷川誠三の下で伝道に励んだ結果であることは確かである。

注

（1）文部省『学制百二十年史』。角知行「日本の就学率は世界一であったのか」『天理大学人権問題研究紀要』第一七号、二〇一四年。
（2）弘前女学校編『弘前女学校歴史』一九二七年、五―七頁。
（3）氣賀健生著・青山学院『本多庸一』編集委員会編『本多庸一――信仰と生涯』教文館、二〇一二年。
（4）弘前女学校編『弘前女学校歴史』一九二七年、八頁。
（5）同右、九―一〇頁。
（6）「東奥日報」明治二一年一二月六日『青森県教育史』第三巻、五二三頁。
（7）弘前学院百年史編集委員会『弘前学院百年史』一九九〇年、二六頁。
（8）『弘前女学校歴史』一三―一四頁。
（9）同右、二五―二六頁。
（10）「学友通信」一四号、弘前市立図書館『青森県史資料編 近現代Ⅰ 近代成立期の青森県』二〇〇二年、一六―一七頁。
（11）『弘前女学校歴史』二五―二六頁。
（12）同右、二六―二七頁。なお本多テイのことについては、次の本を参考にした。井上ゆり子『力をあたえませ――本多庸一夫人 貞子の生涯』青山学院、二〇〇四年。
（13）『弘前女学校歴史』一四―二四頁。
（14）鈴木範久『日本キリスト教史物語』教文館、二〇〇一年、一〇六―一〇八頁。
（15）小澤三郎『内村鑑三不敬事件』新教出版社、一九八〇年、四九―六七頁。
（16）『弘前女学校歴史』三二―三三頁。
（17）同右、三三頁。
（18）同右、五八頁。この後に「王女会」という活動が出てくる。これはキリスト教信仰に基づいて人格を向上させ、奉仕の精神を育成させることを目指す活動を意味する。

(19) 弘前学院百年史編集委員会『弘前学院百年史』一九九〇年、一〇二頁。

(20)『弘前女学校歴史』五二—五三頁。

(21) 弘前女学校編『弘前学院小史』一九二七年、一八頁。

(22)『弘前学院百年史』九二頁。

(23)『官報』第四八二七号、国会図書館蔵。

(24) 中島耕二「明治三二年文部省訓令一二号と外国ミッションの対応」『近代日本の外交と宣教師』吉川弘文館、二〇一二年。

(25) 同右。

(26)『弘前学院百年史』一一三頁参照。この箇所を書いた相澤文蔵は、「私立学校令」に従って私立学校の認可を申請した様子もなく、関連した資料もないとしている。また相澤は、一八九三(明治二六)年に認可された学則がそのまま継続されたとみるべきであるとし、その時尋常小学校は宗教教育を行なわないという条件で小学校を存続したとみている。

(27) 弘前女学校の始業時間と尋常小学校の始業時間は八時半で、二階の畳敷きの裁縫室で全校礼拝が行なわれ、階下では尋常小学校の生徒は礼拝を行なわず、そのまま授業を開始、県庁との了解事項によって宗教教育は行なわれなかった。

(28) フェリス同窓会発行『追憶』(昭和七年)によると、一八八九(明治三二)年文部省訓令一二号が発布された後の生徒数を見ると、フェリス和英女学校では、二〇〇名在学していた生徒が、一九〇六(明治三九)年には三八名まで落ち込んでいる。このような傾向は他のキリスト教女学校でも見られた現象であった。しかし、弘前女学校では、尋常小学校が確保されていたので、他の女学校のような生徒の減少は見られなかった。

(29) 長谷川誠三宛書簡は、現在青山学院資料センターに所蔵されている。一九八二(昭和五七)年青山学院大学名誉教授であった故氣賀健生先生を通して、長谷川誠三の孫にあたる故長谷川亨氏によって寄贈された。その長谷川誠三宛書簡は六七通にのぼる。そのうち、本多庸一から長谷川誠三に宛てられた手紙は二〇通ある。

(30) 長谷川誠三が経営面からみて新たな提案をし、工藤教頭に理解してもらい、ミス・ヒュエット校長と連携して実行に移していく二人三脚の協力体制がうまく運んで、新たに移転した坂本町において学校運営がスムーズに運んだ。

(31) この書簡は、本多庸一から長谷川誠三に出した「明治三六年四月二三日付長谷川誠三宛書簡」である。拙稿「長谷川誠三宛書簡(その2)」『明治学院大学キリスト教研究所紀要』第五〇号、二〇一八年一月参照。

(32) 一八九九(明治三二)年一月一八日水曜日の雪深い夜、中田久吉牧する弘前教会で祈禱会があり、アレキサンダー夫妻は弘前教会の伝道師で、遺愛女学校を卒業した古田とみを伴って出席、夜更けに三人で帰宅、一九日深夜零時半ごろ料理場から出火、料理番が階段を駆け上がって古田とみに告げ、アレキサンダーは男児を抱えて窓から雪つもる所に脱出、大やけど負ったが助かった。夫人は遅れて飛び降りたため、火災に巻き込まれ焼死体で見つかった（『弘前学院百年史』八六―八七頁）。

（33）この書簡は、本多庸一から長谷川誠三に出した「明治三六年五月九日付長谷川誠三宛書簡」である。拙稿「長谷川誠三宛書簡（その2）」『明治学院大学キリスト教研究所紀要』第五〇号、二〇一八年一月参照。他に次のものがあるので参照してほしい。拙稿「長谷川誠三宛書簡」『明治学院大学キリスト教研究所紀要』第四九号、二〇一七年二月。

（34）一九〇三（明治三六）年八月長谷川誠三宛本間俊平書簡。

（35）本書簡は、本多庸一から長谷川誠三に出した「明治三七年四月二八日付長谷川誠三宛書簡」である。拙稿「長谷川誠三宛書簡（その2）」『明治学院大学キリスト教研究所紀要』第五〇号、二〇一八年一月参照。

（36）本書簡は、本多庸一から長谷川誠三に出した「明治三七年四月二九日付長谷川誠三宛書簡」である。拙稿「長谷川誠三宛書簡（その2）」『明治学院大学キリスト教研究所紀要』第五〇号、二〇一八年一月参照。

（37）『護教』明治三〇年六月五日。

（38）『藤崎美以教会記事録』

（39）福島恒雄編『藤田匡伝――我が国最初の盲人牧師』藤田匡伝記刊行会、一九六六年、五六頁。

（40）同右、五七―五八頁。

（41）同右、七五―七六頁。

（42）拙稿『横浜指路教会百二十五年史』通史篇、一六五頁。

（43）日本基督教団藤崎教会編『地の塩世の光として――藤崎教会百年記念誌』一九八六年、一九八頁。

（44）「藤崎美以教會　四季會記録　明治二四年ヨリ」藤崎教会所蔵。

第五章　社会事業と長谷川誠三

第一節　本郷定次郎と長谷川誠三

暁星園の創立

長谷川誠三が熱心に援助した事業に本郷定次郎が興した孤児院事業「暁星園」がある。日本の社会事業は、そのはじめキリスト教の宣教師たちの先駆的な貢献によって開拓された。一八八七（明治二〇）年石井十次は英国の孤児院事業をいち早く手がけたジョージ・ミュラーをモデルにして、岡山孤児院を創設した。その翌年本郷定次郎が孤児院事業に取り組んでいる。その背景には、ようやく始まった日本の資本主義の発展に伴い、それ以前の共同体が崩壊し、失業、疾病、傷害などの生活不安が急激に増加したことがある。そうした世情に対し、日本の福祉行政は、一八七四（明治七）年に恤救《じゅっきゅう》規則を制定したものの、救済は家族及び親族、ならびに近隣による扶養や相互扶助によって行なうべきとし、身寄りのない貧困者が出た場合には国庫で救助するという規則が書かれてはいるが、ほとんど実施されなかった。そのような状況の中で、博愛主義に基づいて孤児院事業を手がけたのが、石井十次であり、本郷定次郎であった。

本郷定次郎は、福井県越前敦賀で、慶應二年一一月二日（一八六六年一二月八日）に生まれた。父は江州長浜の豪族の出身で理平と言い、「資性厳直」武芸に長じ、風流文雅の道をたしなむ人であった。虚弱であった定次郎は、四歳の時母親を失くし、五歳の時学校に入ったが、身体が弱く勉強に耐えられないので、一一歳の時、父は定次郎を京都に送り保養させた。京都に行くこと三年、一四歳の時父を失い孤児になった。家は能登屋という酒造業で一〇〇〇石余の醸造をしていたが、父の永眠により家運傾き、再び京都に出て商人の見習いとなり、店主の信用を得るようになった。しかし、この商売に満足せず、一八八七（明治二〇）年春、東京に出て縁故を頼り三井銀行に職を求めること数か月、翌年一月逓信省の試験に合格し、月六円の俸給を取るようになった。彼は幼い頃両親を亡くし、早くして人生の苦しみを経験、両親を失った惨苦を味わった経験から孤児教育に興味を抱き、逓信省に勤める傍ら孤児を養育した(1)。

しかし、これでは十分な教育はできないと感じると、逓信省に辞表を提出して子どもたちとともに靴磨きに、納豆売りに精を出し、本格的に孤児教育に乗り出した。本郷が孤児院事業に関わるようになった思想的基盤には、キリスト教との出会いがある。一八八八（明治二一）年札幌農学校卒業の友人に誘われて数寄屋橋教会に通い、同年一〇月七日、田村直臣《なおおみ》牧師から洗礼を受けた。時あたかも孤児院事業で有名なジョージ・ミュラーが来日、一世を風靡《ふうび》していた。彼が孤児院事業に関わることに決定的な影響を与えたのは、一八八三（明治一六）年、赤坂の氷川町で施療病院を開設した院長ウィリス・ノートン・ホイットニー（Whitney, Willis Norton）であった。父のウィリアム・コグスウェル・ホイットニー（Whitney, William Cogswell）は、一八七五（明治八）年、一橋大学の母体となった商法講習所の初代教授で、簿記学を教えた。息子のウィリスは、一八五五年一〇月一八日ニュージャージー州ニューアークに生まれ、電気工学を学んだ後、東京医学校（東京帝国大学・現在の東京大学）でベルツ博士について眼科を学び、ペンシルベニア大学医学部に学び医学博士号を取得、一八八二（明治一五）年一一月再び日本の土を踏んだ。翌年一月母アンナが死去、その弔慰金で赤坂病院を建て、施療活動にあたった。

アンナは息子を伝道医師に育てた熱心なキリスト教信者で、アンナの祖先はフランスの改革派新教徒であるカルヴァン派のユグノー教徒であった。ウィリスは、八五年一二月メリー・カロライン・ブレスウェイトと結婚、メリー家は英国フレンド派（クエーカー）の熱心な信仰を持つ家柄であった。ウィリスは、妻のメリーが熱心なフレンド派の信仰を持っていたことから彼もその会員となって活動した。八三年『聖書の友』を発行、聖書の平易な解説と聖書に基づく日課表を掲載、八九年一一月で約一万五〇〇〇の会員を持つまでに成長した。当時のプロテスタントが三万人前後であったことを思うと、その半数が購読していたことは驚異的な普及ぶりであったと言えよう。この『聖書の友』を購読して入信したものに救世軍の山室軍平がいる。

ホイットニーは日曜日には説教会を開き、赤坂病院近くの麻布区谷町で貧民学校百合園を開いた。以下は開設間もない頃、『基督教新聞』に掲載された記事である。

麻布区谷町は府下貧民の巣窟の一つとして数へらるゝ所なるが、ホイットニー氏は兼て之が為に盡力一方ならず先年貧民饑に泣きし頃は之に衣食を給し且つ其疾病を治療せしこともありしが本年三月よりは同地に講義所をも開きて伝道に従事せられたり却説《さて》当地には赤坂日本基督教会に属する信徒数名ありしより同教会に属する青年等も此地に意を注ぎ居りたりしが伝道は已に其人を得たれば今は教育に従事するに如かず否其子弟を教育せざれば伝道もはかどらずと感じ此に百合園なるもの設立せられたり資本とて別にあらざりしも漸く一家屋を借り受け毎夜読書を教授し日曜毎に安息日学校をも開きたり毎夜集まるもの四十人日曜の如きは七八十名にも上りたり（以下略）(2)

ここからはホイットニーが施療事業を通して底辺の労働者を救済するなかで、貧民学校を設立して貧しい人々への教育に熱心に関わっている様子が伝わってくる。本郷定次郎は、友人岩瀬泰三郎からホイットニーを紹介され、『聖書の友』のパンフレットを通して次第にホイットニーの考え方に賛同し、施療事業や貧民学校を見る中で影響されていった。本郷は逓信省の勤めの傍ら孤児教育をやっていたが、彼が孤児院を専門に経営する決心をしたのは他ならぬ聖書の友事務所においてであった。一八九一（明治二四）年頃と思われるが、ちょうどこの頃信州田中の出身である秋元ひで子と結婚している。彼の記すところによると次の通りである。

本園の履歴は昨年二月十五日聖書の友事務所楼上及小弟宅に於て岩瀬泰三郎君と毎朝未暁二週間此業を起す為めに献身の祈禱をなし不図岩瀬泰三郎君の御周旋にて初めて金拾五円靴磨き道具料及夜具料としてホイットニー師より恵まれ創業する事とはなれり三月十八日官職を辞す。(3)

本郷は、岩瀬泰三郎の仲介によりホイットニーの援助を受け、子どもたちと靴磨きをしながら、聖書及び小間物学用品などを背負って販売して歩いた。『聖書の友』の場所が暁星園出発の祈りの場であったことが象徴しているように、本郷はホイットニーの信仰や事業に共鳴したのであった。その上、ホイットニーは孤児救済に理解が深かったので、たびあるごとに本郷に寄付をしている。ちなみに暁星園の援助者、支援者にはホイットニーを含めて二〇名が名を連ねているが、創立間もない頃すでに長谷川誠三の名前があらわれている。

ホイットニー　　　　　堀貞一　牧師
青木子爵　　　　　　　相原英賢　牧師
潮田千勢子　矯風会　　渡瀬常吉　牧師
三島弥太郎子爵　　　　山鹿旗之進　牧師
ビショップ夫人　　　　三浦徹　牧師

M・T・トゥルー　桜井女学校　　小方千之助　牧師
中上川《なかみがわ》彦次郎　　手塚新　牧師
中川嘉平　　石塚亀治
長谷川誠三　　生江《なまえ》孝之
留岡幸助　家庭学校　　津田仙　農学者

一八九二（明治二五）年四月四日、本郷は栃木県那須野原青木開墾地（現在の西那須野町三島）に四町五反分の土地を得、七〇名も収容する孤児院施設「暁星園」を開設した。本郷定次郎が長谷川誠三と知り合ったきっかけは、メソジスト教会の相原英賢牧師の紹介だったらしい。

暁星園の開設趣旨を見てみると、長谷川誠三に宛てた文書の中に、「育児暁星園要則」がある。「第一目的、天下無告の孤児を救済し其父母に代りて養育するを目的とす。第二入院　六歳以上十二歳以下とし何国を問わず幾名似ても入園を許す。第三教育　児女既に一定の年齢に至れば昼間は実業に従事せしめて自活の道に進め夜間は文学技芸を学ばしむ。第四維持　天父の冥助と園内各自の労働と天下有志者の義援金品とに由り維持拡張す[4]」

この園は孤児救済を目的とし一定の年齢に達すれば実業に就かせ、一人前の人間として社会に送り出す役割を果たすのがねらいである。その思想的基盤はキリスト教で、折からの産業資本主義成立にあたって生み出された貧困層の労働者の子弟を父母に代わって養育する事業であった。この那須野に孤児院を設立するにあたって、誠三が相当の資金を出した様子がある。那須野の南東はいくつかの湧泉があるので、早くから開けていたが、暁星園がある場所は開発が遅れていた。現在は水田化が進み、那須野は栃木県下でも有数の稲作地になっている[5]。しかし、当時は畑が多く、生産物は穀物、雑穀、陸稲、たばこ、牧馬が中心であった。那須野には大山巌元帥の墓や乃木神社がある。また乃木希典の別邸があったところとしても有名である。

那須野に居を構えて四か月、一八九二（明治二五）年四月二四日、横井時雄牧師が来園して洗礼式が行なわれた。「横井君去月二四日第一上野発の列車に出立那須野原が青木子爵の開墾場に立ち寄り当夜本郷定次郎氏の暁星園に洗礼式を執行せられたり青木子爵の開墾に従事する竹迫三宅荒木等の諸氏を始氏等もあり」(6)。本郷の母、弟など七人が洗礼を受け、暁星園は一つのキリスト教信仰に基づく村をめざす園として走り出した。青木子爵はキリスト教に対して寛容な態度をとっていた。しかし、子爵がヨーロッパに赴くや否や急変した。開墾場の管理人は日曜日に礼拝を守ることを嫌悪した。さらに受洗した雇人を放逐し、キリスト教徒に横暴極まりない迫害を加えたのである(7)。

そこで同年一二月、同じ那須野にある三島開墾地に移らざるを得なかった。いかに当時の農村社会がキリスト教に対して厳しくあたっていたかが分かる。農村では伝統的な規範や習俗が農村共同体を維持するのに重要なものになっている。農夫たちが毎日曜日ごとに礼拝に出席することには困難がつきまとう。経済的に地主に支配されている小作人にとってはなおさらのことである。またキリシタン禁制が長く続いた社会のもとでは、農民たちに染み付いた拒絶反応がキリスト教への嫌がらせ、圧迫、弾圧へとつながっていった。農村でキリスト教を受け入れたのは、経済的に自立できた中産的自作農か地主層を中心とする村の上層に限定されたのである。

三島に移転した暁星園の場所は、東北本線の西那須野駅のすぐ北を横切る会津街道に沿うところの北側にあり、駅から数キロの三島という場所であった。園には、耕すための牛馬、機械もなかった。しかも幼弱者を抱えての開墾と耕作であったので、園の大家族を養うには食糧が不足することしばしばであった。園の財政をみると、毎月の収入は「定額一八円」あるのみ、支出のほうは五〇名の食費だけでも最低四五円が必要であった。毎月赤字の有様で、児童と農作業しても園の食料を賄うことは到底無理であった。本郷は園経営の労苦と極度の疲労から肺結核を宣告され、やむを得ず赤坂病院に入院、恩師ホイットニーの世話になった。病気回復後、社会事業視察のため六か月間にわたって渡米、多額の寄付金を得て帰朝、引き続き那須野で園の経営にあたったが、農園が水害に遭い計画通り進まなくなった(8)。

そこで園経営の財源確保と孤児の自立を兼ねて商業部を神田美土代町に、あるいは横浜に分院を設け事業の立て直しを図ることになった。その資金を得るために何人かの人に援助を仰いでいる。メソジスト教会の牧師相原英賢の紹介で本郷が長谷川に手紙を書いている。

資金二三百円子爵三島弥太郎氏へ拝借願出候処此度御令嬢御婚礼ニテ非常ニ御多忙御物費ニテ今シバラク後ニ致呉ヨトノヿニ付ハナハタ申上兼ね候へ共百円ニテモ二百円ニテモ商業部資金ノ為メニ左ノ方法ニテ拝借願ハレ（中略）本年中ハ据置キノ事明年一月ヨリ毎月其十分一ツヽ（百円ナレバ十円宛二百円ナレバ廿円宛）十ケ月賦ニ御返納可候事本園ハ幸ニ他ニ少シモ負債ナシ此れ金モ品物ヲジカニ買求メ毎日売上ノ半分ヲ積ミテ将来ノ事業拡張費ニ充ツル目的ニシテ其元金ニ手ヲ附ケタル事ハ一切致サヾル考ニ御座候(9)

本郷は三島弥太郎に借り入れを申し入れたが、あいにく娘の婚礼のため難しく、長谷川誠三に申し入れをしている。幸いにも、長谷川誠三は承諾して直ちに二百円を用立てたようである。これ以後、本郷は長谷川に園の経営状態を逐一伝え、長谷川も彼の熱烈な信仰に裏づけられた生きざまを見て彼の事業の援助者になっていくのである。明治三〇年一二月の「育児園商業部開店ニ付謹告」という長谷川誠三に送られた手紙に付けられた文書によれば、栃木県那須野原大字三島の他に東京神田区美土代町三丁目一番地に商業部を置いて薪炭類、石油、シャボン日用品を販売し、園生の自立と園の財政を支えようと試みている。

育児園商業部開店ニ付謹告

野州上州産　各製造元
一、薪炭類各種　特約勉強
一、石油
一、小林富次郎氏謹製　販売
シャボン歯磨
一、紙控琴並に楽器、楽譜等　其他日用諸品御用に応ず

拝啓各位天恩之中に益恩満福奉大賀候陳者本園は皆様之既に御承知被下候通り天下最も憐れなる無告の孤児及び赤貧の児女を救済し其父母に代り養育する事茲に七年其間実に云うべからざる種々の大試練大困難に遭遇せしも幸に優渥なる天祐を蒙り又天下慈善家各位の厚き御賛助に由り漸く今日に至り其養育せし者百三十余名に及び今尚四十余名の一家族を為して那須野に現存す然るに当時諸物価騰貴致し園の財政非常の困難を訴え既に多くの負債を為すに至れり実に身の不信不能を嘆き前途の維持に就いて種々苦心之折柄偶々一夕年長孤児一同に告げ園の現況を明し父と共に神の御救助を祈るべきを以てせしに年長児共に相謀り今日迄の恩に酬ゆるは此時なり我等は父の命に従ひ業を選ばず何なりとも為して一は父の心を慰め本園維持の為には死するも厭わずと決心せり嗚呼其健気なる志（以下略）

明治三十年十二月　園長　本郷定次郎(10)

しかし、この商業部開店はアイデアとしては良かったが、そう簡単に営業が成り立って発展していくものではなかった。翌年になると園は一〇〇〇円の資金融通が見られなければ自立できないと訴えている。折からの物価騰貴も重なって、園そのものを維持するのが困難であること、よい医者がいないこと、また教会がないため物心両面で、とりわけ精神的な意味での教会援助が得られないことなど園の経営の窮状を訴えている。

拝啓豫而御恩借之金　寛大なる月賦返納にまで願上置夫すら世処事情之為に滞納仕り重に申訳無之平ニ御免可被下候何分資金なくして此大家族を支ふる事家族之事に非ざるも主の御導に従ひ東京ニ罷出此地ニ商業部を開設致し処苦戦啻ならず不幸にも昨冬以来之過労一時ニ変し遂に倒れて漸く禱中ニ静養致し斯く尚延納に相成□次第乍然商業部は確かに主の御導にて大なる御祝福ニ預り先ツ十分之成算相立ち然ニ付此事は御喜可被下候曾て怠納致居□□中々誠ニ申訳無之□候共今月ハ是非如何ニ工夫致し候ても五十円だけは必ず上納仕候ニ付今月の処は何等是にて御寛弁□下度偏ニ奉懇願候

東京商業部は僅かに六銭八厘にて起り遂に只今の家ニ移り五十円の雑作を買ひ八十円の納家を造り又家主ヨリ是非買フカ他人ニ譲ルカト強迫ニ遭い三島家の助を希ふて二百弐拾円ニて買求め申候まで運び行き申候其間僅かニ六ケ月其苦戦御憐察被下度候　営業は幸ニ近辺ニ得意殖へ擴リ此分ニテハ当冬は一ヶ月千円の営業を為す事過去ニ照して難からずと確信居候

本園も先般不図　皇后陛下より若干の御恩寵を忝ふし神恩之優□なる事霊奮し其金を基として園の基礎を相固め申度□存じ御有志の御賛助を希ひ候処幸ニ三島家は家賃の中へ百十三円の御寄附下され候旨御内命も何ら又豫て本園を久□御助け下され故森田リセ恩母の遺言なりとて基本金へ五十円の御恵贈も何ら其他続々時節柄ニ不拘主は大いなる御憐を賜り卑僕の生存中ニ此園の基礎を固むる事を許し幼児の為ニ那須野ニ楽しき庭を作り卑僕をして不遠幼児と共に其楽しき庭に安静に保育の任を熟させ玉ふ事と今より楽し励みに申居候願くば卑僕の不信不義の罪を許し御憐を以て朝夕御熱禱ニ御加へ下され候何卒本園事業と薄弱なる卑僕及孤群の為に御憐を賜り度伏而奉御勘弁候

六月十八日

本郷定次郎拝

長谷川誠三様(11)

本郷は長谷川誠三に暁星園の状況を伝え、商業部開設や学園の経営状況を事細かに報告している。開設に当たり、厳しい暁星園の経営状況の中で、三島家の助けを借りて二二〇円で買い求め、皇后陛下より若干の御恩寵を受け、三島家から一二三円の寄付を与えられ、故森田リセの遺言で五〇円を賜った。

このように暁星園の経営は寄付と事業によって賄われたが、事業の収益は期待できなかったので、新聞で経営の厳しさを訴え、講演会や慈善音楽会などを通して募金活動を行ない、強力なスポンサーを見つけるために様々な人を介して援助者を探し求めた。この種のスポンサーの一人が長谷川誠三であった。

次の手紙は、園の現状を訴え、本郷の信仰と思いを伝える書簡なので掲げることにした。本郷は長谷川に手紙を頻繁に出したと思われるが、その手紙は本郷の信仰が表れた文面になっている。

謹呈主の聖名ニ由り御光冠を賜ふ難有奉感謝候一昨日ハご繁忙の御中、突然昇館仕り御無理なる願事致し奉候恐入り何度不悪御恩給下奉上候実ニ此度ハ本園之興廃小生等僕婢之身体生死ノ岐路強体強命と言ふ場合にて丁度エリヤがエホバよ願くは今我が命を汝の手に配り玉へと祈りなりし時の如く実ニ事業苦難の為に此世ニ生存して孤児業に困苦を與へ延びて世の中に主の御栄光を汚さんため哉寧ろ血戦断食熱禱死して将来の孤児院の基礎を立てん哉その二道の外無之おめおめ生存して信定まらずして父たる監督たる其任を尽す能ハず孤児等之不満足を與へツヽ何よりも寧ろ死を以て将来事業の柱台とならん哉など心狭り申候実ニ今日迄の涙苦事は人之を知るも未だ不幸にして真正の孤児院事業の真味を思ひモーセニ於けるアロンダビデニ於けるヨナタンの如く実に真の友たるに非ざれば他の事業と大ニ異なり到底只一個人の為し能ふ事に何らあらず実に今日迄七年間其友なきにあらず主は其時々祈りに答え玉ふて真の友を與へて助けさせ玉へり疲へたる時は是を支へ心の餓えたる時はマナを與へ玉ふて苦しみの時の真の同情の支えとして真に神の御用にして喜んで快く尽くし玉ひし恩人なりしも其恩人ビショップ夫人ハ帰米せられミセッスルー中上川虎次郎母君中川嘉平君等ハ既ニ永眠せられ天国に在られ常に御慕ひ申上居候実に同君等ハ弱き小生を助け玉ふて御自子の如く思召され苦しみの時に病の時と御光冠を賜り此事実ニ常ならざりし(12)（後略）

一八九七年（明治三〇）年一〇月二一日付の長谷川誠三宛書簡をみると、一〇月一一日に青森においてと書かれているので、本郷が青森まで出かけたことが分かる。文面は「突然昇館仕り」となっているので、本郷が長谷川誠三の自宅まで出向いたのである。青森県の長谷川を訪れているということは、園再生のために頼りになる長谷川に相談に乗ってもらい、園経営の実情を述べて今後の方向性と援助を仰ぐのが目的であった。先の文面に「五十円だけは必ず上納」したいと言いながら、今回はご勘弁頂きたいと言っているように、表向きは借用しているように見えるが、園の財政から考えて返済をするということは無理で、長谷川も寄付のつもりで本郷に渡しているので、返済してもらうということは考えていなかったと思われる。本郷は、この七か月後に亡くなっていることを考えると、今後のことを考えて長谷川誠三にいろいろなことを相談したものと思われる。また、同年一〇月二〇日、本郷定次郎が藤崎を訪れたので長谷川誠三は藤崎教会において、那須野にある孤児院「暁星園」を支援するために園の様子を伝える講演会を行ない、幻燈会を開き出席者が園経営のための献金をした。

本郷は祈りの人だった。長谷川誠三宛書簡の行間からにじみ出る信仰は熱烈なものがあった。「寧ろ血戦断食熱禱死して将来の孤児院の基礎を立てん」との勢いで、つねに原野で半夜の祈りをささげたという。誠三はこの人の信仰にしばしたじろぎ、この人の事業を生かすために園経営の支えとなった。この事業を始めたのが一八八八（明治二一）年、逓信省を辞めて約一〇年間この事業に専心してきたが、「到底只一個人の為し能ふ事に何らあらず」と個人で進めることの限界を感じつつ、様々な人の支援を仰いで続けてきた。さらに続けて妻も自分も健康を害し、暁星園の今後を考えたときに子どもたちの将来をどのように導けばよいのかを切々と訴えている。

一昨夜講壇上に御話申上候節も咳の頻発する如く寒し地にてハ呼吸も窒息せられ実に苦しき候共如何せん今や寒天の臨み孤児ハ衣薄く又枕具に乏しく楽しく安眠を与ふる能ハざる日身一体の妻ハ今日迄共に餅渇を分ちて能く身を殺し寒来るも綿入れを着る能ハず本事業の為に小生を助けて主に事へし主より與へられし最愛の妻ハ今重病に臥して温き手を以て看護を待ちつゝあるも如何せん断腸の大試練は来り（中略）何卒希くは厳重にも御憐察を賜ふて今此死の躰より主の聖名に由り救ひ玉はん事を伏して奉哀願候然らば再び甦りたる如く生命を得て尚此世に生存する間に於て壮きて鷲の如く強く勇ましく働く事を得商業部は開かれ小児は食を供へられ妻は病の床に安慰を得て将来の望みを繋ぎ卑僕は力を以て其任に励む事を得べし（中略）卑僕ハ確信仕り主は確かに尊君の御心へ聖霊を送り此事業を助けさせ玉ふ事を確信す尊君にして願意御一諾成下卑僕をして一意専心財政後顧の憂なく教化教導に尽くさしめ玉ふて尊君をして助しめ玉はり今二三年の後ハ必ず十分二事業も発達し謹みて主の御栄光を顕す御器と成り得べしと既往ニ徴して確信致し願くハ幾重にも御恐察を賜ふて小生を御子の一人と思召賜り提けて主御用に事へさせ玉はん事を勿論以後は必ず主の御旨に由り決して御恵に馴れず忠実に御尽力に臨ひん事に誓ひ可申上候此度偶然参上致し白鳥氏より種々御考への旨相□候事を承り候時に不思議感じ候事は王の傍人が馬車にて道を行く時聖主を開き見て居りし時主はピリポを遣して其教えを説きバプテスマを施させ玉ふ如く準備為しつゝある時に主は御使いを遣し如く嗚呼其御考えのありし時に主は小生を遣し玉ひし哉実に此御導きハ深き御旨の存する所と深く御摂理を感謝したる次第に御座候由て小生は疑はず信じ此體を以て如何に進めば又数十年を費す事なれば其間に於て万一吾妻の事変等ありし場合には妻は勿論安んじて主の御手に任して逝くべきハ信じるも一時弁へなき児供等に迷ふ事と存じ候ニ付神の聖旨は必ず尊君をして助けさせ玉ふと信じて今日帰園致し貴命を待つ予に相決し申候願く

は御熟考之上何卒主の聖旨に由り御憐察御憐助を玉ふて此大試練断腸苦難の場合より小生等孤児之群を御救い上げ候度此段幾重幾重にも伏而主之由て奉懇願候先は真情迫り心の侭を現はし失礼を不顧奉申上候右御願用迄拝願　頓首拝具

十月十一日　於　青森　本郷定次郎

長谷川誠三大君(13)

本郷は、この手紙の余白に追伸の形で、「貧しき者を憐れむはエホバに貸すなりエホバ之を償ひ玉はん」と書き添え、一日も早く返事をお願いしたいと書いている。藁をもつかむ思いで手紙をしたため、園の再生のために必死に支援を仰ぐ姿が痛いほど伝わってくる手紙となっている。

本郷は青森滞在中の一〇月二九日、藤崎教会を訪問。「那須野原暁星園長本郷定次郎来りて、此夜孤児院幻燈会を開く」という記述が『藤崎美以教会記事録』にある。本郷が教会において幻燈会を通して暁星園の現状を訴えた記録を見ることができる。本郷が何日間青森に滞在したか分からないが、弘前教会や他の教会を廻って暁星園の現状を訴えたものと考えられる。と同時に当然寄付の訴えをしたと思われる。

次に本郷が長谷川に出した書簡は、前述の明治三一年六月一八日付の書簡のあとに出されたものと思われるが、長谷川に以下のような書簡を届けている。那須野と神田の商業部を残すが、幼稚部と女子部を仙台に移すということを告げている手紙を受け取った。その理由は、教育の面で教育者を得ることが困難であること、衛生上並びに良医がいないこと、教会がないため「心霊上大なる危険」と捉え、キリスト教精神に基づく施設を運営するという点から問題があるとし、また園そのものを維持するのが困難と結論づけている。

一　将来本園事業が神之御栄光ヲ顕スベキコトノ方針ニ就而商議員タランコトヲ願フコト

一　本園財産ノ保管方ヲ願上事業維持拡張必要ノ場合ニ於而資金之御流用ヲ希フコト
但シ財産ハ土地四丁五反歩　林檎　機織器械等家屋大小凡五棟　桑
此財産ニ対シ幸ニ千円迄御流通願フコトヲ得バ自活ノ道ヲ立チ得ベキ考ニ御座候事
一　孤児院之将来ニ就テハ農業部商業部ノ一部及感化部ヲ那須野ニ残シ置キ幼稚部及女子部ヲ仙台に移スコト
但シ　一教育上教育者其人ヲ得ルニ致難ナル為メ
　一衛生上並ニ病気之際良医ナキ為メ
一　教会ナキガ為メニ心霊上大ナル危険ノ為メ
一　維持困難ナル為メ
一　拡張ノ上ニ於テ萬事御商議之上熱禱之上神之聖旨ト互ニ教ヘラル丶処ニ由テ進ムコト(14)

本郷定次郎は体調を顧みず、いや健康を顧みる余裕などなかったといった方が本当かも知れない。無理をして奔走したこともあって肺結核を患った。赤坂病院に入院して回復してきたときもあったが、多年病んでいた肺結核は依然として良くならず、息もたえだえに働くようなありさまとなり、惜しくも一八九九（明治三二）年五月一八日召天、三四歳であった。この時藤崎教会では、暁星園本郷定次郎園長の死去に際し、教会より二円と長谷川誠三と佐藤勝三郎の出金を加えて、同年六月四日送金するとの記録を見ることができる。その後夫人が継いだが、不幸にも肺病のため一九〇〇（明治三三）年八月三一日、二六歳の若さで亡くなった。暁星園は、その後夫妻と親交のあった横浜婦人矯風会会長の角倉《かどくら》嵯峨子の継ぐところとなり、那須野や神田の商業部を整理し、一八九九（明治三二）年五月二〇日、横浜孤児院と改称、横浜のスラム街があった南太田町に貧困の孤児を収容し、救済にあたった。こうして本郷定次郎は、犠牲多い生涯のうちに福祉事業を続けたが、ついにその志は成就しなかった。一九〇〇（明治三三）年七月、児童の増加に伴い財団法人に改組、横浜の南太田庚耕地八〇〇坪を無料で借り受け、新院舎を建設、翌年六月渡辺たま子を院長に据えた。渡辺は横浜財界有力者夫人で社会事業に理解があった。戦後、横浜孤児院は名称を変更して三春園となり、その後一九六六（昭和四一）年横浜市南区三春台にあった三春園と金沢区富岡の現在地にあった富岡学園が合併して横浜市三春学園が開設され、一九九〇（平成二）年、園舎を改築し現在に至っている。紆余曲折を経ながらも、現在横浜市の児童養護施設として続いていることを思う時に、児童福祉事業の陰に本郷のような働きがあったことを心に刻みたいものである。(15)

第二節　本間俊平と長谷川誠三

感化教育に勤しむ本間俊平

一八九九（明治三二）年という年は長谷川誠三にとって大変な年であった。この年の夏に赤痢の蔓延に巻き込まれ、赤痢に罹ってしまった。前年には彼は弘前商業銀行が経営難に陥るや、この立て直しをはかった。またこの年は文部省訓令一二号が出た年で、弘前女学校校地の他、創業期の藤崎銀行の経営に疲れることを知らず仕事にあたった。しかも、一八九七（明治三〇）年一一月には父定七郎が死亡し、精神的にも体力的にも弱っている時であった。折からの赤痢の蔓延は大変なもので、一八九九年の全国赤痢死亡者は二万三〇〇〇人、青森県下でも患者一万六三六六人、うち死亡者二七九〇人と猛威をふるった。さすがに強健の誠三も赤痢の感染には、ほとほとまいったらしい。はじめは食欲がなく、大したことではないと思っていたが、そのうちに寒気をもよおし、熱が急に上がって発熱状態が続き、同時に腹痛と下痢が起こり、口が渇き虚脱状態となり、見るからに頬がげっそりと落ちてしまった。しかし、早期発見と治療に専念、持ち前の丈夫な体でどうやら回復することができた。

この年は彼の銀婚式にあたり、赤痢から解放されて、感謝に満ちた心で妻いそと結婚二五周年を祝い、その喜びを記念して藤崎町に金貨一二〇円を寄付したと言われる。

長谷川誠三は、この頃勤労しつつ感化教育に勤しむ本間俊平なる人物と出会った。本間俊平は、一八七三（明治六）年八月一五日、現新潟県西蒲原郡岩室村大字間瀬に父孫四郎、母ジョン（本間彦蔵二女）の長男として生まれた。彼は大工の徒弟として働き、一八歳の春、押川方義、植村正久らのキリスト教演説会を妨害するも、一八九六（明治二九）年、大倉組横浜出張所へ転勤した時奥江清之助と出会い、キリスト教へと導かれ、九七年一一月七日霊南坂教会において留岡幸助《とめおかこうすけ》牧師より受洗した。留岡は二二歳で同志社神学校に入学、新島襄の薫陶を受け、「神は光りなり、光りは暗きを照らす」の「暗き」は実に遊郭と監獄であると考えて、英国で最初の監獄改革運動家の『ジョン・ハワード伝』を読むに至り、これからの進むべき道は監獄改良にあると決心したという[16]。本間俊平が最も影響を受けたのは留岡幸助で、彼に倣って出獄人を自宅に引き取って世話をした。そして留岡から依頼されて出獄人を自分の仕事場で雇っていたことが原因で、九八年五月、大倉組を解雇された。

そこで陸軍省嘱託（第八師団建築技師）となり、仙台、弘前の兵営建築に従事、翌年弘前に在勤、一九〇二（明治三五）年二九歳の時赤坂離宮造営のため山口県の大理石山を視察、これを機に退職して秋吉に移住、大理石発掘の経営に従事する傍ら出獄人や不良少年を世話し、彼らに勤労の喜びを与えつつ感化教育に専念し、「秋吉台の聖者」と言われた。彼のもとには山口から学生や青年がよく集まった。そのなかには友愛会創始者鈴木文治、明治学院長矢野貫城《つらき》、鉄道弘済会理事遊佐《ゆさ》敏彦、玉川学園の創立者小原国芳《おばらくによし》らがおり、本間の影響を受けて育った。長谷川は父定七郎の死去後、長谷川家の墓碑を建てたが、その大理石は本間俊平から取り寄せたものであったとされている。

長谷川誠三と本間俊平との出会いは、俊平が陸軍省嘱託として、一八九八（明治三一）年から一九〇〇（明治三三）年にかけて、弘前の兵営建設工事に当たった時であったと考えられる。誠三は藤崎教会の中核的存在であ業式が行なわれた時に、本間俊平が第八師団建築技師として臨席し祝辞を述べている。それは次の通りである。
いた。このように長谷川と親しくなって行くなかで、一八九九（明治三二）年三月二四日、弘前女学校第四回卒
七（明治三〇）年七月から主任牧師が山鹿元次郎から中田久吉に代わり、一九〇〇（明治三三）年まで牧会して
三としばしば会って信仰を高めあい、俊平は日曜日には弘前教会の礼拝に出席していた。弘前教会では、一八九
あったが、熱血漢の俊平に心動かされ、信仰的に励まされたところがあった。本間俊平は弘前在留中、長谷川誠
ると同時に、弘前女学校の校主であった関係から接触があったものと思われる。誠三の方が歳も信仰歴も先輩で

国家の文明社会の福祉をして益発達進歩せしむるものは妻となり母となるもの丶教育より急且要なるはなし我国安政六年英米両国との条約成り四港を開きて泰西の文物を輸入し始めて茲に数十年　皇天の祝福豊かにして国運偉大なる進歩をなしたりと雖も翻て其真文明の基礎其人間品性の淵源なる家庭を顧みれば実に悵然たるものなくんばあらず

本校は文芸の深淵最高学府にあらずと雖とも女子たるもの丶如何にせば真善なる婦徳を発揮し円満なる家庭を造り出すを得べきかの重要なる問題に就きては能く是に答へ能く其実を示すの燈明台たるは敢て人後に立たざる所深く不肖の信ずる所なり

今諸子は懇篤なる校長と親切周到なる教員諸君の薫陶に依り多年淬励の結果茲に最も喜ぶべき最も貴重なる證書を領するの栄を得是独り本校の名誉諸子の名誉のみならず軍事上枢要の地とせられたる弘前地方の名誉に止らず実に我帝国の面目なり不肖深く欣喜に堪へず況や諸子に於てをや今日以後諸子は進んで学海の蘊奥を探り或は家庭枢要の業に従はんとす諸子の敢て小成に安せず不撓の志を持し拮据経営一大旭光を発揮するは信じて疑はざる所なり然り而して社会が諸子に待望む所は聴かんとする所は啻に学術のみならず高尚純良なる操行徳性を発揮し以て人道の模範となり得る父なる神の恵愛なりとす此喜ぶべき好機に際し更に一段

の決心を固持せられたるは不肖の深く信ずる所又諸子の能くせらるヽ所なるべし
仰翼くは皇天の祝福本校の上に豊にして彌栄へ諸子が前途遼遠なる上に特殊の祝福のあらんことを今光栄の席を汚すの幸を得喜悦の余り一言を以て諸子の栄を祝す

主降世千八百九十九年三月二十四日

本間俊平　謹述(17)

第八師団弘前建築技師本間俊平は二六歳、前述のように一八九七年一一月に留岡幸助牧師より受洗して二年足らずで、信仰に燃えている時であった。この弘前女学校での祝辞に見られるように、本間はこれ以後いろいろな場で講演や証しをしていくのである。その意味では長谷川が本間に対し、卒業式の祝辞を依頼したということは、それ以後の本間の足取りを考えた場合、本間にとって一つの分岐点になる、よい機会が与えられたとみることができる。

本間俊平は弘前での二年間の勤めを終え、茨城県加波山麓《かばさんろく》に、そして山口県秋吉台へと赴き長門大理石採掘所を経営していくが、その後も誠三と手紙のやり取りがあり、信仰の友として親交が続いた。三吉明の『本間俊平傳』によると秋吉台に移った頃の記述に次のような話がある。

税金が六百円、一年の収入は五十五円という状態が二、三年もつづいた。しかも彼の下には、各地から多くの青年がおくられてきた。世に容れられない人々にとって、そこは求道の道場、魂の修練場であった。深い迷いの雲にとざされて、世と人とに見捨てられ、人生の道をふみあやまって、まったく世と交わりをたち新しい道を求める人たちである。まだ半年もたたないのに、彼のもとには四十人の若者がいた。そのため妻ツキ（次子）は一日中飯炊きばかりしていた。持っていた僅かばかりのものも、聖書だけ残して、何もかも

岡山へもっていって売りはらった。そして米をかった。箪笥の中には底しきに古新聞が二三枚のこっているだけである。(18)

一九〇二（明治三五）年頃と考えられるが、本間俊平から長谷川誠三に宛てて出された手紙で、二九日とだけ記され年月が書かれていない書簡がある。

製図の上更に御芳意致点澤山有之次第許蜜可申所御免　二九日(19)
金七拾五円小切手知人之学書拝受色々御親切奉感謝候
長谷川様　　俊平

大変短い手紙で七五円を借り受けているのを見ることができるが、本間は度々長谷川に金銭的な援助を仰いでいたことが推察できる。このように秋吉台の経営は火の車で明日の食を得られるかどうかという状態であった。次の手紙は、さらに百円を貸与してほしいというもので、その頃の経営状態が分かる長谷川誠三に宛てたものである。一九〇五（明治三八）年三月二四日付の誠三宛の手紙である。

拝啓先日は御親切なる御懇書被下通御厚意深謝候貴方之御便りは小生に取っては百万之援軍を得たる心地致し申候御親切に喜ぶと共に弘前岩木山麓を思ひ出し同時にいと高き天父の聖前に連り或喜ぶ置候然し□□是下今東名古屋中田久氏の未亡人より来す今や大勢の子供と共に彼ハ心細き位置に立ちつゝあり如何にも気毒千萬小生は目今事業困難中に多くの可憐なる人の子を養育しありて彼を救ふ能ハざるは貴城千萬に候何卒彼の為に一片の御祈偏に奉願上候賢□是足下改り御無礼なるも小生に来月二十五日迄に金壱百円を御貸与願ハ

れ間敷哉小生は他より資本を仰がず只天父のみに頼りて遂行せんと望未今日迄一種の負債を仰がず□□致来候も仕事を先方に送りて其代金を回収するまで不良少年出獄の兄弟等を鍛えしむること重ねて□□気毒に□□御願申上下何卒御聴許被下候□□□□様奉願上仕候早々

敬具

二十四日夕　　俊平

長谷川誠三様[20]

本間俊平は出獄者や不良少年を雇い、仕事を通して更生させる気の長い忍耐を要する事業を行なっていた。秋吉台における仕事が軌道に乗る契機となったのは、芝浦製作所と取引するようになったことにある。一九〇六（明治三九）年一〇月に初めて芝浦製作所を訪問し、やがて一九一二（大正元）年に一〇周年を迎え、翌年から芝浦製作所の配電盤に使う大理石を本間の長門大理石採掘所が受注することから経営が安定していった。それまでの一〇年間は、信用を一番大事にして仕事をしていった大変な時期のなかにあったのである。そのような状況において、本間は困難な事業の事情や悩みを長谷川に相談するため藤崎を訪れることがしばしばであった。その結果、事業の経営に当たり、長谷川に資金の融資を依頼したのである。このほかにも本間が資金の融通を依頼しているのを手紙から見ることができる。一九〇六（明治三九）年五月二九日付の長谷川誠三宛書簡をみると、「金七拾五円小切手知人之学書拝受」という記述を見ることができる。この手紙から分かることは、俊平が知人から小切手を受け取ったことを長谷川に伝えているもので、経営が順調に走り出したことを伝えたものと思われる[21]。

遊佐敏彦の『本間俊平伝』によると、俊平の信仰は、「彼の労働生活から体得されたもので、きわめて実践的である。信仰即実行であった」という。彼の信仰は生活がにじみ出た実践が伴ったものであった。熱弁をふるう彼の気概に誰しも圧倒され、さすがの誠三も熱血漢の彼の信仰に心動かされる経験をし、共鳴するものがあった

と思われる。(22)

前述の如く、本間俊平が秋吉台に入ったのは二九歳、その二〇年後彼は小菅《こすげ》監獄を訪問、一三〇〇人の囚人たちに講演を行なった。小菅監獄の所長は有馬四郎助で、この監獄は一三年以上の刑期を科せられた重罪者で三分の一は無期懲役または終身刑であった。講堂には、数十人の看守が厳重にその周囲を監視していた。重苦しい空気が漂っていた。本間が講壇の前方に進んだが、一言も話をしないで、卓を抱いて一言も発しないで時間が過ぎた。会場の空気が張り詰め、一瞬どうなるか聴衆が見つめる中で、両頬に涙が一滴落ちた後、話しはじめるのだった。

はじめて皆様にお目にかかり、私は大変はずかしく思います。私はまだかつて皆様のために、祈ったことがなかった。現在わが国で、諸君のために祈る親心のある者がないために、諸君はこのような境遇におちいられた。私ははずかしさに、話などとてもできない。諸君等に懺悔する。ここにこうして、皆様のおられるのは、本間の真心が至らなかったからです。まことに申し訳ないことをした。どうか許して下さい。これから一層注意して、親心を養うようにします。どうか諸君も、心を合わせて、この日本の社会を住み心地のよい所になるように、いたそうではありませんか。私はいつでも、門も戸も閉めずに、諸君を待っています。なんなりと相談にのりましょう。どうか心を入れ替えて、ここを立派な天国にして下さ

本間俊平（三吉明『キリスト者社会福祉事業家の足跡』より）

い。本間は秋吉の岩陰で祈っております。(23)

「私は皆さんのために祈ったことがなかった。皆さんがここにいるのは本間の責任である」。聞いている人たちは、他人が自分のために祈るということは聞いたことがなかった。シーンと張り詰めた空気が流れた。短い講演が終わった。本間はハンカチで目を押さえながら、席に戻った。四人の中には男泣きする者が見られる、そうした講演会であった。また松江の歯科医四方文吉《しかたぶんきち》の依頼により松江、米子に講演に行った。その時の講演集が『神の人本間俊平先生』という題で出版され、四万六〇〇〇部を売りつくしたという。(24)

注

(1) 本郷定次郎については、次の拙稿があるので参考にしてほしい。「明治期におけるキリスト教社会事業――本郷定次郎の育児暁星園」『相洋学窓　相洋中高等学校紀要』第六号、明徳学園、一九八八年。
(2) 『基督教新聞』四七三号、明治二五年八月一九日。
(3) 同右、四七〇号、明治二五年七月二九日。
(4) 「育児園商業部開店ニ付謹告」
(5) 『日本図誌大系』関東二、朝倉書店、一九七二年。
(6) 『基督教新聞』一七号、明治二五年八月一二日。
(7) 佐藤一誠『育児暁星園』警醒社、明治三一年、七七頁。
(8) 生江孝之『日本基督教社会事業史』教文館出版部、一九三一年、一五三頁。
(9) 明治三〇年一月一五日付本郷定次郎より長谷川誠三宛書簡。
(10) 本郷定次郎執筆「育児園商業部開店ニ付謹告」の文書（明治三〇年一二月付）。

(11) 明治三〇年六月一八日付本郷定次郎より長谷川誠三宛書簡。
(12) 明治三〇年一〇月二一日付本郷定次郎より長谷川誠三宛書簡。
(13) 明治三〇年一〇月一一日付本郷定次郎より長谷川誠三宛書簡。
(14) 本郷定次郎より長谷川誠三宛書簡（明治明治三一年六月一八日付書簡のあとに出された書簡）。
(15) 田中義郎『横浜社会事業風土記』神奈川新聞厚生文化事業団、一九七八年、四一―四三頁。
(16) 三吉明「本間俊平研究」『キリスト者社会事業家の足跡』金子書房、一九八四年、七七頁。
(17) 弘前女学校編『弘前女学校歴史』一九二七年、四九頁。
(18) 三吉明『本間俊平傳』新約書房、一九六二年、一二三頁―一二四頁。
(19) 明治三五年本間俊平より長谷川誠三宛書簡。
(20) 明治三八年三月二四日付本間俊平本郷定次郎より長谷川誠三宛書簡。
(21) 明治三九年五月二九日付本間俊平本郷定次郎より長谷川誠三宛書簡。
(22) 遊佐敏彦『本間俊平伝』教文館、一九六〇年。
(23) 三吉明『本間俊平傳』二一六―二一七頁。
(24) 三吉明「本間俊平研究」『キリスト者社会福祉事業の足跡』金子書房、一九八四年、八五頁。

第六章　事業家長谷川誠三

第一節　長谷川誠三が手がけた事業

長谷川誠三は、事業面での才覚がずば抜け、投機勘にも優れ「株の神様」と言われた。事業の基礎となる資産は父定七郎が残してくれたので、彼の経営手腕と相まって資産は貯まる一方であった。長谷川虎次郎著「故長谷川誠三翁」(1)と聞き取り調査によれば、誠三は能代川《のしろがわ》の支流岩瀬川と平川の上流の接点となる夏越《なつごし》の山腹にダムを建設、このダムによって津軽の南にある別名「弘前の上野」と呼ばれる、小沢から清水に至るなだらかな原野に水を注ぎ、水田開拓をするという遠大な計画を考えた。ちょうどその頃、一八九〇（明治二三）年田辺設計士による琵琶湖疏水《そすい》が五年の歳月を費やし、一二五万円の土木費をかけて完成した。殉職者一七名を出す難工事であったが、京都市民の飲料水と工業用水の確保、また日本最初の水力発電の利用をはかるなど、大土木工事として注目された事業であった。

長谷川誠三は琵琶湖疏水を調査するため、恩師藤田奚疑と山口俊助（のち藤崎村収入役）、小山伝六（蕎麦屋）の四人で琵琶湖まで出向き、約一週間野宿して調査、その技術に驚嘆させられたという。これは、長谷川誠三の息子長谷川愛之《あいし》と孫の長谷川亨《とおる》との聞き取り調査で聞いた話である。青森まで鉄道が開通したのは、一八九一（明治二四）年のことで、ちょうどその頃調査に赴いているので、鉄道で現地に行ったと考えられる。大八車に乗ったということなので、現地で購入して調査に使用したのではないかと思われる。帰省後、実施測量と工事の設計に取りかかり、村民の承諾を得るために奔走したが、村長との話し合いがうまく進まなかった。誠三の計画があまりにも先進的で、遠大であったがゆえに村長はその話の意図が理解できず、結局断念、ご破算となった。もしこの計画が成功していれば、津軽の農業に一大革新をもたらしたことは間違いない。また一八九二（明治二五）年、八甲田山北東にある田代平湿原の開墾を志し、九六（明治二九）年には実施に踏み切り、一九〇二（明治三五）年まで資本を投じたが、なにぶんにも未開拓の原野のうえ、また気候不順も重なったため工事が難航し、努力を重ねたが惜しくも失敗に終わった(2)。

藤崎は馬鈴薯の産地として有名になる。一九一八（大正七）年九月の『東奥日報』には、「東北一」と折り紙をつけた記事を見出すほどになる。それより以前、一八九五（明治二八）年加川弥吉が藤崎でジャガイモを使って「澱粉」を製造する会社を立ち上げる時、長谷川誠三の援助によって創業することができた。さらに地方物産の商取引に倉庫業が伴わないため、一九〇九（明治四二）年、長谷川は自ら進んで一大倉庫を建築、りんご、馬鈴薯等を倉入れし、資本を融通、県外出荷に貢献した。倉庫は、間口二〇間、奥行三〇間の広さで一〇棟ほどを建設した。屋根は銅板葺きで倉庫内には中央に太い丸柱があり、地面にはレールを敷きトロッコで生産物を運ぶ構造になっていた。このことによって農産物の流通に重要な役割を果たすことになったのである。また、一九一五（大正四）年には、従弟に当たる藤崎村の富谷元太郎に依頼して「七間に十八間百二十六坪の簡易冷蔵庫」を建設。りんごの生産拡大に対応するため試みたもので青森県で最初のことであった。

一八九四（明治二七）年に本多庸一の弟西館武雄が青森県上北郡有戸村にある雲雀牧場の場長に就任したが、九六（明治二九）年一月、西館は東奥義塾塾長への就任に伴い牧場から手を引き長谷川誠三に経営を託したと言われている。

『青森県人名大事典』には、「岩手県湯瀬温泉の観光開発、各地の鉱山開発を物色」と書かれている。この湯瀬《ゆぜ》温泉は秋田県と岩手県の県境、十和田湖の南五〇キロ、八幡平《はちまんたい》の北方三〇キロにあたり、川の瀬からも湯が湧くというほど湯量が多いことから「湯瀬」と名づけられたという。

長谷川誠三が建設した倉庫（2016年10月撮影）

付近一帯は、山と渓流に恵まれた温泉郷で、十和田・八幡平を探勝するのに格好の場所である。能代川の湯瀬渓谷に沿って、のんびりした温泉街が形成され、湯瀬温泉から八幡平小豆沢《あずきさわ》へ続く約四キロの湯瀬渓谷沿いに散策路が整備され、トレッキングを楽しめる。天狗橋から見下ろす米代川《よねしろがわ》や、獅子淵《ししぶち》や断崖の上の岩に生える姫子松など見所が多く、特に新緑と紅葉の時期が人気で、冬は近くにスキー場もある。

二〇一八年五月三〇日から六月一日にかけて、この地域に調査に行った。長谷川誠三が小坂鉱山の経営にタッチしたことは事実としてつかむことができた。鉱山業については後で述べるが、湯瀬温泉については疑問が残った。この地域は、現在は鹿角《かづの》市八幡平字湯瀬に当たる。鹿角市図書館において『鹿角市史』はもちろんのこと、市の図書館にある資料をくまなく調査、探索したが長谷川の名前を見出すことはできなかった。また湯瀬で生まれ『鹿角市史』の編纂にも関わった郷土史家の阿部正記氏に事前に連絡して調査を依頼した。しかし、どこにも長谷川誠三が湯瀬温泉の開発をしたということに一言も触れていないことが分かった。阿部氏によると、湯瀬温泉を開発していれば、どこかにそのことが出てくるはずで、どこにも出てこないということは、小坂鉱山を手がけた時に、近くの湯瀬温泉を長谷川が利用したことを推測することができるが、鉱山の開発が温泉開発の話に飛躍したのではないかと説明してくれた。

長谷川誠三は事業家として実力を遺憾なく発揮した。長谷川は青森県はもとより日本の産業界にも顔を出すほどの幅広い活動をした事業家であったということができる。そこで、ここでは長谷川が力を入れた事業として、比較的資料が残っている雲雀牧場と、株式会社組織による藤崎銀行の設立、それに小坂鉱山の経営について順を追って述べたい。また後段では、日本石油との関わりについても述べていきたい。

第二節　雲雀牧場の経営に乗り出す

雲雀牧場

明治政府は、外国の先進資本主義諸国の圧力に対抗するために、富国強兵、殖産興業を急速に推進することになった。封建制の解体によって生活の手段を失った青森県の士族は、版籍奉還当時、弘前、黒石、七戸《しちのへ》、八戸の各藩の合計三万一〇〇〇名、それに明治三年会津から移住してきた斗南《となみ》藩一万七〇〇〇名であった。そこで、殖産興業の方針として、農業における洋式農法の採用によって近代的生産への道を開こうとし、これに士族授産事業を結合させて広大な官有地を払い下げ、助成を惜しまなかった。その農政は大農経営を理想としたが、斗南藩旧士族の移住に見られるように困窮と苦闘の末事業は失敗、開拓集落は離散の憂き目にあった。『青森県農地改革史』(3)の「青森県牧場状況」によると、一八八〇（明治一三）年には一三の牧場があり、三〇〇〇町以上の牧場

1880年当時の青森県牧場状況

牧場名	所在地	創立年月日	面積（町）	飼育牛（頭）
小国牧場	三戸郡田子村	明治11年6月	533	216
表館牧場	上北郡尾駮村	明治11年6月	702	10
戸来牧場	三戸郡戸来村	明治11年6月	1321	243
淋代牧場	上北郡百石村	明治11年6月	3899	234
雲雀牧場	上北郡有戸村	明治11年7月	3296	352
大室牧場	下北郡田名部村	明治11年10月	3781	62
袰川牧場	下北郡川内村	明治11年10月	250	159
大平牧場	上北郡滝沢村	明治12年2月	940	199

青森県農地改革史編纂委員会『青森県農地改革史』1952年

が三か所あり、雲雀牧場は三二九六町を有し青森県で三番目に大きい三大牧場の一つであった。養牛が主体で、牝二五八頭、牡九四頭と、三大牧場の中で一番飼育牛が多かった。雲雀牧場は一八七八（明治一一）年一〇月、上北郡有戸村（現在の有戸地区）に士族授産事業の一環として設立された。飼畜は、はじめ養牛が主体であったが、欧化主義思想も食肉需要をもたらさず、当時の日本の食生活は肉を食す方向へと進展せず、そのために方向転換せざるを得なかった。一般的には、一八八二（明治一五）年から一八八六（明治一九）年頃までの不況に伴い、食肉の需要が見込まれず、軍馬の需要増大から種牡馬の移入をして軍馬育成へと進む傾向にあった。そこで、一八八三（明治一六）年、雲雀牧場では食肉牛飼育の行き詰まりを打開するため農商務省から綿羊二〇〇頭を取り寄せている。また綿羊の他に産馬への方向に転換していった。

『野辺地町史』(4)によれば、一八八〇（明治一三）年九月創立の頃の雲雀牧場会社の役員は、頭取野村治三郎、検査掛野坂勘右衛門、会計掛角鹿良右衛門、総代人角鹿忠四郎であった。一八九四（明治二七）年一一月二七日付『東奥日報』(5)には、「雲雀牧場の整理」と題する記事が載っている。「上北郡なる同場長として前八戸中学分校西館武雄氏は今回新たに就任したりと云ふ元来同場は本県に於ても有名の牧場なるにも拘はらず事務不整理なり」として、日を追って衰微の模様を呈し憂えていたが、本多庸一の弟西館武雄就任以来、鋭意熱心に改良を加えているという。そして本多庸一との関係から長谷川誠三が雲雀牧場に関係したと述べている。[6]「故長谷川誠三翁」の執筆者長谷川虎次郎は、明治二七年から誠三が関わったと記述しているので、西館武雄の登場とともに雲雀牧場に資本を入れ出したものと思われる。

「青森県と乃木将軍」

長谷川誠三の長女まつの婿長谷川英治が雲雀牧場の実際の管理を任されていたが、その英治が『うとう』に「本県と乃木将軍」と題して雲雀牧場のことを書いている。それによると、「雲雀牧場設立の動機は山田県令御赴任後、本県の不毛の功大なる土地に着眼し、前任地新潟県人を重にせし外、地元野辺地町有志を勧誘して牧場を目的に株式会社を以て創立しました。位置は野辺地町を去る三里の地点、即ち野辺地より木萌（二十戸）妙前（三戸）千草橋（七戸）有戸（四十戸）目越より田名部道に沿ふて東西二里南北三里の一画を以て、牧場として経営する事になりました」と記されている。[7]

牧畜は国家事業として推進されたが、急速に利益が上がるものでなく、日本人の食生活が変わらなければ難しい面もあったので、どの牧場も経営難に陥っていた。そうしたなかで雲雀牧場は、後に牧場経営を任された長谷川英治の記述には、「養父は一、二の人を除くの外株を全部買占めて後私は経営の任に当たり、事業の整理に懸りました」とあるように、西館武雄が場長に就任した時から資本を入れ、一八九六（明治二九）年一月に西館が東奥義塾塾長に転じたのを契機に完全に長谷川誠三に経営権が移ったものと考えられる。周囲には土塁または木柵を築造し、区域を明瞭にし動物の逸走を防いだ。同時に「馬四十頭、牛三百五十頭、綿羊五百頭を飼育し更に牛、馬、羊の改良を目的とし、下総三里塚御料牧場及北海道帝大農園より種牛を購入しました」とあるように、長谷川誠三に所有権が移ってから女婿の英治を牧場経営に当たらせて改革を行なっているのを見ることができる。

当時の雲雀牧場の様子を見ると、牧場の飼育は、五月上旬から秋まで放牧し、冬期間は種馬、種牛、綿羊は牧場内の牛舎や羊舎に入れて飼育、他は預けるようになっている。牧場内では事務所兼住宅、獣医宅、牧夫の家など八戸を数える。飼料は野生の草のほか、牧草、大根、人参、蕪、馬鈴薯を作って与え、牛馬の子は軍に軍馬及び繁殖用として売りさばき、羊は毎年初夏に毛を刈り、陸軍千住製絨所《せいじゅうしょ》（東京都荒川区にあった官営工場で被服生地を製造）に納めるとのこと。初夏からは牛馬羊の去勢、番号付けで忙しく、また全国から視察に来る同業者の対応にも当たった。晩秋から四月上旬までは、東風や西の強風がものすごいが、五月上旬からは雲雀のなき声、馬の嘶きで穏やかな時を迎える。

一八九六（明治二九）年一二月、乃木希典《まれすけ》将軍が台湾総督に着任の際、日清戦争当時戦場で乗用した「英号」を休ませるために雲雀牧場に下付した。英号は第一八代アメリカ合衆国大統領のグラントがもたらしたものだった。グラントは南北戦争で北軍を勝利に導いた将軍として米軍史に残る英雄である。一八七九（明治一二）年六月、グラントは国賓として日本を訪れた。名馬「グラント」を帝室へ献上した。英号はグラントを父とし、北海道七重御料牧場に産したのを乃木将軍が愛用した。「男爵乃木希典閣下御下付英号履歴書」によると、「英号、星鹿毛、身幹四尺九寸五分、明治二九年十一歳　一、明治十九年三月渡島国七重牧場産、父馬グラント」とある。日清戦争の際には大連の旅順で戦闘があった。その時、英号は次のような働きをしたことが「英号履歴書」に記されている。

一、明治二十八年四月金州ヲ経テ営城子旅順ニ至リ又金州ニ駐軍同九月ニ至ル、其間将軍台ニ於イテ馬糧缺乏水浸生大豆ヲ飼與シ、翌日行軍中腹痛ヲ発スルモ、翌朝ヨリ乗用ヲ缺カズ、蓋平攻撃ノ際、騎馬中臀部ニ銃擦過弾傷ヲ受ケタルモ三日後乗用スルヲ得タリ。又七里溝攻撃ノ際騎乗中左後左蹄ニ銃弾ヲ受ケ、五日ノ後引運動ニ支障ナシ、一週ノ後再ビ乗用シ得タリ。(8)

乃木希典

乃木希典は嘉永二年一一月一一日（一八四九年一二月二五日）、長州藩の支藩である長府藩の藩士・乃木希次（馬廻、八〇石）と壽子の三男として江戸麻布日ヶ窪の長府毛利侯上屋敷で生まれた。西南戦争の際、西郷隆盛の軍と政府軍として戦うが、軍旗を敵に奪われ、失態の責任を取り自殺を図るが未遂に終わる。殉死の際、遺書にこのことに触れ、「これまで機を得なかったが、今回覚悟が定まった」としている。一八七一（明治四）年陸軍少佐、八六年ドイツ留学、九四年日清戦争で旅順を陥落させる成果を上げた。日露戦争では、二〇三高地の激戦で五万九〇〇〇人の戦死傷者を出し、乃木はここで二人の息子も失った。周囲に勧められていた養子縁組を拒絶、乃木家断絶となった。一九〇七年（明治四〇）年から学習院院長を兼任していた。

一八九八（明治三一）年六月、乃木将軍は東京より雲雀牧場がある野辺地駅に下車、背広に中折れ帽にマントを着て英号を見に来た。青森県には、日本陸軍第八師団の歩兵第五連隊があった。一九〇二（明治三五）年一月、八甲田山の田代平に向かう雪中行軍において大量遭難した八甲田雪中行軍遭難事件で有名である。この連隊を訪問した際に、雲雀牧場に寄ったものなのか、それともはじめから愛馬を見に来たか分からないが、突然の来客に長谷川英治が驚いたことは確かである。はじめ長谷川英治も初対面の初老の紳士が誰だか分からなかった。縁先に腰を下ろしたので、どうぞと言って座敷に通そうとしたがなかなか応じない。ようやく招き入れたが、上座に就かず、やっと座布団に座った。

その時、当牧場ではいかなる種馬を使用しているかと問われたので、乃木将軍閣下から頂戴した馬を使用していると答えると、「左様か」とうなずかれた。その時、威厳に打たれたので失礼ですが、どなた様ですかと尋ねたところ、「そうそう忘れて居った」と懐から名刺を出した。見れば乃木将軍であったから初対面の挨拶と英号の下付を受けたことを感謝をもって答えた。牧夫に命じて庭先に英号を引き合わせた。将軍大いに喜び持参した菓子をポケットから取り出し、首をなでながら英号に与えた。英号は旧主人を知ってか首を垂れ喜んでいる様子であったという。さらに放牧中の牝母子を牧夫に命じて連れてきたところ、将軍再び喜び残余の菓子を牝母子に与えた。突然の来客であったので、何の準備もなかったが、羊を屠り、和洋料理を調え歓待し、数時間馬談に花を咲かせた。乃木は夕刻、土産に「瑪瑙《めのう》石」の玉を長谷川英治に与えた。長谷川英治は返礼として羊肉と野辺地の宝石「有戸石」を献じた後、乃木は車上の人となった。翌々日の『国民新聞』には、仙台ホテルにおいて乃木将軍と石黒子爵と落ち合った記事が掲載された。子爵が廊下で歩行中の談話の声を聞き、「乃木ではないか、いったい今頃何処より来たりしや」と問うと、「青森に孫を見に行って来た」と答えた。石黒が、「ハアー君には娘はいない筈であるが如何なる訳か」と反問すると、「馬の孫を見に行って来た」と告げ大笑いしたという。(9)

その後、一九〇〇(明治三三)年、長谷川英治宅で英号が産んだ牝馬を大切に飼育していたが、軽微だったが前足を負傷した。師団獣医に治療を依頼したところ、全治した。一九〇一(明治三四)年三月、東京青山赤坂乃木邸へ献納、将軍は「隼号」と命名、この四歳馬を調教師山島に預け調教させた。その時、「手作り之珍菓」を乃木夫妻に贈り、その返礼の手紙が乃木静子から送られている。それは次のような手紙であった。

御芳墨難有拝見致候扨見事成き御手作之珍菓
弐箱御指与被下難有御厚志之程深謝申上候
明日ハ遠路御苦労却て御迷惑候得共粗茶差上度
候ニ付午後四時ニ星ヶ岡茶寮へ御一同御乗車呉々

待入申候先ハ御債止まで　　不備

三月二十六日　　乃木静子

長谷川　おみつ様　仝　おまつ様　仝　おいそ様　仝　お寿ゑ様[10]

翌四月、寿ゑ、いそ、まつ、ミツなどが揃って上京、東京星ケ岡茶寮に将軍夫妻、男爵湯地海軍中将夫妻の招待を受け歓待されたという。隼号は日露戦争の時、出征し、旅順の戦場に斃《たお》れた。旅順の陥落・開城の後、乃木将軍とステッセル将軍の会見でステッセルは、「自分は敗軍の将として帰るには馬の必要もないが、閣下の凱旋には乗馬なければ不便であるから、余の乗馬に召《ママ》してくれ」と言って白馬を贈呈されたとのことである。長谷川英治は、丈夫そうに見えるロシア産の馬だが、「将軍の仰せられる如く隼より品位は劣って居りました」と述べている。その後、『乃木希典全集（中）』で同年一二月一九日（金）の箇所をみると、「長谷川英治ヨリ来書」との日記の記録を見ることができるので、乃木との交流があったと思われる[11]。

その後の雲雀牧場の足跡を辿ってみると、『青森県農地改革史』[12]によれば、大正末年には青森県の牧場は廣澤牧場、向山牧場、石山牧場の三か所だけになったと記述されている。二〇一八年五月、雲雀牧場があった場所にある青森県野辺地町立図書館に雲雀牧場について問い合わせをした。雲雀牧場は、一八七八（明治一一）年創設ののち、一九二六（大正一五）年に廃止とともに大蔵省の所管となった。したがって、経営母体としては残っていないが、現在野辺地の巫子沼周辺に七戸畜産農業協同組合が管理する「雲雀平放牧場」がある。長谷川誠三が経営に関わっていた経営母体が引き継がれて現在に至ったものではないが、敷地の一部は現存しているという調査結果をもらっている。

第三節　藤崎銀行

藤崎銀行開業

藤崎銀行は、一八九六（明治二九）年一二月二六日、「弘前区裁判所藤崎出張所ニ於テ登記ヲ請了セリ」ということで登記を行ない、翌年一月四日より開業した。その場所は、一八九七（明治三〇）年下半期の『第二期営業報告書』をみると、青森県南津軽郡藤崎村大字藤崎乙第二百二三番戸になっている。『藤崎町誌』によると、[13]藤崎銀行は資本金五万円をもって藤崎村大字藤崎字四本松（表町）に店を開くとある。長谷川誠三の本邸は現在の農協りんごセンターのあたりで、表通りには道を挟んで藤崎銀行と隠居所があった。隠居所（梨の木共同墓地側）は、一時「長谷川町」と呼ばれたという。同じ頃津軽に設立された銀行には、弘前進新銀行（一八九一年）、弘前商業銀行（一八九六年）、黒石銀行（一八九七年）、津軽銀行（一八九八年）、尾上銀行（一九〇〇年）、板柳銀行（一九〇〇年）、板柳安田銀行（一九一九年）などがある。明治政府は、一八七二（明治五）年に国立銀行条例を公布、翌年には第一国立銀行、横浜に第二国立銀行が生まれ、七六年には国立銀行条例が大改正され、全国に国立銀行が誕生していった。青森県では、「第五十九国立銀行」が七八年に五九番目の銀行として誕生、弘前に本店が置かれた。その後、一八九七（明治三〇）年普通銀行に改組され、「第五十九銀行」になった。そうした動きをみた商才に恵まれた誠三は、藤崎銀行を立ち上げることになったのである。

なぜ長谷川誠三は銀行設立を考えたのだろうか。柳田英二「藤崎銀行のこと」のなかに「酒造業を廃し、土蔵にナタネ、馬鈴薯等を担保品として納め、金貸し業を始める」とある。[14]長谷川家は明治末から大正期には五〇町歩を所有する地主となり、様々な事業を行ない、また株で莫大な利益をあげた財産家であることは藤崎町でよく知られていた。当然、長谷川には親戚をはじめ知人が金銭の借用を願って相談に来る者が多かった。また長谷川自身が南津軽郡を中心として、金融事業の重要性を認識していた。しかし、銀行を経営するには、社長自身に近代的な複式簿記の知識がなければそうした事業を立ち上げるのは不可能と思われる。長谷川が複式簿記の知識をどこでどのようにして得たか不明であるが、独学で学習して商業知識を得たものと考えられる。ではどのようにして日常の銀行業務を行なったのか。どのようにして従業員に銀行業務を教えたのか。長谷川誠三が銀行システムを手取り足取り教えていったのか。そうした考え方はあり得ると思われるが、一方で弘前女学校の経営も兼ねていたので、朝から閉店まで長谷川が銀行にいたわけではなかった点を考えると、銀行業務の経験がある番頭のような者を雇用して、その人物を中心に日常の業務を運営したものと考えられる。のちに青山学院を卒業した息子の三郎を藤崎銀行で雇用、経営の実態を把握させ、三郎から銀行の経営状態を報告させていたのであった。

藤崎銀行は「長谷川和合講」にその端を発している。誠三は一八九七（明治三〇）年一月藤崎銀行開業の前年一二月一〇日の夜、家族一同を集めて和合講について話をした。妻いそ、長男吉蔵（潤）の三人が保険会社へ各五〇〇〇円の終身保険を約して払い込む金員をもって「家族和合講」を形成したいというものであった。少し、長いが貴重なものなのですべて引用する(15)。

長谷川和合講ニ付取上ノ大意口述筆記

明治廿九年十二月十日ノ夜家族一同ヲ一座ニ集メ父上告テ曰ク余トいそト及ビ吉蔵ノ三人共済保険会社ニ金五千円ツヽ終身保険ヲ約シタリ余等外汝等ヲモ皆保険ヲ依頼セントシタリモ退テ考フレバ甚タ策ノ得タルモノナラザルヲ知レリ是元来保険会社ナルモノハ保険ヲ目的トスルモノナレバ約束期末ニ至リ受取ル所ノ金員ハ其マデニ払込ミシ全員ニ弐細ノ利子ニ附セシモノニシテ若シ此丈ケノ金員ヲ自身等ニテ運転シ相等ノ利子ヲ生ゼシムルニ列ル数等ナレバナリ儘テ余ハ保険会社ニ入ルト等シキ効アルモノニシテ之ニ勝リ道ナカラ

ンカト思案シタルニ幸ニ一ノ良法ヲ案出シタリ若シ汝等ニシテ異存ナクバ余ハ大ニ喜ンテ之ヲ来ル旧正月ヨリ実行セン事ヲ希フナリ即チ保険会社ニ支払フベキノ金員ヲ以テ家族和合講ヲ形成セン事是ナリ是レ之ヨリ終身ヲ目的トスルモノナリト雖モ余リ長キハ混雑ヲ来テ恐アルヲ以テ便宜上先ツ弐拾ヶ年ヲ壱期トシ其貯蓄シタル金員ハ其中壱万円ヲキリスト教主義教育費ニ供スル為メ余之ヲ受ケ其他ハ汝等ノモノトスベシ弐拾ヶ年後ハ汝等之ヲ基トシテ一ノ銀行様ノモノヲ組織シ尚之ガ増殖ヲ計ルナリ或ハ講員平等ニ之ヲ分配スルナリ其時宜ニ所スベシキリスト教主義教育費ニ供スルノ壱万円ハ之ヲ基トシテ之ニ二三倍スルノ金員ヲ内外人篤志者ヨリ募集シ確実ナル貯蓄法ヲ設ケ之ヲ貯蓄シ置キ其利子ヲ以テ当地方子女教育機関ヲ保持スルノ用ニ供セシトスルモノナレバ若シ不幸ニシテ余死ニテ在ラストスルモ汝等能ク余ガ意ヲ体シテ其ノ旨ニ背カザルノ所置ヲ執ルベシ又其他ト雖モ汝等ガ子孫ヲシテ路頭ニ迷ハザラシムルニ出デタルモノトナレバ汝等生計ノ為等ニ使用スベカラザルハ勿論ナリト雖モ亦兄弟互ニ助合フノ意ヲモ合ハスモノナレバ若シ講員中不測ノ不幸ニ罹リ助ケヲ要スル場合アリトスル時ハ此中ヨリ出金シテ之ヲ助クルハ余ノ喜ブ所ナリ

和合講ノ細キ規定ニ付テハ後ニ定ムル所アラント雖モ先其大体ヲ言ヘバ所ガ子女養子女タルモノハ皆之ガ講員タルノ権利アリ義務アリ且ツ平等トス后ニ入ルモノト雖モ分配ノ節ハ皆平等トス余ハ現在ノ議員ノ為ニ年々貯金トシテ弐百五十円ヲ出金シ本来一人ノ講員ヲ増加スル毎ニ弐拾円ヲ増シテ交附スベシ而テ汝ハ之ガ看督者（当分ノ内義務後ニ至リテハ相当ノ報酬ヲ与エルモノトス）ヲ定メ之ニ干スル一切ノ事務ヲ所理セシムルコトトシ之ヲ他ニ貸付タルナリ或ハ如何ナリシヲ相当ノ利殖ヲ計リ一ハ以テ汝等自身殖財ノ愉快ヲ知リ他ハ以テ子孫ノ安全ヲ計ル用ニ供シ且ツ兄弟姉妹間ノ情ヲ操ムルノ機関トモナルベシ余ハ汝等ガ能ク之ヲ記憶シテ造以モ忘ルヽ忽カンコトヲ希望ス

明治廿九年十二月十日

次に長谷川和合講の規定を見てみたい。その規定の目的は、キリスト教教育費及び長谷川の子孫が相互に助け合い、別に貯蓄することを目的とした。藤崎銀行は、規定にあるようにまずは長谷川家の経済的安定を目的とした感が強い。

長谷川和合講規定

第一条　本講ハキリスト教主義教育費及長谷川子孫相互助合トシテ別段貯蓄ヲ目的トス

第二条　本講ハ満弐十年ヲ壱期トシ毎年二月左ニ定ムル処ノ金額ヲ誠三又ハ其ノ相続人ヨリ講中ヘ交付スルモノトス

第三条　三拾年二月現在誠三ノ子女養子女ヘ対シ年々金弐百五拾円ツヽ之ヲ誠三ヨリ貯金ヲ交付スベシ満二十ヶ年内誠三ノ養子女トス以来人員増加スルニ従モ壱名毎ニ弐拾円ツヽノ増金交付スベシ　但シ此貯金ハ本家ヘ入リタルモノ並ニ別家又ハ他家ヘ養子女ナリタル誠三血統者皆同等ノ権利義務アルモノトス

第四条　本講貯金ハ名簿台帳ヲ製シ左ノ書式ニ従ヒ増員毎明カニ記載ス置クベシ
表紙ニハ合名者名簿ト記スベシ記名者ハ平等ノ権利アリ表紙外中□□ト記載スベシ
合名者増員現在共異動ノ都度其人名明細記載ノ欄

第五条　請負ハ互ニ譲和合シ且助合ヲ第一トス然ラサレバ本講設立ノ意志背犯スベキニ付茲ニ常ニ大ニ注意ヲ加ヘシ為一講員中不幸者アルトキ（満弐十ヶ年前後ニモ金弐万円以上トナルトキ並ニ内一万円ヲキリスト教主義教育費トシ別ニ定ムル出金交付ス）ハ此残余金中仮令一回止ザルモ生活費及営業資金等ヲ分割給与スベシ此場合所置ハ最モ大切ニシテ徒ラニ浪費奢侈情怠等ノ助長ノ憂ナキ様大ニ注意ヲ加エテ旅行スルニハ漸々助成スルノ方法ヲ執ルヲ最モ善トシ此講本来ノ目的ハ前掲ノ如ク吾カ子孫万

一ノ場合ニ備ヒ茲ニ同情ヲ表シタルモノナレバ子孫記名者互ニ導キ補助ス不幸ニ哀スル子孫ヲシテ他ヨリ補助ノ摂力ラシメンコトヲ切ニ希望スル処タリ

第六条　本講金ハ生活上別段ナルモノトシ弐拾年後ト雖従来ノ関係者吾カ去リ継キ一個銀行様ノモノヲ設立シ永遠ニ之ガ備ヲナスハ実ニ余ガ本来ノ希望スル処タリ然共二十年後之ヲ継続スルト□□吾ガ子孫随意ニ由ルモノトス

第七条　何等カノ事情ニ由リ離婚トナリ長谷川当家ノ関係ヲ離脱シタルノモノハ自ラ本講ノ権利ヲ消滅シタルモノトス

第五条中（　）中キリスト教教育費ヲ半額ヲ除ク是ヲ解消シ即残リ半額即給料子孫和合講金ノ之ヲ越金貯蓄満二十年末迄誠三ニ於テ預リ置其時ニ至リ毎壱ヶ年勘定可相渡事明記　四十一年九月二日

一八九七（明治三〇）年に発行された『明治三十年自七月一日至十二月三十一日第弐期営業報告書』によると、資本金五万円、一株の金額二〇円総株式数二五〇〇株、内払込高二万五〇〇〇円、払込未済二万五〇〇〇円、と報告されている。また『東奥日報』明治三一年一月八日号には藤崎銀行の広告が掲載されている[16]。

株式会社藤崎銀行ハ顧客ノ利足割合ヲ以テ諸預リ金ヲナス　定期預リ金一ヶ年七分　定期預リ金六ヶ月六分五厘　定期預リ金三ヶ月六分　当座預リ金百円ニ付日歩金一銭三厘

〆口当座預リ金百円ニ付日歩金一銭五厘　株式会社藤崎銀行ハ商業手形ノ割引及送金荷為替代金取立等精々相働キ百事便利ニ取扱フベシ[17]

頭取長谷川誠三

藤崎銀行の役員は、頭取長谷川誠三、取締役では郡会議員で浪岡村の呉服商山内勘三郎、畑岡村の地主田中権十郎、取締役兼支配人には敬業社創始者佐藤勝三郎、監査役佐々木音太郎、福井助五郎、清野千代吉であった。総株主数七四名、この他に医者の藤田奚疑、初代藤崎村村長清水理兵衛、佐藤勝三郎の妻なか、兄衛、弟栄治、藤崎産業組合を設立した藤本徹郎、誠三の娘長女まつ、その婿英治、次女きみ、その婿長治、実弟棟方定次郎などが名を連ねていた。株主七四名中、藤崎村在住が四九名で、藤崎村の銀行の印象が強く、長谷川家六人、佐藤家四人で同族銀行の色合いが強いうえ、株数では、長谷川家八二三株、次いで佐藤家三一五株と多く、二つの家系で、総株数の約四割を占めている。その中でも長谷川家の株が多く長谷川銀行的色彩が強かった（次頁表）。

さらに、この当時の営業報告書を見ると、その内容は資本金はじめ、株主総会、営業の景況、金銀出納、諸預金、諸貸金、割引手形、各種為替、株券、営業用什器、コレスポンデンス先、損益勘定、貸借対照表、損益表、役員、株主名までにわたっている。次に、当時の「貸借対照表」と「損益表」を考察することによって、藤崎銀行の営業状況を見てみたい。この表から分かるように、当期利益金二二七六円を上げ、また損益表で見ると、役員に賞与金一一〇円を出し純益として二一六六円一八銭八厘を出している。そのうち減価償却費にあたる所有物償却積立金に二〇円、積立金三〇〇円、配当金一割二分で一五〇〇円を株主に分配し、後期繰越金として三四六円一八銭八厘を計上している。前期と比べ後期は「当地方は穀産物ナルニ依リ、九、十、十一、十二ノ四ヶ月間ハ米穀其他諸物価輻湊セルヲ以テ」金融が活発化し、順調な成績を上げるに至った。以上の内容から考えるに設立時から滑りだし好調とみることができる。

藤崎銀行は約三〇年にわたって資金の融通などを通じて津軽地方の金融を支える重要な役割を果たしていた。『青森銀行史』によると、その経営の一側面を垣間見ることができる。「長谷川誠三は商才に長け同行の経営においても、その手腕勝れ地元藤崎では長谷川銀行と称され、その繁栄ぶりは目をみはるものがあった」と言う。銀

株主姓名表（30株以上）

株数	住　所	姓　名	備　考
341	藤崎村大字藤崎	長谷川誠三	弘前女学校校主、藤崎銀行頭取
220	同	佐藤勝三郎	りんご園経営者、同銀行取締役
125	浪岡村大字	山内勘三郎	実業家、郡会議員、同銀行取締役
100	藤崎村大字藤崎	長谷川英治	誠三長女まつの婿、藤崎村第9代村長
100	同	長谷川長治	誠三次女きみの婿
100	同	長谷川まつ	誠三長女
100	同	長谷川きみ	誠三次女
100	同	佐々木音太郎	同銀行監査役
82	同	棟方定次郎	誠三実弟、鶏卵事業
80	同	福井助五郎	同銀行監査役
65	田舎舘村大字畑中	佐々木儀兵衛	
60	同大字大根子	田澤兵治	
50	畑岡村大字太田	田中権十郎	地主、同銀行取締役
50	同	田中　英	
50	藤崎村大字藤崎	藤本文太郎	
50	常盤村大字若松	佐々木盤根	
50	弘前中大字百石町	宮本甚兵衛	
50	十二里村大字矢澤	清野千代吉	酒造業、村長、同銀行監査役
35	藤崎村大字藤崎	佐藤なか	勝三郎　妻
34	同	野呂青治	
30	同	阿部與市	
30	同	佐藤　衛	地主、勝三郎　兄
30	同	佐藤栄治	勝三郎　弟
30	同	幸田儀三郎	
30	同	幸田伴七	
30	同	清水理兵衛	初代村長

※株数29以下が48名いるが省略した

第二期貸借対照表

資　産	金　額	負　債	金　額
貸付金	15,979円560	定期預金	4,020円000
当座預金貸越	14,879円785	当座預金	7,453円301
荷為替手形	5,850円420	他店勘定（壱ヶ所）	910円648
他所勘定（壱ヶ所）	1,386円770	仕払送金手形	50円000
営業用什器	207円185	資本金	50,000円000
諸株券	200円000	積立金	20円000
払込未済株金	25,000円000	所有物償却積立金	22円000
金銀　有高	1,248円417	当期利益金	2,276円188
内　紙幣	1,240円000		
銅貨	8円417		
合　計	64,752円137		64,752円137

青森県南津軽郡藤崎村大字藤崎乙第弐百二十三番戸　明治31年1月15日　株式会社藤崎銀行

損　益　表

利　益	金　額	損　益	金　額
利　息	2687円001	利　息	320円951
手数料	4円650	手数料	3円890
割引料	7円500	給　料	124円200
雑　益	1円600	旅　費	26円580
		雑　費	224円970
雑　費	63円597	小　計	700円591
前期繰越	212円431	役員賞与金	110円000
		純　益	2166円18銭8厘
		積立金	300円000
		所有物償却積立金	20円000
		配当金年1割2分ノ割	1,500円000
		後期繰越	346円188
合　計	2,976円779		2,976円779

『第弐期営業報告書』参照。いずれの表も明治30年7月1日より12月31日までを決算したものである

藤崎銀行業況推移（単位円）

期別	期　末	資本金（内払込）	預　金	貸　出	有価証券
2	明治30年下期	50,000　(25,000)	11,473	30,859	200
11	35年上期	50,000　(43,750)	8,351	43,927	2,100
21	40年上期	125,000　(93,750)	25,176	127,158	4,481
31	45年上期	125,000　(106,250)	84,660	115,153	77,999
41	大正6年上期	125,000　(106,250)	753,918	78,182	1,603,680
50	10年下期	125,000　(125,000)	322,405	71,245	230,294
59	15年上期	125,000　(125,000)	160,380	30,039	157,158

行内に商事会社のような係員を置き、株式、穀物取引などもして、経営は順調に推移した。しかし、第一次大戦後は所有株式の暴落などから経営は不振を辿るようになったと述べられている。[18]

藤崎銀行では盛んになった藤崎のりんごや馬鈴薯産業に対する支援を積極的に行ない、資本金も一二万五〇〇〇円まで増資、銀行内には銀行業務だけではなく、商事会社の機能を組み込んで係員を置いて、株式や穀物取引等も行なっていた。ピーク時の大正六年には、貯金七五万三九一八円、貸出七万八一八二円、有価証券保有高一六〇万三六八〇円に達した。[19] その後の役員をみてみると、一九〇六（明治三九）年一月の役員は、頭取長谷川誠三、取締役田中権十郎、田沢周助、清野千代吉、監査役宮川富太郎、佐藤又八、佐藤栄治となっており、一九一四（大正三）年一月では、頭取長谷川誠三、取締役佐藤又八、長谷川定治、田中初太郎、監査役清野千代吉、佐藤栄治となっている。ここでもりんごや馬鈴薯の時期になり貸出高も多くなり、好成績をあげ経営が順調であった。

弘前商業銀行に吸収合併

順調な経営を継続してきた藤崎銀行であったが、第一次世界大戦後の一九二〇（大正九）年三月一五日、東京株式市場の株価が暴落、それが恐慌への引き金となった。同年四月七日、増田・ビル・ブローカー銀行が破綻、これを契機に株式市場が再度大暴落。アメリカの恐慌の影響、そして一九二三（大正一二）年九月に起こった関東大震災は、日本経済を一層混乱させた。東京、横浜の経済活動が麻痺、金融機関も停止状態となり、政府は銀行救済のため支払猶予令を出すに至った。このような世界恐慌的不況によって、藤崎銀行も影響を受けざるを得なかった。日本石油など所有株式の暴落などが原因で経営不振に陥り、一九二四（大正一三）年一〇月には長谷川誠三が死去、優れた経営手腕を振るった頭取の誠三を失ってから経営の方向性を失い、新たな対応策を打ち出すことができなかった。その後、長男潤が藤崎銀行の後を継いだが、経営は悪化、創立当時からの有力役員が撤退したこともあって、経営の立て直しをすることができなかった。藤崎銀行は、創業三〇年の歴史を持った銀行として成長したが、窮地に陥った時に誠三が尽力した弘前商業銀行に吸収されることになった。一九二七（昭和二）年三月二五日のことである。ちなみに青森県では、一九二四年から一九三〇年までの間に二〇行以上の銀行が姿を消したのである。(20)

第四節　小坂鉱山

三つの鉱山

わが国の金属鉱業は、日露戦争、第一次世界大戦による国内市場の拡大と海外市場の好況によって大資本を抱える企業がその規模を拡大していった。住友、三井、三菱、古河、藤田と新興の日立を中核とする六大資本が群小鉱山を買収し、近代的大精錬所を有して、財閥資本がその地位を固めていった。

小坂鉱山は、秋田県鹿角《かづの》郡小坂町《こさかまち》にある鉱山である。二〇一八年五月末から六月にかけて調査に出かけた。新幹線盛岡駅から花輪線に乗り大舘駅まで全長一〇六・九キロで、二七の駅があり、所要時間約二時間三〇分のローカル線である。小坂鉱山は、一時間四〇分ほど乗った鹿角花輪駅で下車、そこから車で三〇分ぐらいの所にある。小坂鉱山は、一八一六（文化一三）年に「金・銀」の鉱山として開発が始まった。一八六九（明治二）年盛岡（南部）藩営から官営になり、一八八四（明治一七）年藤田組に払い下げられた。その後、一九〇一（明治三四）年銀の生産高では日本一になり、精錬技術が向上すると黒鉱《くろこう》から銅、亜鉛、鉛などの生産が盛んに行なわれ、第二次世界大戦直後には資源の枯渇などで生産が中断した。一九六〇年代に新鉱床が発見されて採掘が再開したが、一九九〇（平成二）年に操業が中止された。それまでにこの鉱山に入った請負会社は、大小約三〇社ほどの数にのぼった。[21]

　小坂鉱山は、わが国有数の黒鉱鉱床で、元山鉱床、内《うち》の岱《たい》および上向《うわむき》鉱床から成っている。元山鉱床は、東西三〇〇メートル、南北七〇〇メートル、最大の厚さ一五〇メートルもある膨大な鉱床で、発見されて以来一八万トンの銅、金、銀、亜鉛などの金属を多量に生み出し、小坂鉱山ここにありと言わせた。内の岱鉱床は、比較的新しく一九五九（昭和三四）年、内の岱地域の坑外試錐によって発見され、鉱床の大きさは、東西六〇〇メートル、南北四〇〇メートル、最大の厚さ七〇メートルにおよぶ大規模なものである。品位、鉱量とも元山鉱床を凌ぐものである。また一九六二年には上向鉱床が発見された。

　長谷川虎次郎が書いた略伝「長谷川誠三翁」には、「理財の術に長じ、殖産の才に富んだ。或は開墾に着手し、又は鉱山に投資する等、幾多の失費があったけれども、資産漸次長大有数の富豪を以て目せ（増）られた」と述べている。[22]長谷川誠三は、工業の発展のために鉱山と石油の開発に力を入れている。それも、外国に依存するのでなく、まず国内の埋蔵量の発掘と生産に力を入れるべきであるという考えを持っていた。そうした点から比較的自分が住む地域に近いということから小坂鉱山に関わったものと思われる。彼は、小坂鉱山地域で三つの会社を立ち上げている。六大資本の大企業と違って、個人の出資で三つの会社を経営するということは珍しいことであり、注目に値することである。長谷川が経営した鉱山は、鹿角郡小坂町濁川《にごりがわ》にある西又鉱山、小坂町相内《あいない》にある相内鉱山、それに同小坂町若木立《わかきだち》に位置する栃窪鉱山である。

　『鹿角市史（四巻）』町内鉱山の概観によると、西又鉱山は、小坂町小坂川上流西又沢右岸に位置する。一八八七（明治二〇）年頃小坂町の小笠原長治によって小規模に操業され、一八九七（明治三〇）年頃長谷川誠三が受け継ぎ、一九一五（大正四）年に秋田県仙北郡の富樫清に渡された。その後、原康三郎へと鉱業権者が転々とし、一九三七（昭和一二）年五月には、小坂町助役沢口庸三、永井清吉が共同経営した。当時の状況を見ると、鉱夫三〇人、鉱石の種類は銅一・二%、鉛四・八%、亜鉛三八・六%、約千トン余を小坂と発盛鉱業所へ販売したと

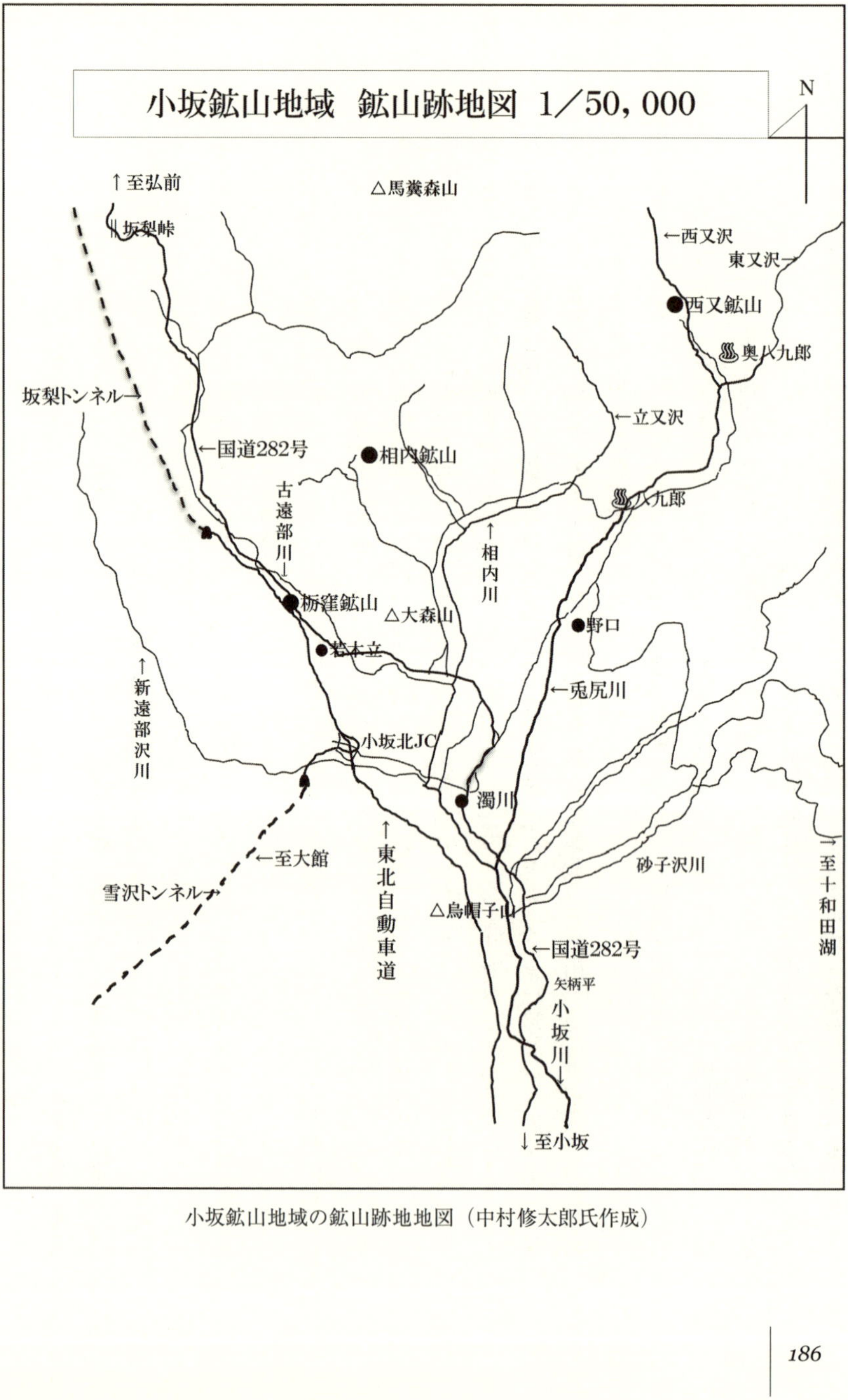

小坂鉱山地域の鉱山跡地地図（中村修太郎氏作成）

いう記録があり、太平洋戦争終結後に操業を停止した。[23] この記録からみると、長谷川誠三が西又鉱山を操業していた期間は、約二〇年になる。生産額などの記録がないので分からないが、長谷川が操業していた明治後期から大正にかけての時代と機械化が進んでいた一九三七（昭和一二）年頃とは違って、生産量に相違があると思われるが、鉱夫は同数の三〇人とあるように、同じような規模で操業していたのではないかと思われる。

次に相内鉱山に触れたい。『秋田県鉱山誌』によると、[24] 小坂線小坂駅北方直距離九キロ、湯ノ岱《ゆたい》の麓にあり、国道二八二号（津軽街道）沿いに北上、細越・濁川を経由して自動車で二〇分、旧鉱山事務所跡に達する。二〇一八年五月三一日、相内鉱山跡の抗廃水名理施設を管理受託している濁川自治会員の中村修太郎氏に案内されて、小坂町立総合博物館郷土館学芸員主任の安田隼人氏にも同行していただいて、普段は入れない坑道がある所まで相内鉱山跡を見学した。この辺り一帯は、今から三〇年前までは、煙害で禿山になっていたが、今はうっそうと木が茂って、公害を出していた山の面影はない。鉱石を掘り出した後に残骸が大量に残るが、その中に有価金属を余り含まない岩石「ずり」があるが、それが原野に山積みになっていた。雨が降ると、その「ずり」から有害物質が溶出して川に流れ、田地を汚染するので沈殿池をつくって抗廃水を浄化し透明化を経てから相内川に流すようにしている。

相内鉱山は、一八六一（文久元）年小坂村の小林与作が金山沢鉱床を発見、一九〇一（明治三四）年一二月五日、岩手県花巻川口町の松川次郎他一名が採掘権を入手している。鉱種は金・銀・銅・鉛・亜鉛・硫化鉄・石膏などであった。その後、一九〇五（明治三八）年七月長谷川誠三に譲渡されている。「大正年間、第一次世界大戦の好況期に、長谷川某が試錐機を併用し採鉱したが、休山している。大正一三年、家督相続により、鉱区は青森県藤崎町の長谷川潤に譲渡されている」という記述が「鉱業原簿」に見られるとしているが、誠三がどのような規模で、生産額はどのくらいであったかについては不明である。そして、一九二九（昭和四）年東京大崎の若松慶三郎が本鉱区を取得、その三年後、東京杉並の福岡万作が譲り受け、一九三四（昭和九）年には二五〇二ト

相内鉱山跡

ンの銅鉱を産したというので、かなりの鉱山であったことが分かる。最後まで稼働した会社は「日東金属鉱山株式会社」で、新たな黒鉱鉱床の発見（北鹿《ほくろく》地域の黒鉱ブームの嚆矢と言われた）もあったが、その後、埋蔵鉱量のうち可採鉱量の採鉱が終焉を迎え、一九八四（昭和五九）年六月閉山に追い込まれた。[25]

次に栃窪鉱山（門の沢鉱山）をみると、小坂町若木立の西方にあり、古遠部川《ふるとおべがわ》南岸の海抜三〇〇～四〇〇メートル内外の丘陵地にあり、北東隣の谷を隔てて大森山（四五三メートル）の尖峰に対する。鉱種は金・銀・銅・鉛・亜鉛・マンガンで、古くから断続的に稼《か》行《こう》した鉱山で、一九一二（明治四五）年、長谷川誠三の頃は門の沢鉱山の名で操業していた。『小坂町史』の「町内鉱山の概観」には、長谷川が「大規模な投資をして経営したが鉱況不良のため、中断した」とだけ書かれ、一九二七（昭和二）年長谷川潤が再開を試みたが、同年の採掘量が〇・五トンに過ぎなかったという。その後、近藤義則が譲り受けた後、豊田平吉・早川半三郎を経て、同和鉱業株式会社に合併され、一九五三（昭和二八）年休山となった。[26]

今まで見てきたように、小坂鉱山において、長谷川が三つも鉱山を経営するほどの知識をどこで身につけたのか、またどうして鉱山を経営するようになったのか分からないところがあるが、青森県の中に留まるような事業家ではなく、世界に目を開いて、日本の産業はどうあるべきかという高い視野に立った考えを持って、自ら切り開いていくところに長谷川誠三の特徴があった。様々な本を買い入れては新しい知識を仕入れ、それを応用し、実践していくところに彼の素晴らしさがあった。

注

(1) 長谷川虎次郎「長谷川誠三翁」『竹南文集(第三冊)』一九二六年。
(2) 前掲書の叙述と長谷川誠三の息子長谷川愛之と孫の長谷川亨の聞き書きによって明らかになった。また、「揺籃時代における青森りんご——藤崎敬業社りんご園経営記録」『青森県りんご史資料第一輯』青森県経済部、一九五一年に掲載されている「長谷川誠三」の項目(一〇九—一一一頁)も参照した。
(3) 青森県農地改革史編纂委員会『青森県農地改革史』昭和二七年、八四—八六頁。
(4) 野辺地町史編さん刊行委員会編『野辺地町史』一九九三年。
(5) 長谷川虎次郎「故長谷川誠三翁」『竹南文集(第三冊)』。同書では、明治二七年西館武雄氏等の経営する上北郡の雲雀牧場の維持困難に陥るを聞いて、これを引き受け経営に当たったと記されているが、明治二七年一一月に発行された『東奥日報』の方が正しいとして、この説を取った。
(6) 長谷川虎次郎「故長谷川誠三翁」『竹南文集(第三冊)』。
(7) 長谷川英治「本県と乃木将軍」青森郷土会編、郷土誌『うとう』第一四号、昭和一一年四月号。本稿の前書きに「本稿は三月二十一日本会主催の下に、善知鳥神社々務所に於て、乃木将軍及夫人と愛馬英号及隼号を通じて、特別の知遇を得た長谷川英治の『本県と乃木大将』についての口演の筆録である。長谷川翁は南津軽郡藤崎町の産れで、山田県令の勧奨の下に上北郡野辺地町を去る三里有戸村附近に、雲雀牧場を経営された人である」と記されている。

(8) 長谷川英治（男爵乃木希典閣下御下付　英号履歴書）「本県と乃木将軍」『うとう』昭和四年、三頁。
(9) 同右、六―七頁。
(10) 乃木静子から長谷川おみつ、仝おまつ、仝おいそ、仝お寿ゑ宛に送られた手紙（複製）、長谷川勝勇氏所蔵。
(11) 同右。なお『乃木希典全集（中）』の一九〇一（明治三四）年一二月一九日の日記には、「長谷川英治ヨリ来書」という記述がある。
(12)『青森県農地改革史』八六頁。
(13) 藤崎町誌編さん委員会編『藤崎町誌』一九九六年。
(14) 柳田英二「藤崎銀行のこと」。
(15)「長谷川和合講規定」
(16)『明治三十年自七月一日至十二月三十一日第弐期営業報告書』
(17)『東奥日報』明治三一年一月八日。
(18)『藤崎町誌』二七七頁。
(19) 青森銀行編「株式会社藤崎銀行」『青森銀行史』昭和四三年、八九一頁。
(20)『藤崎町誌』二七七頁。
(21)「町内鉱山の概観」小坂町史編さん委員会編『小坂町史』一九七五年、四二一―四二四頁。ウィキペディアフリー百科事典「小坂鉱山」。
(22) 長谷川虎次郎「長谷川誠三翁」『竹南文集（第三冊）』
(23)「町内鉱山の概観」『小坂町史』四〇二―四〇三頁。また『秋田県鉱山誌』二〇〇五年によると、西又鉱山は、相内鉱山の東方に当たり、相内川の上流立又沢と山を隔てて、その東側の兎尻川と西又沢の間を鉱区としたと記されている。従って、この西又鉱山は、長谷川誠三が所有していた相内鉱山と隣り合わせの鉱山であった。
(24) 秋田県地下資源開発促進協議会、秋田県鉱山会館編『秋田県鉱山誌』二〇〇五年、六七―七一頁。
(25)「町内鉱山の概観」『小坂町史』四〇五頁。
(26)『秋田県鉱山誌』六六―六七頁。

第七章　東北に長谷川あり

第一節　地主諸君に議る——時局に際して

地主に問う

一九〇二（明治三五）年東北を凶作が襲い、一九〇四年二月一〇日にはロシアに宣戦布告、この日露戦争を契機に租税の重税化が進もうとしていた。重税は農民を一層貧困状態に落とし入れ、農民の中には負債を返済しきれず、耕作地を売却する者が続出、土地を持つ者と持たざる者の分断が一層進んだ。長谷川誠三が住む青森県の状況を見ると、自作地、小作地の割合は、明治二〇年代では、自作地六九・六％、小作地三〇・四％であった。明治二五年には小作地三五％と上昇し、明治三六年凶作の翌年では、自作地四一・三％、小作地五八・七％に急上昇、自作と小作の比率が逆転し、小作地の圧倒的な急増ぶりが明確となった[1]。その背後には、凶作もさることながら、差し迫る日露戦争による過重な税金が明確な形として現れ、農地は地主あるいは高利貸の格好の餌食となった。

こうした状況のなかで、長谷川誠三は地主という立場を考えずに、小作料の軽減を訴えたのである。それは

「先人の遺稿　地主諸君に議る――時局に際して」と題し、一九〇五（明治三八）年一月一八日と翌日の一九日の『東奥日報』に連載された寄稿に明らかである。(2)長谷川自身が公に書いたものは、極めて少ない。この文書は現在残っているものとしては唯一と言えるもので、貴重な資料となるものである。この記事は、のちに一九二九（昭和四）年、長谷川誠三の三女クニと結婚した長谷川虎次郎が『竹南文集』（一―四冊）を東奥日報出版社から出版した際、その第四冊に収められた。

長谷川は、小作人の困窮した生活状態を見るにつけ、これ以上の増税は人道上許せなかった。結局、国家政策として小作料は引き上げられた。しかし、長谷川はこの時、他の地主が小作料を引き上げても、これに同調せずそのまま据え置いたと言われ、周辺の地主から何かと苦情が殺到したという。一月一八日付の寄稿は次のようなものである。

先人の遺稿
地主諸君に議る――時局に際して

長谷川誠三

聞く所に依れば今回時局に際し、地租所得税等戦時増税の議今第二十一議会の議事に上るや、或は地方に於ては地主中早既に小作料引上げの件に付大に考慮を廻らしつゝあるとか、我地方に於ても亦議あるや否や吾輩の未だ関知せざる所なりと雖ども、早晩一問題たるべきは疑ふ可からざるもの丶如し、依て吾輩は今暫く愚見を開陳して以て諸君の教示を仰がんとするなり。

今回の増税は実に一大増税なり地租にせよ所得税にせよ、其他何税にせよ、実に非常なる増税と云わざるべからず、萬一斯る増税が平時の時ならんには誰れか之れに甘んずるものあらんや、然れども今日は非常の場合斯る増税ありとも我国民たるものは啻に之れに甘ずるのみならず、戦局の避難くべからざる必要に迫りなば此上又々増税ありとも猶其の苦痛を忍びて納税の義務を果さざるべからざるは勿論のことなりとす、然れども既に非常の増税たる此上吾輩納税者に於て何等の苦痛なきを得んや、既に苦痛あり道あらば之を軽減せんとするは人情の常、敢て無理もなき次第とこそ言ふべけれ、併しながら小作料増徴に於て其道を得んとするは果して当を得たるものなりや否や、吾輩は少しく疑なき能はざるなり。今小作料増加を可とする者の言を聞くに曰く凡そ何事業にても其が収益を分配せんとすれば、予定の収穫に従ひ其出資額の多寡に応じて分配すべきは理の当然なり、然るに田畑耕作の利益は地主と小作人との出資に相待つものなるを以て、此両者出資の多寡に応じて其が分配すべきものなりとす。依て此両者何れか其の出資に於て増す所あらば亦収益分配に於ても増加を得んとするは止む得ざることゝす、地主出資如何なるものに属するやといふに田畑売得代即ち基金と諸公課金及其地主に於て支払ひを要求せらるゝ費目に属するものにして、小作人の出資は肥料代種苗代及耕作労力等は其の主要なるものとす、増税の如きは地主の出資を増すものとすべきを以て収益の分配、即ち小作料増加を要求するを至当とする所以なりと、然れども是れ果して実情に適合したる見解と云ふ得べき乎。（以下略）(3)

一九〇四（明治三七）年二月、日露戦争勃発による日本軍の動員兵力は、陸軍約一〇九万人、出征したのは九四万人、戦死・戦病死者八万人、戦傷者一三万人に達した。政府は戦費調達の手段として公債の募集のほかに非常特別税法を制定した。関税についても特別な関税率法を導入した税金の増収を図った。日露戦争の時局に対し、国家の収入を上げるには、農村においては地租を上げることが一番手っ取り早い方法であった。日本の戦費は、一七億一千余万円で、戦争直前の一九〇三年の歳入総額の六倍半を超えたのでその戦費を賄うためにありとあらゆる方法を使って増税に走ったのである。税額で最も増加したのは、地租で、専売収入、砂糖消費税などの間接税がこれに続いた。増税の負担は、農民、小市民、労働者などの大衆に重くのしかかった。[4]

ここにおいて、長谷川が論じた記事をみると、地租が上がれば小作料も上げるべきとする側の者は次のように主張する。「予定の収穫に従ひ其出資額の多寡に応じて分配すべきは理の当然なり」と言う。地主は土地代と公租公課を負担し、小作人は種苗代、肥料代、労働力を負担する。公租である地租が上がれば、地主の負担が増え取り分が減ってしまうので、その分小作料を上げることになるというのが、小作料を上げる側の論理である。出資額の多寡によって分配すべきと言っても、地租が増額されると、自作農は直接自分の肩に税が降りかかるので厳しくなり、小作人の場合は、地主の経済は小作料によって成り立っているので、当然小作料を上げることになる。そうすると、地主の取り分は変わらず、小作人から徴収する小作料の料率が高くなり、その分ますます生活が苦しくなるという仕組みになっていった。長谷川は戦時において大増税を甘受しなければならないとしても、増税分を小作農に押しつけることに問題があると表明したのである。

次に翌日の一月一九日に以下の記事が『東奥日報』に掲載された。

夫れ然り豈に夫れ然らんや、時局発生後中産以下の者富の度を増ししは論者の言の如しと雖ども、其れは我處有の田畑を耕作し居る所小農者のことにして、純然たる小作農者に於ては依然として窮乏の中に在るなり、米穀の価高ければとて売払ふべき余裕なきは小作農者の常態、豈に彼等に利するものならんや、却て諸物価騰貴等の為己が必需品を購買するに於て苦痛を感ずるなくんば幸ならんのみ。(中略)

観よ中には小作者自身進んで小作料増加を申出でし者さへあるに非ずやと、併しながら其は一を知りて十を知らずとの諺の如く、其處には何等か特別な事業ありて然るものたるを知らざるべからず、其の自ら進んで小作料を高ふせんとするが如きは大概何等為めにする所あるが故に然るものにして多くは己が小作地を自作者に転売せずして己が生業を失ふの恐れある等に由るものにして決して小作者に余裕ありての故にあらざるなり、（中略）吾輩地主なる者は、平常幾分の余裕ある身分なるを以て此の際大に注意して勤倹以て身を処せば、今回の如き負担は時局に対し奉公義侠として忍ばれざるの苦痛にあらざるべし、仮に大いなる苦痛ありとするも若し夫れ血税を徴せられて、其の愛する父母妻子と別れ、其の親む朋友知人と離れ、彼の朔風身を裂く満州の野に起伏し天然と争ひ猛敵と戦ひ或は敵弾に或は病魔に身命を賭する、我忠勇無雙の勇将猛卒諸士の苦痛に比すれば夫れ将に何とか言はんや。

猶一言せんとす、数十年来既定の小作料を変更せざる地主之あるべくも又同一地主小作人同一の田畑にして、一回乃至二回の増徴せしもあり、而して転々層々売買に係る田畑は其都度増徴し、業に既に小作料一割乃至三割の増加をなせるもの多々之れあるが如し、故に地主小作人の情誼甚冷然たるに止まらず非難不平の声漸く高き加へんとす、豈に悲しむべきに非ずや。

斯く思ひ来れば今回の増税決して軽きに非れども、亦以て吾人をして小作料引上を断行せしむる理由あるなきを観るべし、聊か愚言を陳して我地方地主諸君に問ふ。(5)

小作農は依然として窮乏の中にあり、米価が騰貴してもほとんどその恩恵に浴すことはない。小作人の中には、進んで小作料の増加を申し出る者もいるが、それは「一を知って十を知らない」という諺にあるように生業を失う恐れがあるのではないかと考えての行動で小作人が余裕があってのことではないことは明らかであると長谷川は言う。一方地主は、幾分か余裕がある身分で今回の時局に対して大して苦痛を覚えるものではない。小作料値上げを断行する理由はないと言い、長谷川誠三は約五〇町歩の田畑を所有していたが、小作料を増額することなく、従来のままとした。長谷川虎次郎の「故長谷川誠三翁」『竹南文集（第三冊）』では、この小作料の問題に関して次のように述べている。

翁は経済上の見識に富み、各般の問題に対し、評論し批判する所肯綮に当たるばかりでなく、財政経済の前途を論ずるに当り、一段の地歩を占め人の意表に出づるものあった。翁は社会政策の一端として、常に地主と小作人との協調に注意せざる可からざる切言し、身自ら之が実行を期せんとし、小作米の如きも時勢に策応して之を引上ぐることをせず、今以て当年の儘になし置いた。従って小作人との間和気靉々たるものあり未嘗て怨嗟の声や紛議の噂を聞くことはなかった。而して翁は地方富豪等の稍もすれば其の余財を地元田畑の買入にのみ投じ、徒らに土地兼併の風を助長し其の繁栄を阻止するを遺憾とし、居村及び其の附近の土地を一切買求むることをせず、資本を県外或は国家振興の資財に投ずるのみを努めた。(6)

こうして、長谷川誠三は政府の政策として地租の増税があり、すべての地主が小作料を上げることに賛成し実行していったのに対し、今までの小作料をそのままとした。そのために長谷川のもとにあった小作人は大喜びであったが、まわりの地主からはなぜに政府の政策に従わないのかという陰口をたたかれた。しかし今まで通りの小作料を維持して、彼は自分の主張を曲げなかった。

第二節　青森県知事の要請と衆議院選挙

青森県知事からの要請

数多くの長谷川誠三宛書簡の中で、長谷川が対社会においてどのようなところに立っていたかという視点から見た書簡を列挙してみると、まず青森県の県知事から五通の書状を受け取っている。ここに掲載した青森県知事山之内一次からの書状は、国債購入の依頼文になっている。一九〇四（明治三七）年二月一〇日、ロシアに宣戦布告、同月一三日政府が戦費を確保するために国債の発行を行なう大蔵省令を発布、同時に各県では国家的要請に歩調を合わせるように、債券の購入を資本家、地主に呼びかけた。農業人口の多い青森県では、地主にこうした国債購入の依頼状が県知事から送られたと考えられる。

知事山之内一次からは、その後も依頼が来ているが、長谷川が国債を購入したかどうかは、資料的に裏づけることはできない。国債購入の依頼状が五通来ているが、その手紙の内容をみると購入したとの感謝の言葉がないことから、長谷川が購入しないので何度も依頼があったとも考えられる。この頃、小作料引き上げに反対した長谷川の考えからすると、国債の購入については慎重な態度を示したのではないかと考えられる。青森県知事山之内一次から来た書簡を次に紹介しておきたい。

拝啓益々御清穆慶賀之至りニ候陳ハ今日ノ事変タル実ニ振古未曾有ノ事ニ属シ苟モ帝国臣民タルモノ心ヲ一ニシ力ヲ戮ハセ報效ノ誠ヲ盡ササル可ラサルノ秋ナルハ言ヲ俟タサル所ニ有之而シテ此場合ニ際シ最モ必要ナルハ申迄モ無之軍資ノ供給ニシテ既ニ本月十三日官報ヲ以テ軍事ニ関スル国庫債券募集ノ大蔵省令発布ニ相成候処右募集ニ対スル申込額ノ多寡ハ直ニ国民愛国心ノ厚薄吾国経済力ノ強弱ヲ表示スルモノニシテ実ニ一国ノ體面ニ重大ナル関係ヲ有スルノミナラズ延テ軍事ノ事ニ影響ヲ及ホスヲ免カレサル次第ニ候ヘバ一般臣民ノ最モ力ヲ盡ササル可ラサルコトニ候右ニ付各府県応募ノ状況ハ既ニ新聞紙ニテ御承知ノコトニ可有之候

本県ニ於テモ其効果ヲ収メントセハ主トシテ資産名望並ニ有セル方々ノ力ニ待タサルヲ得サル儀ニ候貴下ニ於テハ此際率先シテ多額ノ御申込ニ可相成事トノ堅ク相信シ候ヘ共此上トモ御奮闘ヲ煩シ度於□便宜地方ノ人々ヲ御動誘相成各自競フテ募集弐応シ十二分ノ好結果ヲ得ル様御尽力の程切ニ希望致シ候本件ニ就テハ親シク御協議ヲ盡スベキ筈ニ候ヘ共時節柄残務多忙ノ為各地ニ行渉兼不旦遠路御募集ヲ煩スモ却テ御迷惑ノ

事ト存ジ候ニ付茲ニ書中ヲ以テ得貴意ヲ候御諒承ノ上返ス返スモコノ場合御奮発ノ程希望ニ甚ヘス候

草々　拝具

明治三十七年二月廿四日

山之内一次(7)

青森県知事

大隈重信から衆議院選挙の応援要請

衆議院選挙に関連した書簡として、三つの書状がある。長谷川誠三は武富時敏から一通、犬養毅《いぬかいつよし》、大石正巳《まさき》、河野廣中《こうのひろなか》から連名で一通、憲政本党総理の大隈重信から一通受領した。これらの書簡は、憲政本党から支援を受けて衆議院選挙に青森から立候補した對馬健之助《つしまけんのすけ》を応援してほしいという書状である。對馬健之助は、『日本人名大辞典』によると、一八六八（慶応四）年一月、青森県富木館村の庄屋對馬堅司の長男として生まれ、慶應義塾を卒業、一八九八（明治三一）年大隈内閣の農商務相秘書官となる。一九〇四（明治三七）年大阪日日新聞社の編集主幹を経て、一九一八（大正七）年大阪毎日新聞社専務となった。なぜ、長谷川なのかを考えると、後述するように長谷川が深く関わった日本石油の発起人は地主、県会議員、商人たちであったが、政治的には大隈重信の立憲改進党に共鳴する者が多かったという背景があった。對馬は津軽の出身で長谷川が思想的に近いということと、産業界で名をなしている長谷川が選挙を応援してくれれば大きなメリットがあると考えて、このような手紙が寄せられたものと思われる。これに対し、長谷川がどう対応したか不明だが、これだけの書簡を受け取っているので、何らかの応援をしたのではないかと考えられる。目下のところ、長谷川からの反応を見る資料が見つかっていないが、長谷川が憲政本党に近い考えを持っていたということで応援の要請があったと思われる。

そこでまず衆議院選挙に関して、長谷川誠三宛に来ている書簡を見てみたい。一九一二（明治四五）年四月に長谷川誠三に届いたもので、武富時敏から衆議院選挙の件である。武富時敏は、大隈重信と同じ佐賀の出身で大隈の下で活躍した人物である。武富良橘の長男として佐賀に生まれ、佐賀県県会議員を経て一八九〇（明治二三）年の第一回衆議院総選挙で当選、自由党再興に参画、第二回衆議院総選挙では選挙干渉で落選したが、第三回以降一二回連続当選となった。一八九四年立憲革新党（立憲改進党）に参加、一八九八年第一次大隈内閣では、内閣書記官長を務め、憲政党分裂後の憲政本党・立憲国民党の要職を務め、その後第二次大隈内閣では逓信大臣、その後の改造で大蔵大臣となる。簡易生命保険を創設し、一九一六（大正五）年憲政会結成の時総務に就任、一九二四年貴族院議員になった。憲政会後身の立憲民政党の後見人的存在であった。

国家の財政を監督し民人の利福を増進するは衆議院任務の最大なるものに有之帝国憲法の財政に関しては衆議院に先議権を所与したる其主意亦此に在ること今更事々しく申上候迄も無之候処□□近年衆議院議員中経済に通し財政に精しき者極めて稀なるは深概之至に存候然るに貴県出身の對馬健之助君今般同友の功なる勧誘を辞拒し兼ね来る総選挙には衆議院選挙候補者として貴県下より投票を求めらるることとし相成候小生同君と交を厚ふすること茲二十余年随て同君の学殖職見を信すること深く□生敬服罷在候同郷の諸君ハ素より御熟知の事に可有之同君は夙に経済の学を修め其精蘊を究め且ツ我国財政の利幣は多年専心研鑽を重ねられたる所に有之愈々同君にして衆議院に入られ候□衆議院は其俔成最欠貧を感したる財政経済の知識を補足するものと存候間是非諸君の御尽力に依り大多数を以て当選せられ候致度不堪切望候小生同君と旧友あるの故を以て私情を申上候譯ニハ決して無之畢竟財政経済の知識を衆議院に入るゝは衆議院の任務を全ふする所以にして亦国家利福を増進する所以と信候に付同君の当選相成候様御尽力之程繰返し御勧申上候　敬具

四月　武富時敏

長谷川誠三殿(8)

また一九一二（明治四五）年四月、犬養毅、大石正巳、河野廣中の連名で長谷川誠三宛に書簡が来ている。長谷川誠三の援助が得られれば、對馬健之助の選挙に役立って憲政党にとっても大きな前進と見ての手紙と言える。

拝啓益御儘昌為国事御盡力下度段感謝致已ニ御承知候貴友人対馬健之助君諸同人之勧誘ニ左ノ貴県候補者たることを承諾被致ニ付小生乍僭越茲に謹て御紹介申上候同君ハ多年之間経済財政之研究ニ従事せられ学殖識見共ニ生等之敬服するところ議員として尤も適任と存候御熟知之通貴縣ニ於てハ我同志相盛を極め久敷東北之確鎮として信頼致候□□昨年突然一電話之通告を以て全部脱党致候□其理由甚不分明ニ得候要乏二三人士権員之処置に止り縣下多数之人士ニ於てハ依然堅実に志想を維続候致随て其志想を代表すべき人物之要求可有之奉右に付小生進て同君之奮起を求御次第ニ存候幸ニ公明之心を御賛成被下候ハ本懐之致候奉存□□不宣

四月　日　犬養毅　大石正巳　河野廣中

長谷川誠三殿(9)

続いて一九一二（明治四五）年七月二〇日付で長谷川誠三へ大隈重信から書簡が来ている。その時、大隈は憲政党総理であった。

拝啓愈御清穆慶賀此事ニ候陳ハ今回衆議院議員総選挙ニ付対馬健之助儀政友談義の推す所になり候補者に相立て由自分ニ於ても満腔之同情を表し誠ニ其人を得たるを喜居候目下内外多事の場合に於て如此人をして議員たらしむるハ極めて肝要之事と存候間此際御賛成之上同議当選相成候様御尽力煩度希望ニ不堪乍卒尓右得貴意候

草々不宣

七月廿日　憲政本党総理　大隈重信
長谷川誠三殿[10]

對馬健之助が衆議院選挙に立候補したのは、一九一二（明治四五）年のことであった。同年五月任期満了による第一一回衆議院議員選挙が、初めて沖縄県をも含めて行なわれた。第三次西園《さいおん》寺《じ》公望《きんもち》内閣が成立、陸軍は二個師団増設が閣議で認められなかったことに対し、上原勇作陸相が大正天皇に辞表を提出し、陸軍は軍部大臣現役武官制をたてに後任を推薦しなかったために、西園寺内閣は総辞職に追い込まれた。その後、長州と陸軍の長老である桂太郎が第三次内閣を組織したが、藩閥勢力が天皇を擁して政権を独占しているとの声が上がり、立憲政友会の尾崎行雄らの野党勢力、ジャーナリスト、それに商工業者や都市の民衆が参加して「閥族打破・憲政擁護」を掲げた第一次護憲運動が盛りあがった。一九一三（大正二）年民衆が議会を包囲する中で、第三次桂内閣が組閣からわずか在職五〇日で退陣する、いわゆる大正政変が起こった。

そのような流れの中で、一九一二年五月一五日衆議院の選挙が行われた。当時の選挙人の資格は、国税一〇円以上を納める男子のみという制限選挙であった。開票結果は立憲政友会二〇九議席、立憲国民党九五議席、中央倶楽部三一議席、無所属四六議席ということで、西園寺公望が政権を握り、大隈重信もこの派に入った。青森県における選挙結果は表の通りである。

第11回衆議院議員総選挙（1912年5月15日）

当　選	氏　名	得票	政　党
○	工藤善太郎	2220	立憲政友会　新
○	伊藤祐一	2192	立憲政友会　新
○	津島源右衛門	2189	立憲政友会　新
○	広沢弁二	2113	立憲政友会　新
△（次点）	高杉金作	2034	立憲政友会　新
×	榊喜洋芽	1898	立憲政友会　元
×	對馬健之助	608	立憲国民党　新

『衆議院議員総選挙一覧第七回至一三、一四、一五回』より[11]

長谷川が応援した立憲国民党（非立憲政友会系の合同会派）の對馬健之助は最下位で落選した。

青森県の選挙当日の有権者数は一万五九四八人で、投票者数一万四五三二人、投票率九一・一二％であった。對馬健之助が立候補した青森県の郡部では、定数四名で、当選者は、工藤善太郎・二二二〇票、伊藤祐一・二一九二票、津島源右衛門・二一八九票、広沢弁二・二一一三票であった。對馬健之助は六〇八票で落選した。当選した四名は、すべて立憲政友会の推薦であった。

第三節　内閣総理大臣桂太郎「建言書」

石油の建言書

長谷川誠三は、一九一一（明治四四）年に内閣総理大臣桂太郎に「建言書」を提出している。長谷川は日本石油の大株主で、「日本石油株式会社決算報告書」によると、(12) 一九一四（大正三）年では上から数えて四番目に位置している。日本石油社長の内藤久寛や中野浅平から度々手紙が来ており、いかに長谷川が日本石油株式会社に深く関わっていたかをこれらの手紙から推察することができる。

日本の資本主義は日清・日露戦争によって、軽工業から重工業へと移行し、帝国主義的段階へと突入していった。一九〇四（明治三七）年から勃発した日露戦争は、第一次世界大戦、ロシア革命と続くなかで、日本がアジア大陸に勢力を伸ばして帝国主義列強への仲間入りを果たそうとするものであった。動力資源は依然として石炭であったが、将来的には石油の重要性が出てきたところであった。「有限責任日本石油会社」は、一八八八（明治二一）年五月一〇日新潟県で創立総会を行ない、刈羽《かりわ》郡石地町《いしじまち》（現、西山町字石地）に本社を置いた。資本金一五万円、株主は翌年三月末で八三名であった。日本石油設立の発起人は、地主、商人が多く立憲改進党の大隈重

合併直後の日本石油の大株主（大正11年3月現在）

1	日本殖産興業㈱	11	山口万吉
2	西脇合名会社	12	渡辺譲吉
3	中野興行㈱	13	桂　重章
4	㈱関西銀行	14	樋口元周
5	飯塚孫一郎	15	山口誠太郎
6	長谷川誠三	16	小川清之輔
7	㈱村井銀行	17	山口政治
8	新津恒吉	18	大塚益郎
9	内藤久寛	19	目黒文平
10	佐藤行雄	20	中野殖産興業㈱

「日本石油株式会社決算報告書」石川文三『日本石油誕生と日本殖産協会の系譜』を参照

信総理に共鳴する同志であった。その発起人は、新潟県改進党グループで、山口権三郎を中心として、牧口荘三郎、西脇國三郎、久須美秀三郎、本間新作、中野貫一の地主、商人では岸宇吉、小林傳作などである。(13)

一方、日本石油設立より五年後の一八九三（明治二六）年、長岡石油会社を興していた山田又七が隣接地にあった古志石油会社を入手し、宝田《ほうでん》石油を設立した。一九〇七（明治四〇）年末、宝田石油は日本石油に対抗するように一〇〇〇万円の増資をし、日本石油と双璧を担う日本の二大石油会社に成長していった。

一九〇一（明治三四）年五月、大隈重信が長岡で石油企業合同論の演説を行なった。「単独の力は弱い。とても大資本に小資本がうち勝つことは出来ない。結合の固くない者は、強固な結合に勝つことは出来ない」という演説に始まり、「石油事業の大合同を企てるべきである」として、石油業の大合同によって、英米の石油会社に対抗することを説いた。この大隈の勧告は、越後の石油業に対し大きな刺激となり、渋沢栄一、浅野総一郎等の合同の主張となっていったのである。一九一一（明治四四）年三月、鉄道院総裁後藤新平は日本石油、宝田石油の合同は急務なりと主張し、一九一三（大正二）年九月の大隈重信の再度の越後訪問の際、両社を訪れたこともあって、対立抗争を続けていた両社が、一九二一（大正一〇）年

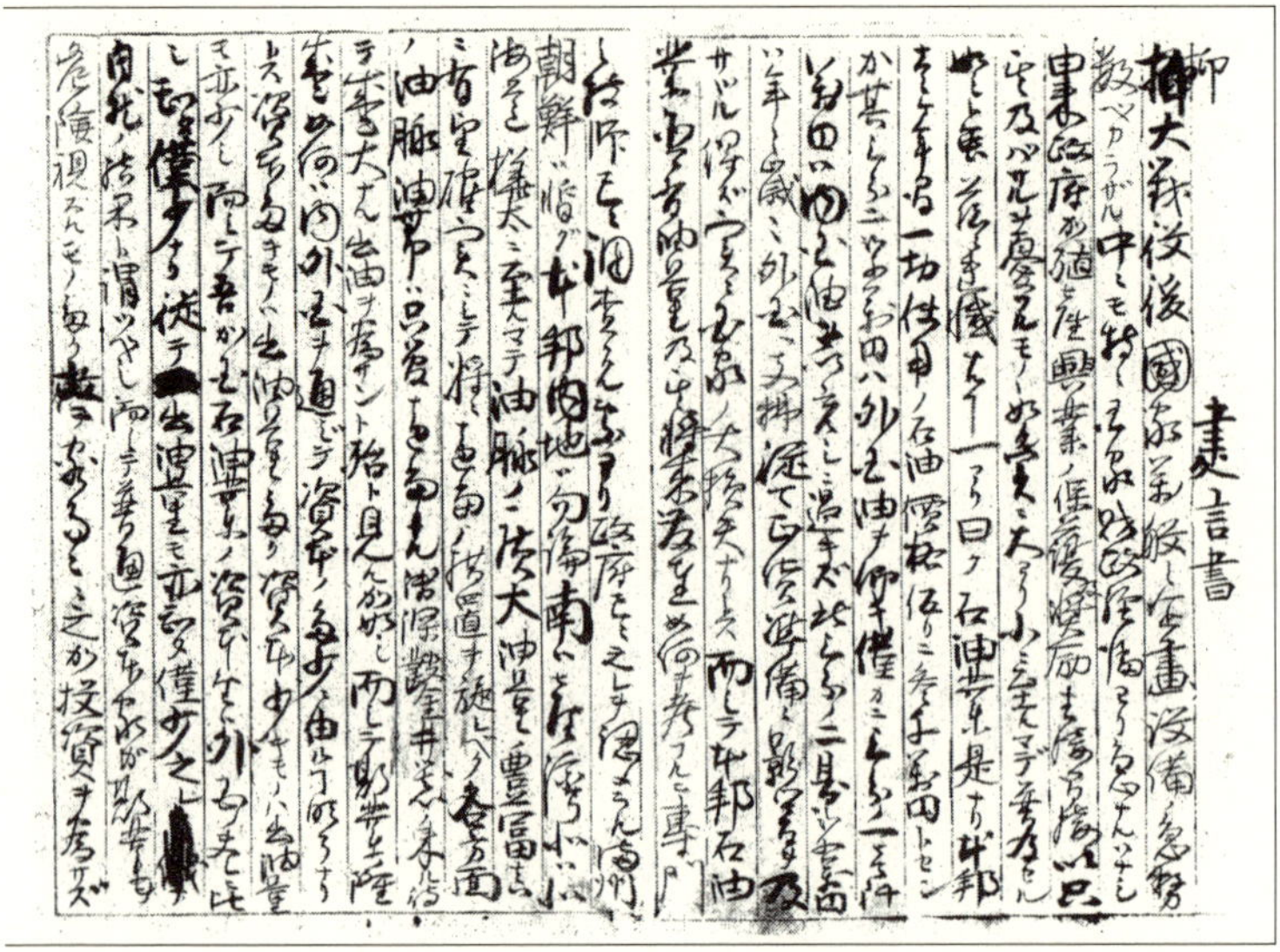

建言書

一〇月合併に踏み切ったのである。日本石油の商号を存続、初代社長には内藤久寛、副社長には宝田石油の橋本啓三郎が就いた。合併後の大株主は、前頁の表に示した通りであるが、一位から四位までは法人が株式を所有、五位が飯塚孫一郎、長谷川誠三は大株主として六位に名を連ねている。

それでは、一九一一（明治四四）年に長谷川誠三が日本石油を代表する形で、内閣総理大臣桂太郎に出した「建言書」を見ることにしよう。長谷川誠三が大株主であるにもかかわらず取締役になっていないのは、東京から遠方の藤崎に住んでいたことがその理由であったと思われる。

建言書

抑大戦役後国家萬般ノ企画設備ノ急務数ベカラザル中ニモ特ニ国家財政経済ヨリ急ナルハナシ由来政府ガ殖産興業ノ保護及奨励直接間接以只其及バザルヲ憂ウルモノノ如ク実ニ大ヨリ小ニ至ルマデ普及セル如シトイエドモ玆ニ遺憾ナルヿ《コト》一アリ曰ク石油業是ナリ本邦壱ヶ年間一切使用ノ石油価格仮リニ参千萬円トセンカ其三分ニ弐千萬円ハ外国油ヲ仰キ僅カニ三分ノ一壱千

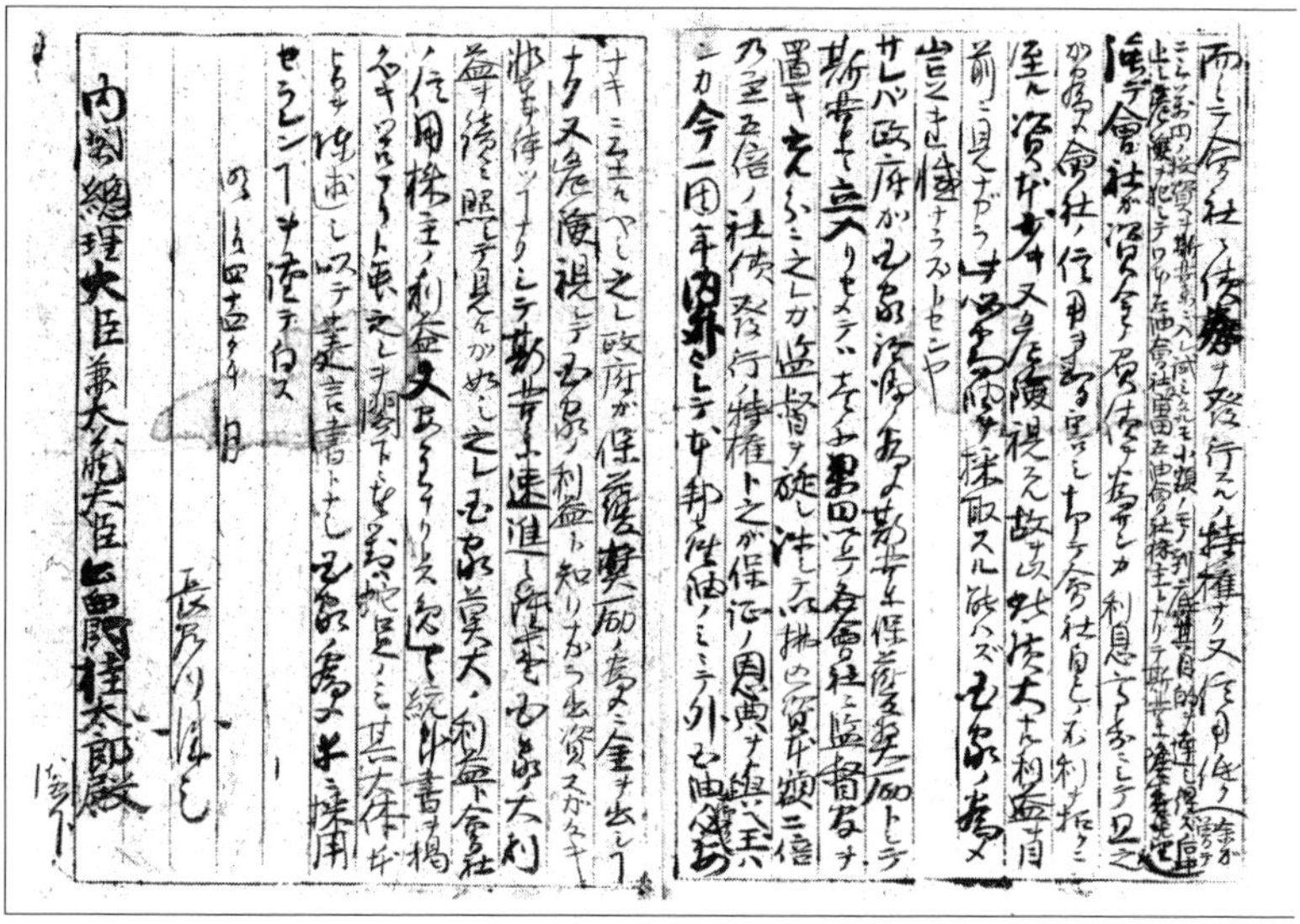

（青山学院資料センター所蔵）

萬円ハ内国ノ油国充シニ過ギズ此ノ三分ノ二月分弐萬円ハ年々歳々外国へ支払従テ正価準備ノ影及サヾル得ズ実ニ国家ノ大損失ナリトス而シテ本邦石油業界ノ石油量及其将来発達如何ニ考フルニ専門ノ教師スデニ調査スル處ヨリ政府スデニ之レヲ認メタル満州朝鮮ハ暫グ本邦内地ハ勿論南ハ台湾北ハ北海道樺太ニ至ルマデ油脈ノ広大油量ノ豊富真ニ有望確実ニシテ将ニ適当ノ措置ヲ施スベク各方面ノ油脈油帯ハ只管適当ナル浅深鑿井ツ志ノ来ル彼テ盛大ナル出油ヲ為サント殆ト見ルガ如シ而シテ斯業ノ興隆如何ハ内外国ヲ通ジテ資本ノ多少ニ由ルコト明カナリトス資本多キモノハ出油量モ多ク資本少キモノハ出油量モ亦少シ而シテ吾ガ国石油業ノ資本金ハ外国ノ夫ニモ比シ甚タ僅少ナリ従テ出油量モ亦甚タ僅少之レ自然ノ結果ト謂ベシ而シテ普通資本家ガ斯業ヲ危険視スルモノ多ク故ニ容易ニ之ガ投資ヲ為サズ而シテ会社ノ債券ヲ発行スルノ特権ナク又信用低ク（余ガ曾テ二三萬円ノ投資ヲ斯業ニ入レ試ミタルモ少額ノモノ到底其目的ヲ達シ得ズ後中止シ危険ヲ犯シテ日本石油会社及宝田石油会社株主トナリテ斯業隆盛セントス）謹テ会社ガ資金ノ負債ヲ為サンカ利息高歩ニシテ

且之ガ為会社ノ信用ヲ甚ダ害シ却テ会社自己ノ不利ヲ招クニ至ル資本少キ又危険視スル故ヲ以此広大ナル利益ヲ目前ニ見ナガラ此必要油ヲ採取スル能ハズ国家ノ為メ豈遺憾ナラズトセンヤ

サレバ政府ガ国家経済ノ為メ斯業保護奨励トシテ斯業ニ立入リセメテハ壱千萬円以上ノ各会社ニ監督官ヲ置キ充分ニ之レガ監督ヲ施シ謹テ以払込資本額二倍乃至五倍ノ社債発行ノ特権ト之ガ保証ノ恩典ヲ與ヘ玉ハンカ今一固年内外ニシテ本邦産油ノミニテ外国油必要ナキニ至ルベシ之レ政府ガ保護奨励ノ為ニ金ヲ出スヿナク又危険視シテ国家ノ利益ト知リナガラ出資スルガ如キ輩ヲ待ツヿナクシテ斯業速進ノ隆盛国家大利益ヲ続々照シテ見ルガ如シ之レ国家甚大ノ利益ト会社ノ信用株主ノ利益大安トナリトス逸ニ統計書ヲ掲クベキ事ナリト雖之レヲ閣下ニ奉対ハ蛇足ノミ其大体ノ本旨ヲ陳述シ以テ建言書トシテ国家ノ為メ直ニ採用セラレンヿヲ謹テ白ス

明治四十四年　月　　長谷川誠三

内閣総理大臣兼大蔵大臣公爵桂太郎殿(13)

長谷川誠三は、国家的見地から見て石油事業はどうあるべきかを論じ説得している。将来国家にとって石油が不可欠な産業になると考えていた。政府の殖産興業の保護及び奨励は順調にいっているが、残念ながら石油事業はうまく運んでいない。当時石油は、国内需要の三分の二以上を外国油に依存、そのため外貨流失が必至となり、日本経済に与える影響大なるものがある。本来自国の消費物資は自国で賄うのが原則である。その点から国内の石油を調査して、少しでも国内の石油を発掘する必要があることを主張していた。しかし試掘、採掘をするとなると莫大な資本がいる。しかし、現状は資本が少なくて積極的な投資ができず出油量は限られ、また資本不足から採取できない場所もあるのは残念なことであるという。

そこでわが国経済発展のために、こうした産業を保護奨励する必要があり、それには資金援助や社債発行の特

日本石油大株主

1898年 （明治31年） 12月	1908年 （明治41年） 12月	1914年 （大正3年） 12月	1921年 （大正10年） 9月、合併前
山口権三郎	山口達太郎	山口達太郎	日本殖産興業㈱
西脇済三郎	西脇済三郎	西脇済三郎	西脇合名会社
牧口義方	山口万吉	飯塚弥一郎	中野興行㈱
山口達太郎	飯塚弥一郎	長谷川誠三	飯塚弥一郎
山田順一	小川清之輔	中野貫一	山口誠太郎
山口万吉	中野貫一	小池国三	長谷川誠三
本間新作	内藤久寛	内藤久寛	内藤久寛
牧口賢弥	渡辺　忠	渡辺　忠	山口万吉
内藤久寛	樋口元周	樋口元周	渡辺譲吉
中野貫一	大塚益郎	山口ムメ	樋口元周
岸　宇吉	本間新作	本間新作	桂　重章
大塚益郎	久須美秀三郎	大塚益郎	山口政治
渡辺清松	西脇健治	桂　重章	大塚益郎
飯塚弥一郎	山中隣之助	久須美秀三郎	目黒文平
山中隣之助	鍵富岩三郎	副島延一	佐々木齊治
桂　誉輝	桂　恕佑	山中隣之助	㈱関西貯蓄銀行
渋谷善作	酒井文吉	松方乙彦	——

「日本石油株式会社決算報告書」石川文三『日本石油誕生と日本殖産協会の系譜』を参照

権を与えることが大切であると切々と訴えている。この「建言書」は、長谷川誠三の独りよがりな形で提出されたものではなく、彼の背後には、二大石油会社である日本石油、宝田石油があり、それらの大株主として会社の経営陣との深いつながりから、いわば石油業界を代表して提出したものであった。

内藤久寛は、日本石油の創立時代からリーダーシップを握ってきた。そして、前述したように日本石油と宝田石油が合併した時の社長であった。彼は徹底した国内石油資源開発論者であった。その点では長谷川誠三と同意見であった。一九一四（大正三）年秋田県黒川油脈の大噴出となって、国内開発優先論の正しさが実証されたかに見えたが、第一次世界大戦で石油需要が増加したにもかかわらず、国内の産油量が伸びず全体の三分の一を満たすことができなかった。ここからわが国は外国原油輸入へと転換することになっていくのである。以下の書簡は、一九一五（大正四）年五月二一日付の書簡で中野浅平を通じて長谷川に届いたものである。

貴書拝見益々御清昌奉賀候然者六、七月中内藤社長在社云々御尋ノ義今日之両確ト御挨拶申上候尤モ御上京前豫メ御電報ニテ御懇会下候バ社長在社ノ有無御返電可申上候尚小生ハ大抵在社致居候ヘバ何時タリ共御面会社況御話可申上候間御了承くだされたく候

今期配当ノ義ハ過日御面談申上候通り種々ノ要求モ省ミツツ候共未タ何レトモ決定ノ運ビニ至ラズ候是ハ決算額上ハ尚時日モ之有不得止次第ニ候其後各地へ出泊状態モ良好ニ有之秋田黒川ロータリー第十七号井ハ時日午前九時ヨリ噴油一時間百十石即日産代千六百石以上混々トシテ自噴致居候其他今品十八、十九、二十、二十一号ノ各井トモ追日成功ノ見込ニ候

右□貴主殿時々御自愛御祈

五月二一日

中野浅平

長谷川誠三殿

尚今度　社長ヨリモ宜敷ト申ス事ニ候[14]

一九一四年に黒川油脈が発見されて、国内石油が注目された時代の手紙で、日本石油の内藤久寛社長が長谷川と相談したいことがあるとの内容であった。黒川油脈の発見は、長谷川誠三が日本石油を代表する形で内閣総理大臣桂太郎に「建言書」を提出した後に起こったことで、政府の期待もあって成功したので、誠三の名前も財界

をはじめ政治家にも知れ渡った。秋田黒川ロータリー一七号は、日産一六〇〇石以上出ていて、一八、一九、二〇、二一号も成功の見込みという上り調子の報告が寄せられた。そうしたこともあって、配当金をどのくらいにするか決まっていないということで、今後の方向性を決める重要な時期に来ていることが手紙の内容から考えられる。

注

(1) 青森県農地改革史編纂委員会『青森県農地改革史』一二一―一二四頁。

(2)「先人の遺稿　地主諸君に議る――時局に際して」は一九〇五(明治三八)年一月一八日と一九日の両日にわたって、長谷川誠三が書いた。この頃の青森県の災害状況をみると、一九〇三(明治三六)年と翌年にかけて洪水や凶作の災害が起こっている。一九〇三年七月二四日には岩木川の大洪水があった。稲垣村豊川地内の新堰水門破壊や堤防が決壊し、稲垣、舘岡、車力の三か村、三八六四町に被害があった。またこの時、津軽各地で被害があったようで、数日続いた雨で、津軽四郡は橋流失七か所、堤防破壊五七か所、道路決壊一九か所、水田冠水三〇〇〇町歩、家屋浸水一〇〇〇戸の被害があったという。続いて、明治三七年にも四月一日、五月五日に五〇年来の大水で、岩木川、ほかに金木川、山田川などの堤防が破損する災害があった(津軽工事事務所『岩木川洪水記録』、青森地方気象台『青森県気象災害誌』より)。長谷川誠三は、洪水によって、また凶作で農民たちが苦しんでいる様子を肌で感じていたと思われる。このような思いが、一九〇五(明治三八)年に『東奥日報』に「先人の遺稿　地主諸君に議る――時局に際して」という記事を書くに至ったと思われるし、一九一三(大正二)年の東北、北海道地方の大凶作に対し農民救済のために二〇万円を惜しまず出して救済することになったものと考えられる。

(3)「先人の遺稿　地主諸君に議る――時局に際して」『東奥日報』一九〇五(明治三八)年一月一八日『竹南文集(第四冊)』東奥日報社、三八八―三八九頁。

(4) 今井清一『日本近代史Ⅱ』岩波全書、二〇〇七年、四頁。

（5）「先人の遺稿　地主諸君に議る——時局に際して」『東奥日報』一九〇五（明治三八）年一月一九日『竹南文集（第四冊）』三九〇―三九一頁。
（6）長谷川虎次郎「故長谷川誠三翁」『竹南文集（第三冊）』東奥日報社、二九六―二九七頁。
（7）一九〇四（明治三七）年二月二四日付青森県知事山之内一次から長谷川誠三宛書簡。
（8）一九一二（明治四五）年四月付長谷川誠三宛武富時敏書簡。なお、武富時敏については『国史辞典』を参考にした。
（9）一九一二（明治四五）年四月付長谷川誠三宛犬養毅、大石正巳、河野廣中書簡。
（10）一九一二（明治四五）年七月付長谷川誠三宛大隈重信書簡。
（11）衆議院事務局『衆議院議員総選挙一覧第七回至一三、一四、一五回』衆議院事務局印刷局、大正七―一五年。
（12）「日本石油株式会社決算報告書」石川文三『日本石油誕生と日本殖産協会の系譜』日本文化社、一九九九年。
（13）同右。
（14）この文書は、一九一一（明治四四）年、内閣総理大臣兼大蔵大臣公爵桂太郎に長谷川誠三が「建言書」として提出したものである。
（15）一九一五（大正四）年五月二一日付長谷川誠三宛中野浅平書簡。

第八章　メソジスト教会からプリマス・ブレズレンへ

第一節　プリマス・ブレズレンとは

日本橋教会離脱事件

藤崎教会にも弘前女学校にも欠くことのできない重責を果たしてきた長谷川誠三であったが、彼に信仰の一大転換が起こった。それは、一九〇六（明治三九）年九月のことであった。彼は、約二〇年にわたって属してきたメソジスト教会を離脱して、一小教派にすぎないプリマス・ブレズレンに転じた。プリマス・ブレズレンは、一八三〇年頃、J・N・ダービー牧師を中心に英国教会から離れた一団で、イギリス南西部の港町プリマスにおいて起こり、当地のプロビデンス・チャペルで集会をもったことに始まる。その後、アイルランドのダブリン市に広まり、イギリスからアメリカ、カナダ、ドイツ等に伝道され、日本には一八八八（明治二一）年秋、ハーバード・ジョージ・ブランド（Brand, Harverd George）によって伝えられた(1)。

ブランドは、一八六五年ロンドンの南八〇キロ、イギリス海峡に面するブライトンに生まれ、ケンブリッジ大学ペンブロック・カレッジに入学、神学を学んだ。外国伝道を志望、聖公会に疑問を持ちプリマス派の集会へ参

H・G・ブランド（藤尾正人『ブランドさんとその群れ（1）』より）

加した。聖公会のA・C・ショウという宣教師が大学で講演した時、「日本人は宣教師の言うことをそのまま聞かないで、自分たちの判断でやるのでやりにくい」という伝道の難しさを語った。宣教師がやりにくいところなら、日本に行く宣教師も少ないだろうと考えて日本行きを決めたという。一八八八（明治二一）年秋、彼はケンブリッジ大学を卒業して一年後、プリマス派からの何の支援もない自給伝道者として横浜に到着した。時同じくして同派のエドワード・ペターが商用で日本にいた時、一八六九年米国長老教会の牧師で東京基督教公会を創立したD・タムソンから受洗した判事の鈴木鉀二郎を紹介された[2]。

その後、日本基督日本橋教会において一つの事件が起こった。北原義道牧師が、自分の息子が盗癖から退校処分になったのを隠蔽していたというもので、「そんな不純な人格は吾等の聖師ではない」として、日本橋倶楽部の青年たちが牧師の息子の問題を契機に日本橋教会を離脱した。日本橋倶楽部は日本橋教会の青年たちが作った団体で、会の目的は、知育、徳育、体育とし、活動は土、日曜に近隣の子どもたちに英語や算術を教え、柔術も教え、また聖書研究会を行ない、路傍にて福音伝道もした青年たちのグループであった。ある日のこと、日本橋倶楽部の一人の青年が洗礼を受けたいと思っていたが、洗礼を授ける牧師を見出すことができなかった。いろいろな教会の牧師に洗礼を授けて欲しいと依頼したが、教会に来れば洗礼を施すが、日本橋倶楽部の場所では施すことができないと言われて困っていた。そこで、日本橋倶楽部の顧問役である村田友蔵が浅草教会の松田亀七に相談したところ、松田の家庭集会に来ていた鈴木鉀二郎を紹介され、鈴木の案内でプリマス派のブランドが日本橋倶楽部の道場に来て洗礼を授けた。
「日本基督一致東京第二中記録」[3]によれば、一八八九（明治二二）年一〇月、長老村田友蔵、同フキ、同藤治、阿部鉄吉、早川三郎、素直捨次郎、藤井米太郎、星野鎮之輔（天知）、同男三郎、平田喜一（禿木《とくぼく》）の退会届が承認され、同じ日本基督教会の浅草教会では、長老村田眞吉、同ハルの退会届が認められ、これらの信徒は、プリマス・ブレズレンに離脱していった。この出来事を皮切りに翌々年の一八九一年にかけて、日本橋教会では会員七一名がプリマス・ブレズレンに離脱するという一大事件が起こったのである。[4]こうして日本基督教会では、明治二〇年代だけでも関東でこの二つの教会の他に明星教会、本所教会、桜田教会、本郷教会、下谷教会、海岸教会、桐生教会、上田教会などの教会が影響を受け、長老や執事が離脱したのを見ることができる。またプリマス派の影響を受けたのは、関西では組合教会の島之内教会、メソジストでは、盛岡教会、長谷川誠三が所属していた藤崎教会などを挙げることができる。

村田友蔵、星野天知、平田禿木らとほとんど同時に日本橋教会を出た浅田洋次郎は明治学院の学生であった。この明治学院系の人たちにはプリマス派に離脱し、この派の伝道に中心的な役割を果たした人たちが多い。海岸教会の長老で明治学院で教鞭をとっていた椽谷喜三郎もその一人である。海岸教会の会員には、明治学院神学部の学生の乗松雅休《のりまつまさやす》と首藤新蔵がいた。乗松は、北原義道が日本橋教会の牧師を辞任したあと神学生の立場で同教会の説教を担当していた。その乗松があまりにも多くの者がプリマス派に離脱するので、脱会を引き留める勧告委員を選んだ。ところが勧告委員となった浅田喜三郎までが一家を挙げて、ブランドの群れに加わってしまった。乗松は見過ごすことができず、毎週木曜日の夜、村田友蔵の家でブランドの聖書講読会が開かれるのを知って、その家に入る者をチェックし、浅田家に出かけて喜三郎に日本橋教会に戻るように説得した。

鈴木善七編の『先輩兄弟ら——明治篇』には次のような記述がある。浅田喜三郎の家で、「聖書に由りて互に語り合う内に夜となり、夜通し語り続けて翌朝になった。此頃は終日夜通し語り合う事は稀ではなかった。遂に乗松兄の心、主に啓かれ『あなたの方が本当だ』」と浅田に乗松が告白した。その時、乗松は「まず神の国と神の義とを求めよ」（マタイによる福音書六・三三）の御言葉が与えられて決心したという。その後、乗松はそこに立ち寄った矢口信太郎の案内でブランドを訪ねプリマス派に加わった。彼は明治学院神学部を去り、直ちに伝道の旅に出ていく生活に入った。一八八九（明治二二）年晩秋である。また首藤新蔵も乗松を追うようにプリマス派へと移った。それから六年後、乗松は朝鮮伝道に旅立ち朝鮮人になりきって伝道することになっていくのである。(5)

明治期のキリスト教は、倫理的で単純な信仰であったのに対し、プリマス派の提起したものは、高度で難解な神学というより、すべてを主にゆだねる「ナザレのイエスの素朴な福音」を信ずる信仰であって、この福音は信徒一人一人に真の教会、真の信仰とは何かを鋭く問いかけるものであった。プリマス・ブレズレンの問題提起は、一種の信仰覚醒《リバイバル》運動であった点に特徴があり、牧師や指導者ばかりではなく、平信徒を巻き込んだところに波紋が大きくなった原因があった。(6)この派は現在、キリスト同信会と名乗り、教会の制度や組織を排する一方、特定の教義や信条を持たず、教職を置かず、聖書を唯一のものとして、聖霊に導かれるままに礼拝し、毎週聖餐式を行ない、教理上はカルヴァン主義と言われる。当時プリマス派本部では、聖書を文字通り一字一句神の霊感によって書かれたもので、聖書の記述には間違いがないとする聖書逐語霊感説を採用していたのに対し、ブランドはこの立場を否定しリベラルな聖書解釈の立場をとっていた。ダービーらの兄弟団の信仰は、伝統的教会観を否定したため異端視された。なぜ牧師でなければ聖餐を執行できないのか、なぜ牧師でなければ洗礼を授けることができないのかという疑問があった。プリマス派は聖霊の導きによって礼拝を守り、誰でもが御言葉を語ることができる万人祭司の立場を取った。

こうしてプリマス派は、万人祭司主義と深い聖書の学びが特徴となった。当時日本の教会では、現在のように一人一人が聖書を持っていたわけではなかった。旧新約聖書が一冊の聖書としてできあがったのは、一八八八（明治二一）年のことであった。聖書は高価で、とりわけ旧約聖書を丹念に読む者は少なかったと考えられる。山本秀煌《ひでてる》は『日本基督教会史』のなかで、一八九〇（明治二三）年一二月に日本基督一致教会から日本基督教会へと組織替えをし、「日本基督教会信仰の告白」を作成した。これは使徒信条に前文をつけた単純な信仰告白で、礼拝において讃美告白できる信仰告白を制定したと記述している。山本は、日本基督教会の信条、憲法、規則改正に際し、プリマス・ブレズレンの影響が少なからずあったと指摘している。とりわけ日本基督教会が単純な信仰告白を作成した理由にはプリマス派の影響があったのである。

プリマス・ブレズレン派は非組織的にして専ら信仰を重んじ、祈禱と霊感とを以てその信仰的生命となし儀式的信条・形式的規則を排斥し、聖書を唯一の教典となし、能く之を読み能く之を宣ぶる徒なり。その日本に来るや一時各派の基督教会員を誘惑し、為にその母教会を脱して彼徒の許に赴くもの往々にして之ありしが、その感化によりて、信仰的覚醒をなしたるもの尠なからず、我が一致教会中にもその信仰に敬服し、境遇によりてこの非制度説に共鳴するものあり、直接間接のその感化を受けしもの尠なからざりき、これ信条及び憲法、規則改正に当りて大なる影響をあたへしもの、如し(7)。

一八七二年三月一〇日（明治五年二月二日）、日本で初めての日本人によるプロテスタント教会である日本基督公会を創立したJ・H・バラは、日本基督教会とプリマス・ブレズレンとの関係を「J・H・バラとプレモス・ブレズレン」と題する談話筆記のなかで、次のように述べている。

バラが軍艦乗組の或る熱心なる信者に誘はれてプレマス・ブレズレンの集会に出席して大なる霊感を与へ

られた。彼らには信条の複雑なるものがない　聖書一本槍である　それにも係らず信仰は活発であつた　考へざるを得なかつた。後年又プレマス・ブレズレンの運動が興り教会の――海岸教会の――中の優良分子が渫はれてゆくので再び考へさせられた。日本基督教会の簡易政治と簡易信条とはこの事に大なる関係がある(8)

プリマス・ブレズレンといえば、聖書一本槍でという表現で、聖書を熟読しているニュアンスが伝わってくる。海岸教会の優良分子という表現をしているが、これは明治学院神学部の学生であった乗松雅休、首藤新蔵、長老の槙正身といった会員がプリマス派へと離脱したことを指している。と同時にJ・H・バラも山本秀煌と同じように、プリマス派が日本基督教会の「簡易政治」と「簡易信条」に影響を与えたことを指摘している。こうした評価に対し、植村正久は福音新報紙上で、無教会主義とプリマス・ブレズレンを素人神学者と断じ、「偏僻な片意地ものの起るのも」職業伝道の弊害に対する反動であると非難している。彼はプリマス派をどのキリスト教徒より頑固で「奇癖なる教義」を説いて、既存の教会に種を蒔き信徒の引き抜きをするような派であると酷評している(9)。また長谷川誠三がプリマス・ブレズレンへと離脱する時に、本多庸一からメソジスト派にとどまって教会革新を行なってほしいと書簡で懇願されている。本多は、「組織ある教派を嫌悪するや殆ど其破壊を希望するがごとく」と述べ(10)、プリマス派が既存の教会の組織を否定することを的確に突いている。また「彼らの真面目なる信仰の深く厚きは学ぶべき事なるも」と評価しているが、「真に偏狭の境に退きて教界の紛糾も度をますがごときは厭ふべき事と致し」と既存の教会に分け入って分裂させるような考え方を持っていると考えていることが読み取れる。

プリマス・ブレズレンによって一番影響を受けたのは日本基督教会であった。また組合教会もメソジスト教会も少なからず打撃を受けた。のちに述べるが、一九〇六（明治三九）年メソジスト教会では盛岡教会と藤崎教会が分裂し、会員がプリマス・ブレズレンに離脱している。しかし、考えてみると、プリマス派に流れていった要因は、この派の信仰が本物のキリスト教のそれであったがゆえに離脱が続発したとみるべきである。山本秀煌は、プリマス派が日本基督教会に及ぼした影響を認め、プリマス派の動きを単なる正統的教会への挑戦とか、混乱や破壊を招いた犯人であるといった被害者意識からではなく、この派の波紋によって日本基督教会が神学的に信仰的に成長させられたとして評価しているのは特記すべきである。従来のプリマス・ブレズレンに対する評価は制度的教会から言えば、評価するに値しない小教派であると思われてきたが、日本プロテスタント・キリスト教史の上においていかなる役割を果たしたのかという視点から見る時、プリマス・ブレズレンの評価もおのずと変わってくるものと考えられる。

第二節　メソジスト教会から離脱

弘前女学校から去る

弘前女学校は、約二〇年にわたって校主長谷川誠三のもとで発展していったが、やがて信仰上の問題から長谷川がメソジスト派から一小教派なるプリマス・ブレズレンへと離脱した結果、弘前女学校から去ることになる。一九一〇（明治四三）年三月二六日、弘前女学校の設立者を長谷川誠三から本多庸一に変更することになった。その変更もかなり時間がたってから手続きを取っているのが分かる。

設立者変更届

本校設立者ハ従来青森県南津軽郡藤崎村長谷川誠三ノ名義ニより候処々般双方ノ合意に依り拙者の名義ニ

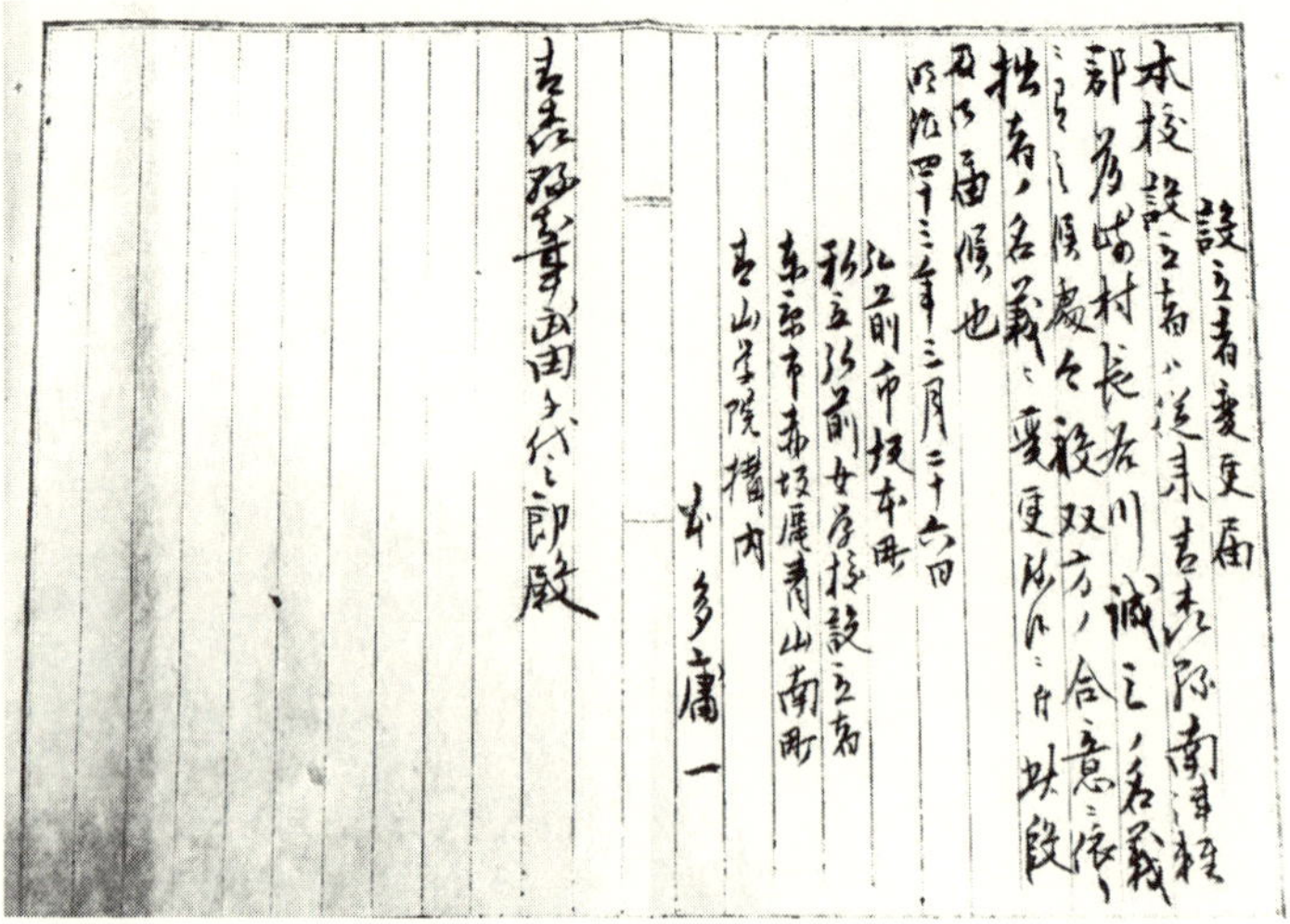
設立者変更届
本校設立者ハ従来青森県南津軽郡藤崎村長谷川誠三ノ名義ニ有之候處今般双方ノ合意ニ依リ設立者ノ名義ヲ変更致候ニ付此段御届候也
明治四十三年三月二十六日
弘前市坂本町
私立弘前女学校設立者
東京市赤坂区青山南町
青山学院構内
本多庸一
青森県知事武田千代三郎殿

設立者変更届（弘前学院所蔵）

変更致候ニ付此段之御届候也
明治四十三年三月二十六日
弘前市坂本町　私立弘前女学校設立者
東京市赤坂区青山南町　青山学院校内
本多庸一
青森県知事武田千代三郎殿[11]

この青森県知事に提出した変更届は、「双方ノ合意に依り」ということだけを記しているが、学校史で一番古い年史である『弘前女学校歴史』では、「従来本校の設立者は美以派の長谷川誠三氏なりし数年前より其信仰を異にしたるより殆んど本校と関係を絶ちたる」と、信仰上の理由により設立者を変えたことを書き記しているので設立者の変更の理由がよく分かる。

ここに長谷川誠三は、本多庸一の必死の説得も通じずメソジスト派から離れ、プリマス派に移ることになった。そのことは弘前女学校から離れることを意味していた。『弘前学院百年史』によれば[12]、一九〇六（明治三九）年九月に離脱して、弘前女学校の校主の座はそのままになっていたが、四年後の一九一〇（明治四三）年三月、設立者を長谷川誠三から本多庸一に変更し、県庁に届けることになった。弘前女学校は、長谷川誠三在任中の一九〇四（明治三七）年、教頭が工藤玖三から吉田本次に変わり、さらに一九〇八（明治四一）年九月に新内岩太郎が就任している。一九〇六（明治三九）年九月にメソジスト教会を離脱してから一九一〇（明治四三）年三月に設立者が本多になるまでの間の経営についてはどのように行なわれていたか定かではない。恐らく、教頭の吉田本次や新内岩太郎に任せ、これらの教頭が本多庸一と連絡を取りながら学校運営をしていたのではないかと思われる。本多庸一は、弘前女学校の経営のことを考えれば長谷川の功績が大きかっただけに即断できずにいたのではないか。こうして、長谷川の設立者交代はプリマス派に離脱してから四年後ということになってしまったのである。

しかし、このような状態が長く続くことは学校経営にとってはあってはならないことであった。経営体制の動揺が続く中にあって、政府は国民教育を充実させるために一九〇七（明治四〇）年三月「小学校令」を発布、義務教育が四年から六年に延長され、二か年の高等小学科が置かれることになった。こうした状況のなかで、設立者を変え学制改革に乗り出す必要があった。本多庸一の指導を得ながら新内岩太郎教頭が起草して、一九一〇（明治四三）年八月県知事に学則変更を申請し、認可を得ている。その規則の第一条によれば、「本校は女子に須要なる教育を授け基督教主義に基づき人格の発達を図り家庭及社会に有用なる淑女を養成す」とし、予科一年、本科五年、手芸部普通科・高等科を各二か年とした。そのカリキュラムの特徴としては、英語を重視しているのが分かる。予科では週三時間の英語の授業があり、本科は週六時間の英語を課している。こうして、学則変更後は完全なるミッションスクールに移行することになった。一九一二（明治四五）年七月一八日付をもって弘前女学校の校地校舎のすべてを米国メソジスト監督派教会女性海外伝道協会（ＦＷＭＳ）に寄与し、代表者ミス・Ｂ・アレクサンダー校長を設立者として、ここにミッションスクールへの移行が完結したのである。(13)

その後の本多と長谷川の関係は、個人的な交流は続いたが、弘前女学校を経営していた時代のように仕事上頻繁に手紙のやり取りをした時と違って、時々手紙のやり取りをするなかで、次第に疎遠になっていったのではないかと思われる。

第三節　メソジスト教会離脱の原因を追う

長谷川誠三メソジスト教会から離脱

長谷川誠三がなぜメソジスト教会の藤崎教会を離れて、一小教派なるプリマス派に転じたのかの原因については、未だ十分に解明されていないと言える。そこには、長谷川誠三の信仰という内面的な問題がその解明を難しくしている。しかし、その謎の部分の解明には誰もが興味を引かれるものと思われる。そこで、まず筆者が収集した資料から見ていきたいと考える。

福島恒雄編著『藤田匡伝――我が国最初の盲人牧師』という本がある。[14] 福島は『北海道キリスト教史』（一九八二年）を書いた研究者としても名高い。『藤田匡伝』は、一九六六年福島が藤崎教会の牧師時代に出版されていて、藤田匡のことを古老から聞き書きをしながら記録しているので、貴重な伝記といえよう。一九〇六（明治三九）年九月長谷川誠三等が藤崎教会を離脱し、藤崎教会が分裂状態になった後、一九一三（大正二）年に藤崎教会の立て直しのために藤田匡が牧師に招聘された事情を福島恒雄は次のように書いている。

　この匡牧師を是が非でも招聘したいと熱心に願った藤崎教会は特別な事情にあった。それは長いことこの教会の二大柱石として奉仕してきた佐藤勝三郎と長谷川誠三との間にささいな事から感情的対立が生じ、丁度その頃藤崎に伝道を始めたプレモスブレゼレン派に長谷川誠三等十数名が移り実質的に教会は分裂してしまった。この小さな教会が分離したことは後々迄教会の大きな傷痕となった。[15]

時あたかも日露戦争の頃で国粋主義の時代であったので、教会は沈滞へと傾斜していった。匡にとっては、また藤崎村のキリスト教徒たちにとっても、誠三たちは幼いころからの友で信仰を共にしてきただけあって、彼らの離脱に身を切られる思いだったに違いない。分離問題は、村の人たちにとってキリスト教に対する不信感と大きなつまずきになったのである。藤田匡は深い祈りをもって和解を望み、同じ信仰に帰ることを勧めたが難しいことであったと福島恒雄が伝記で述べている。

藤崎教会員の佐藤幸一が「藤崎教会プレマス派渡来から終幕まで」という論文を書いている(16)。この序文にあたるところで、藤崎教会が創立一一二周年を迎える教会の中で最も困難を極めた一時期があったと述べている。それは「明治末期に発生した教会分裂事件である」とし、経験したことのない不幸な事件であったと指摘している。そして、この事件の真相を解明したいとしている。佐藤幸一は、まずはじめに長谷川が離脱するに至った経緯を伝える一九〇六(明治三九)年一二月一一日付の新聞記事を引用している。

当村耶蘇教は由来長谷川一族及び佐藤一族によりて会堂を設け牧師を聘して数年以来維持し来りたる処当年教師の庫裏を増築したりしに工事担当者は佐藤勝三郎氏にて此増築費割合に高価のものとなりしがさて信者各人に割付の処例の長谷川頭取真赤になりて憤怒し元来庫裏の増築は吾等の余り賛成せし処にあらざりしに今や此高価の割合を課されては大に迷惑せざるを得ずといきまき罵りければ常より勝気の勝三郎氏も売り言葉に買言葉になり結局此増築費は勝三郎氏一箇にて負担す……(17)

どの新聞からの引用か明記されていないので調べたところ、明治三九年一二月一一日の『弘前新聞』であることが判明した。それは教師の庫裏《くり》(台所)の増築をめぐっての問題であった。長谷川は牧師が住む庫裏の増築は必要ないと考えていたが、勝三郎は増築を提案してきたので両者が激しく対立した。庫裏増築の是非を判断することは、難しい。増築がなぜ必要かの理由が分からないが、要するに牧師の部屋を広くすることが適当かということである。子どもも成長して夫婦だけの生活ということであれば、広くする必要がないかも知れない。また増築と同時に部屋を綺麗にして住みやすくすることも考えられると思われる。いずれにしても誠三は、増築に反対、結局勝三郎の個人負担で決着を見たが、二人の間にしこりが残ったということは考えられる。そして、佐藤幸一はこのことが長谷川が藤崎教会を離れることになった第一の大きな原因としている。藤崎教会創立期から教会の財政構造は、二大地主でもある佐藤勝三郎と長谷川誠三によって支えられているところがあったので、この二人が仲たがいをしたとなればただ事ではない。

さらに詳しく触れると、佐藤幸一は長谷川と佐藤勝三郎との対立の契機になったのは、一九〇三（明治三六）年四月の教会堂改築委員会に遡るという。一九〇七（明治四〇）年を目標に総額二〇〇〇円の献金を集めるもので、長谷川は一〇〇〇円、佐藤は四〇〇円という金額を決め署名している。佐藤幸一は庫裏をめぐって衝突したのはその通りであるが、それより以前、二人の間には考え方の相違があったという。それは、一九〇一（明治三四）年藤崎銀行の上期に役員の改選があったが、支配人の立場にあった佐藤勝三郎が役員から去った。同年一〇月りんごの生産会社敬業社を解散、長谷川との関係を絶ったと佐藤幸一は指摘する。つまり長谷川が佐藤を銀行から去らせ、佐藤も敬業社を解散して長谷川との関係を絶ち切ったという。「これまでは義兄弟という縁でお互いに経済面での協力は惜しまなかったが、これ以後教会分裂が兆したと考えられよう」と述べ、その後プリマス・プレズレンの伝道があって、「長谷川は自分一人の退会ではなく一族郎党を引き連れて藤崎教会を退会するとの意思表示と受け取れる。長谷川・佐藤の問題の深さをまざまざと見せつけられるのである」と結論づけている。[18]

銀行経営をめぐって、長谷川と佐藤の間で経営の考え方の点で意見の相違があったということを佐藤幸一が指摘しているのは頷《うなず》ける。佐藤勝三郎の生涯を見ると、藤崎を中心とする地方産業の振興に尽力した人物である。それに対し、長谷川誠三は地方産業を活発化する点では佐藤と共通性があるが、日本という国家的視野に立って物事を考える視点を持っていた点で、特筆すべき人物と言えよう。長谷川誠三は、国家的見地から石油の重要性を認識して日本石油、宝田石油に関わって桂太郎内閣総理大臣に「建言書」を出した。未だ石油の重要性が叫ばれていない時期に、世界最大の石油メジャーであるアメリカのスタンダード・オイル・オブ・ニュージャージーの株を相当所有していたところに現れているように、世界的視野で物事を考える事業家であった。従って、長谷川は一地方の産業人には収まり切らない視野を持っていたということができよう。そのように長谷川と佐藤との考え方の相違が見られた。

話を戻して、佐藤幸一がいう佐藤勝三郎が敬業社を解散させ、長谷川との関係を絶ち切ったという主張には説得力がない。なぜなら敬業社は株式会社組織であった。どこよりも早くりんごの換金作物の価値に着目してスタートしただけに、綿虫駆除に多量の労働力を必要とし、樹木の衰弱によって採算が合わなくなって生産性が上がらなくなった時に、長谷川と佐藤はこれからの敬業社の方向性を相談したと思われる。これまでりんご生産において先駆的な役割を果たしてきたが、生産の行き詰まりに遭遇し、これからの経営を考えた時に、害虫駆除の解決に決定打を見出せないだけに、これ以上生産を続けても活路を見出すことはできないと結論づけたと思われる。しかもこの時点では多くのりんご業者が事業をスタートさせており、敬業社は一つの役割を終えたと考えて、会社を閉じたとみた方が妥当性があると考えられる。この考え方は、青森県経済部が出した『揺籃時代における青森りんご――敬業社りんご園経営記録』によって定着している考え方である[19]。従って、佐藤勝三郎が敬業社の解散によって長谷川との関係を断ち切ることになったという説明は、資料的な面から見ても従来の定説を覆す考え方で、根拠に欠ける見方であると考えられる。

次に長谷川誠三の離脱に関し、一九九〇年三月に刊行された『弘前学院百年史』には「藤崎教会の分裂」「長谷川の離脱」と題して記述している。この箇所を執筆したのは、弘前学院百年史編纂委員会の執筆一覧から見ると、同学院教授の相澤文蔵であることが分かる。第六章校主のあり方、その中の教会分裂の箇所において、長谷川と義兄にあたる勝三郎との間に教会の建て替えをめぐって意見の対立があり、「近親の間の対立だけにそれはじめじめした陰湿なものとなっていった。この事によって藤崎教会は長谷川、佐藤両家の一族が中心となっていたので教会の分裂という悲劇となった」という。そして、「このような藤崎教会の会員間の間隙をぬって『プリマスブレズレン』というキリスト教の一派がしのびよってきた」と説明している[20]。教会の建て替えをめぐって意見の対立があったという点では、佐藤幸一の考え方も、『弘前学院百年史』の叙述も、また『藤田匡伝』において、ささいな事から感情的対立があって、そこにプリマス・ブレズレンの伝道があって離脱したという点においては、概ね同じような説明になっている。それは、『藤田匡伝』のところで、古老の話から出たものを裏づけているとも考えられる。確かに長谷川の動向を外から見ると、そういった見方ができるかもしれない。

相澤文蔵は、佐藤幸一の叙述とは違った書き方をしている。相澤は「長谷川誠三の限界」という小見出しで書いている。弘前女学校は、基本的には校長と宣教師の派遣についてはミッションの負担になっているが、日本人教師、校舎の建築、維持については女学校の経営者に依存していた。ということは、二〇年来女学校の財政は長谷川誠三に負うところが大きかった。長谷川の周辺の者たちは、彼が財政負担をしていることを知っていて、経営に口出しする者はいなかった。口を出すことは、自ら経営を引き受けることになるからである。その意味では、女学校経営について「孤独の境地」に追い込まれていったに違いないと言っている。筆者は相澤がプリマス派への離脱を信仰的側面から捉えているのに注目したい。長谷川は自宅や藤崎銀行で毎日曜日集会を行ない、自身が司式をした。「大なる主ノ憐ミニヨリ恩寵豊カナル導キニ従ヒ」「単純ニ主キリストノ名ノモトに集リ」と誠三が残した文章を引用して、純粋に信仰の内容の相違によるメソジスト宗派からの離脱宣言であると書いている[21]。

また『地の塩世の光として――藤崎教会百年記念誌』でも、脱会の動機はいろいろ考えられると言うが、「決して佐藤勝三郎等との感情問題からではなく、純粋な信仰上の理由からであったとする見方が正しいと思われる」と、ここでも「純粋に信仰上の理由」としていることに歴史を見る眼があることを評価したい。[22] そこには、制度的な教会であるメソジスト教会への反発があったのではないかと指摘している。メソジスト教会は年会による牧師の派遣、転任などを行なう上で中央集権的な色彩が強く、いち早く自給独立した藤崎教会のメンバーであった長谷川誠三にとって受け入れがたい点があったのではないか、反発があったのではないかと分析している。

長年藤崎教会を担う会員として活動し、メソジスト系の学校の校主として、重要な働きをし、藤崎銀行を設立し、様々な事業を立ち上げてきた長谷川が、メソジスト教会から一小教派なるプリマス派に移るについては、そこに様々な問題が起こることは彼自身も考えていたと思われる。そうしたことを考えた時に、会堂の問題で意見の対立があったからといって、その理由だけで、今までの実績のすべてをご破算にするようなことをするだろうか。そこには、今までの社会的地位や名声を捨ててプリマス派に移るに至った根源的な理由があったと考えられる。

かつて藤崎教会を牧会したことがある平野栄太郎は、この当時盛岡教会の牧師になっていたが、一九〇六（明治三九）年九月に長谷川が離脱すると同時に平野もメソジスト教会を離脱した。[23] 藤崎教会時代では、平野は教会の柱石を担う長谷川と意気投合し親密な関係にあり、平野は時に説教を長谷川に頼むということをして高く評価していた。なお、平野のプリマス・ブレズレンへの離脱については次節で述べることにする。

それではさらに、なぜ長谷川誠三は約二〇年にわたって所属してきた母教会である藤崎メソジスト教会を離れることになったかを追ってみたいと思う。まず、メソジスト教会側の反応のひとつとして、メソジスト教会の機関誌『護教』では、どのような扱い方をしているかを見てみたい。長谷川誠三が一九〇六（明治三九）年九月に藤崎教会を離脱して一か月以上経った一〇月二七日付『護教』に次のような記事がある。

予は九月五日晩祈禱日に同教会を訪ひしに幸に予をして会友に面するの機を得せしめたり、予は教会に対する信徒の責任及び自給せざる他教会の状況等につき聊か愚感を述ぶ。牧師始め長谷川父子佐藤、藤田老兄等に逢ひ老て益壮なる其信仰談を聴き大に顧みる所ありき。夜長谷川英治御夫妻の厚意により安らかに眠るを得たり。(24)

この記事は同年九月五日の晩の祈禱会のことを伝えているもので、これを見る限りでは、長谷川誠三はプリマス派に離脱する直前まで藤崎教会の礼拝にきちんと出席していたことが分かる。続いて、同年一一月三日付の七九七号では、小さい記事が掲載されている。

○藤崎美以教会　青森県藤崎の同教会にては、過般優力なる三四の会友、信仰をことにし教会を退かれたるが、のこれる会友諸氏は、之によりて大に発憤する所あり、田中初太郎、佐藤勝三郎、藤本徹郎等の人々ことに牧師を助けて、依然自給を継続せらる。(25)

この記事では、三、四の会友が信仰を異にして教会を退いたとだけ記し、誰が、どの教派へ、何名離脱したかも明らかにしていない。さらに、同年一二月七日の記事では、「○藤崎美以教会　教会内部に変動ありしかど、会員之によりて信を増し、主に万事を委ねることを学びたり。婦人会また盛んなり」という記事がみられる。『護教』という機関誌は、メソジスト派に所属する人を中心とする一般信者が読む新聞であるので、編集部としては教会分裂を詳細に伝えるのは、メソジスト教会の恥をさらしかねない問題が絡んでいるがゆえにさらっと叙述している感があるように思われる。

それでは、藤崎教会側からの資料によって長谷川誠三たちが離脱するまでの動きを見てみたい。『藤崎美以教会議事録』第壱巻の記録によると、長谷川誠三は佐藤勝三郎とともに藤崎教会の二大柱石を担い、日曜学校長の責任を負い、一九〇五（明治三八）年一二月一二日「牧師連合会へ赴き朝長谷川誠三氏、藤本徹郎氏説教ス」というように教会人としての責任を果たしている様子が伝わってくる。そして一九〇六（明治三九）年九月一九日の記録を見ると次の通りである。

長谷川英治氏退会届を出願之れより以前プレモス兄弟主義を主張する首藤某浅田又三郎等長谷川誠三氏宅に来りてシバシバ集会を開きたり教会内当に分裂の婆《ママ》あり牧会上注意時代なりき果せる哉九月に至りて先ず英治氏より退会差出され之より氏はプレモス主義になりたるにあらざれども家事上の都合に由りて退会きたるなり、九月弐拾七日長谷川誠三氏より退会届来る次て同廿九日佐藤又八氏退会し続々退会するに至りぬ　拾月九日長谷川虎次郎氏退会[26]

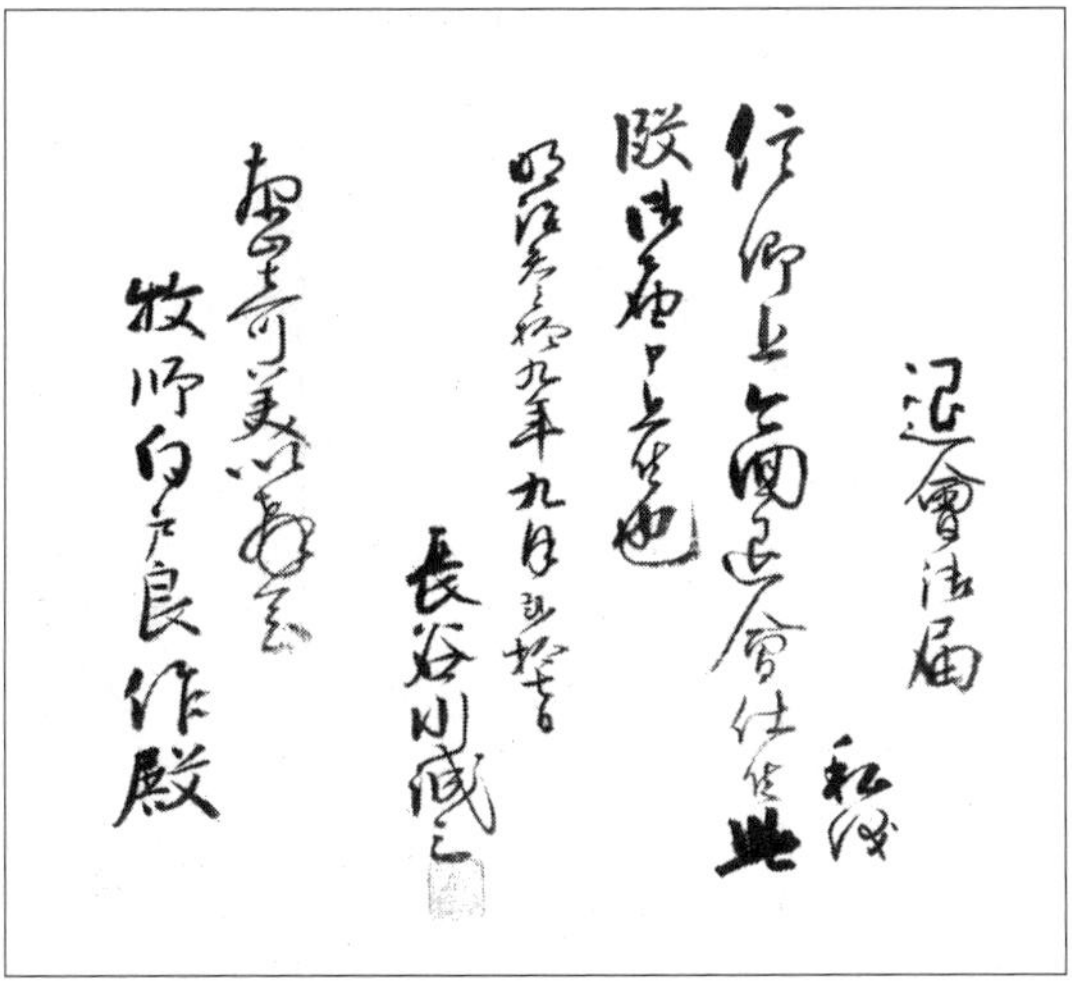
退會御届

私儀

長谷川誠三

藤崎美以教会

牧師白戸良作殿

退会御届（藤崎教会所蔵）

ここに一九〇六（明治三九）年九月一九日長谷川英治の退会にはじまり、長谷川誠三（九月二七日）、佐藤勝三郎の弟佐藤又八（九月二九日）、長谷川虎次郎（一〇月九日）が続いて藤崎教会に退会届を提出した。長谷川誠三関係の退会は、これまでの教会堂建築に影響を与えざるを得なくなり、翌年三月一一日の四季会では、佐藤勝三郎を代表者に送り、「会堂建築を延期し従前の約束を継続し時期を待って建築に着手することを決す」[27]ということで、会堂建築の延期を申し出ている。その後、一九〇七（明治四〇）年三月九日長谷川いそ退会、続いて長谷川ミツ（三月二六日）、長谷川潤（七月三日）、長谷川クニ（七月四日）、長谷川すゑ（一一月一九日）が退会、さらに一九〇九（明治四二）年八月二五日長谷川三郎退会、長谷川まさ（一九一〇年三月二二日）、他に幸田勇太郎、立花勘兵衛が退会していった。

この記録から、離脱したのは一三名に上ったことが分かる。一九〇五（明治三八）年三月一八日にメソジスト教会は四季会を開き、会友名簿を整理している。それによると藤崎教会の会友は三九名になっている。この三九名中一三名が退会したということは、二つの意味で大きな問題になった。第一に一三名の離脱は、教会の大分裂となって教会の財政に大打撃を与えたばかりでなく、福音とは何かという問題を教会員に投げかけ、藤崎教会の運営と信仰を問い直すものとなった。二つ目は、藤崎教会の分裂は、藤崎村における住民にキリスト教に対する理解しがたい誤解と不信を抱かせることになったと思われる。時あたかも日露戦争に勝利し、大陸に進出し国権主義が謳歌される時期だけに、教会に対する風当たりも強くなったと考えられる。

前述したように、財政上の問題では教会建築を延期せざるを得ず、独立教会一番手であっただけに教会に大きな打撃を与えた。また牧師の謝儀にも大きな影響を与えた。一九〇七（明治四〇）年五月の年会において、長老司山鹿元次郎牧師が次のような報告をしている。

藤崎教会白戸良作兄は牧会上大試練の年として教会の柱石視せられたる長谷川誠三外数名は退会してプリマスブレザレンに移り俄かに自給力に集会に大打撃を来し一ヶ月二十六円余の自給金を減じ牧師及会友の苦心推察するに余りあり。然れども全能の御手はたえず教会を離れず去らず佐藤勝三郎兄始めとし会友一同奮起し自給力は以前の如く維持さるるのみならず四季会毎に十数円の残余を見るに至り教勢稍挽回し（以下略[28]）

平野栄太郎盛岡教会から離脱

平野栄太郎は、かつてメソジスト教会の牧師で、長谷川誠三が所属する藤崎教会の牧師でもあった。一八九四（明治二七）年七月、第一一回年会において藤崎教会に任命され翌月から就任、二年間在任したあと竹岡教会に転任、将来を嘱望された牧師であった。その後、一九〇六（明治三九）年メソジスト盛岡教会で牧会中、同年九月長谷川誠三と同時期にプリマス・ブレズレンに離脱した。以後、盛岡市加賀野三七番地の自宅で、二十数名の信徒とプリマス派の集会を持ち盛んに伝道した。相澤文蔵の『津軽を拓いた人々』によれば、長谷川に対する影響力はむしろ平野栄太郎の方が強かったと指摘している。ということは、長谷川と平野がメソジスト教会から同時に離脱していることを考えると頷ける説明と言える。同時にプリマス派へ離脱したことは、彼らの信仰的な考えが完全に一致していたとみることができるからである。

平野栄太郎は、一八九二（明治二五）年に東京英和学校神学科を卒業、卒業後九二年弘前教会、九四年七月藤崎教会に赴任、その後九六年千葉県の竹岡教会で六年間牧会し、一九〇二（明治三五）年盛岡教会に着任した。神学校時代の同期別所梅之介によれば、平野は「精神家」と言われ、盛岡教会の資料によれば「物柔らかな、しかし粘着力強い人物」であり、一つのことを思い詰める、いわば理想を追ってやまない理想主義者の一面を備えていたと言う。相澤文蔵は、平野が批判した問題は「メソジスト派の持つ外国依存の体制に対する批判であろう」と指摘している。[29]

毎年の年会は米国から監督が来日して議長を務め、巡回制度による任地の任命がなされてきた。外国人宣教師は別格で、母教会からの伝道資金を抱え、彼らだけの年会を持っていた。従って、アメリカの教会組織をそのまま日本に導入するのでは、矛盾が生じるのは当然である。

幹事であった菊池儀兵衛は、『日本メソヂスト盛岡教会五十年記念史』の「盛岡教会側面観」で、平野という人物を次のように述べている。

平野栄太郎牧師は極く柔和な婦女子のような性格であったが、粘着力強く、そして熱烈であった。由来我が教会は他教会に比して家族信者が多く、従って学生は昔から多くはなかった。平野氏は熱烈の余りメソヂスト教会に飽き足らぬためか、教会に反旗を飜えし、信者の過半を奪って教会を離れ、加賀野でプリマス派の独立伝道所を開いた。教会が苦境に陥ったのは俟つまでもない。我々にとっては忘れべからざる痛恨事であった。[30]

渡辺善太『回心とその前後――わが聖書学界巡礼記（その一）』によると、[31]プリマス派の人たちとのディスカッションはとても面白かったとある。若き日のホーリネス人としての思い出である。ある日、メソジストからプリマス派に転じた青山学院神学部出身の平野栄太郎とその近親の信者が渡辺善太の所に来た。この人々は「プリマス・ブレゼレン」と呼ばれていたが、彼らはその呼称を否定していた。この人々は来訪して挨拶を済ませると、「どうぞ、お証しをお聞かせ下さい」と言って、渡辺の前に旧新約聖書の大きいのを指し出すのである。そして、渡辺が「証し」をすると、その中の用語、表現を種にして、「信仰」の誤りを遠回しに指摘、是正して、自分たちの方に引っ張り込むというのである。

この平野という人は、メソジスト教会の牧師であったが、中田さん一派の聖潔運動と相知り、一時は熱心なその一人となったほどであった。ところがある時――どんな契機であったか忘れたが――プリマス・ブレゼレンの指導者と相知るようになり、だんだんその教理にひかれて、ついには「聖潔」の教理とは、およそ正反対の対照的立場に立つようになった。というのは、聖化また聖潔とは、「罪を犯さなくなる」ことではなく、罪のうちに在りながら、瞬間瞬間にその罪を悔いつつ、主の十字架にすがり、十字架上の主を仰ぐ、ということであった。私は、この人とのディスカッションで、その聖書知識の深いのには、ただ敬嘆するばかりであった。聖潔運動の人々は、普通の教会の伝道者から見れば、その聖書知識はより深いものであったが、しかしこの人々と比べものにならなかった。ことにこの両者を対照する一つの点において決定的の相違があった。[32]

『最初の海外伝道者乗松雅休覚書』を書いた大野昭は、その著書の中に、渡辺善太が平野栄太郎の訪問を受けて議論したことを書いている。[33]「聖潔《きよめ》」すなわちホーリネスの教理は、十字架と復活の信仰に固く立つもので、罪の中にありながらその罪を悔いあらためつつ歩み、主の十字架にすがり、ただただ主の愛を受け入れて歩むということである。大野は、「彼らの持っていた信仰のエトスは、一見、ファンダメンタルな熱狂と考えられやすいけれども、私にはむしろその外見にも拘らず、極めて平静かつ粘り強いタイプのものであった」と述べている。大野はプリマス一派の聖書に対する態度が、渡辺善太の『聖書解釈論』で、聖書学に巨塔を築いた学者としての第一歩に大きな影響を与えたことを述べている。渡辺善太は、平野との交流を持った時にJ・N・ダービーの本を借りて、彼らの歴史、神学の特徴を学び、また聖潔派の聖書解釈の誤りを指摘されたと言い、「聖書とはいかに解釈せられるべきか」という問いが渡辺の生涯の課題となったという。渡辺の感想では、聖書を隅から隅まで熟読していたプリマス派の訪問は、じっくり聖書を読んでいなかった信徒や底の浅い教会は、「あのやり口」の前ではひとたまりもなかっただろうと言っている。

そこに平野の後任として着任した牧師坂本富弥は、二年間この教会を牧した。「最初の年は分離者多く、前年六十四名の会員が三十六名に減じ」とあるように、計算上は二八名の信徒が盛岡教会から離れ、盛岡郊外の外加賀野の平野の家で集会を持つに至るのである。[34]

本多庸一は、平野栄太郎の生活に関して心配のあまり、長谷川誠三に手紙を出している。一九一一（明治四四）年八月、長谷川誠三に投函した手紙には、平野の生活難は甚大なりという風に気遣ったものになっている。そして、追伸で本多は長谷川に自分が弘前に滞在していることを伝え、長谷川に面談を求める手紙となっているので、二人が会って平野のことについて懇談し情報交換していると思われる。

書簡に「盛岡の教会と藤崎の貴教会とはいかなる関係に候や」とあるように、平野の牧する教会と藤崎に所属していた長谷川誠三が同時にそれぞれの教会を離脱したので、メソジスト教会の監督であった本多庸一にとっては、身の切られる思いがあった。つまり、本多の伝道によって建てられた藤崎教会の信徒たちが、そして本多の影響によって牧師になったと言っても過言でない平野が離脱したので、その思いは人には言えない苦悩に満ちた問題を含んでいたに違いない。

盛岡の平野氏近頃生活難甚大なりとの事にて今日承候　彼の方面より直接に受けたる通信之無候盛岡之教会と藤崎之貴教会とハいかなる関係に候や組織的には何にも是あり間敷候得共何等之在救方等之無候也余りひどき事に候えば友人として何かと致すべき道もあらん乎と存候彼地之事情御存候ハバ　御洩被下度又何れにか御了留も候ハ是亦御示し被下度奉存候御返事認め方に際し右承り候まずハ不取敢申上儀には御座候　早々如件

明治四十四年八月十七日　　　　庸一

誠三様

九月一日より弘前に祝会有しよしニ付　三日までには可参と存じ居り候その節は可得拝見機会あらんと存じ候(35)

メソジスト教会の牧師がなぜ一小教派なるプリマス・ブレズレンに移ったのかについては、平野自身が書いたものがないので、その問いに答えるのは難しいところがある。平野は一九〇二(明治三五)年盛岡教会に着任、盛んに伝道した。『盛岡教会五十年記念史』の「盛岡教会受洗者名簿」によると、平野在任中、五二名が洗礼を受けている。そのなかで平野が授洗したのは四六名であった。同誌はその当時の状況を次のように伝えている。

平野在職中、非メソヂスト的傾向著しき旨監督に聞えたれば、監督は長老司石坂亀治同伴にて来盛し、実際の調査をなしたる上其の事実を確め、平野に辞職を慫慂して牧界より退かしめたり。平野は外加賀野に移り、自らプリマス一派の集会所を始めた。有力なる教会員の多数は袖を連ねて教会を去り平野に従った。これ以後の数年間を受難時代と呼ぶのである。平野の後任として坂本富弥来任す。四十年三派合同の結果、従来の盛岡美以教会を改称して日本メソヂスト盛岡教会と呼ぶようになった。坂本は在任二ヶ年であったが、最初の年は分離者多く、前年六十四名の会員が三十六名に減じたほどで、彼の苦戦は歴代牧師中最たるものであった。(36)

この資料では、牧師から洗礼を受けた有力なる会員は袖を連ねて教会を去り平野に従ったと記されている。教会を担う牧師が新たな派に離脱するとなると、今まで平野牧師から洗礼を受けた者は、牧師の影響によって信仰が養われ整えられてきたところがあったので、牧師に付き従う者が多く出たと思われる。とりわけ若い信者は牧師に従う者が多かったと考えられる。約四割近くの信者が牧師とともに出て行った結果、教会は大混乱をきたし、「教会は動揺と紛争の後を受けて甚だ衰微」したと記している。残った信者によって疲弊した教会を回復させるのは容易なことではなかった。「集会は寂れるし、財政は不如意になって」苦境に遭遇、後任牧師の坂本富弥は固き信仰に立って会員を励まし、残った長老執事を中心として全力を尽くし、教会の立て直しと伝道の戦線を拡大して懸命に努力したのであった。

制度的な教会であるメソジスト教会では、多くの教会が自立できず外国の援助を仰いでいた。従って、牧師の謝儀はそれなりに支給されていた。しかし、盛岡教会から離脱しての集会は、全く外国の援助もない状態で、集まる信徒から生活の援助も期待できないので、平野たちの境遇は盛岡教会時代の生活とは雲泥の差があり、自ら家庭の財政を賄わなければならないものであった。本多はメソジスト盛岡教会などから平野の生活状態が厳しいことを聞いていたものと思われる。

米国メソジスト監督教会の本多庸一は、日本南美以教会（米国南メソジスト監督教会）、カナダ・メソジスト教会の三派、それに日本美普教会（メソジスト・プロテスタント教会）、日本福音教会、日本基督同胞教会にも呼びかけてメソジストの合同を図った。結局、呼びかけた教会は加盟せず、前述の三派の年会で合同を可決、一九〇六（明治三九）年本多が渡米して母教会と交渉、翌年五月二二日青山学院において創立総会を開催、三派合同が認められて日本メソジスト教会の創立を見た。本多は何年にもわたって三派合同のために奔走、日本メソジスト教会の監督、東京英和学校校長（のち青山学院院長）、日本福音同盟会会長、日本基督教青年会同盟の初代会長と多忙を極めた。

そのような中にあって、本多は弘前教会創立三五周年記念のために、一九一一（明四四）年九月一日に弘前を訪れ、同月七日まで弘前城近くの石場旅館に宿泊していた。以下の手紙は同年九月四日に出され、平野栄太郎の生活を心配し話題にしている。長谷川に対し面談を要望した書簡になっている。

一　平野氏之事ハ何にかよらず御考へ無之候や小生ハ彼人之伝道を助くる責任ハ無之候得共友人として甚々しく困窮せしめ置くに忍びざるを感じ申候どうぞ御考御洩らし被下度奉存候小生ハ石場に宿泊いたし居り候来る七日之朝までハ滞在可仕候　　　如件

九月四日　　　　庸一

誠三様[37]

妻いその死

一九〇九（明治四二）年六月四日、長谷川誠三の最愛の妻いそが天に召された。本多庸一が長谷川に宛てた同年六月七日付「郵書」によれば、長谷川は病気で療養していた妻いそが死去したとの知らせを本多に出している。本多は急遽長谷川に返信した。「茨城県水海道町にて認む」と封書に裏書きしているので旅先から投函したのが分かる。長谷川いそは、誠三より二歳年下で、安政六年九月二〇日（一八五九年一〇月一五日）に生まれ、享年五一であった。いつごろから病にかかり療養していたか、またいつ葬式を執り行なったかも分かっていないが、恐らく六月六日前後に葬儀をしたことと思う。本多は、「主の御慰藉により弥深く聖霊ことを御悟り被成候」という言葉をもって、主の慰めがあるように祈りを込めて、即手紙を投函した様子が伝わってくる。

拝啓　仕り候陳ハ昨朝出立置配達を受け候御郵書ニヨレバ御令室御病気の処御養生不被角叶御他界被成候由一時の御離別とハ申ながら御愁傷御察し申し上げ候但主の御慰藉により弥深く聖霊之ことを御悟り被成候御事ニ奉存候乍憚御渾家よろしく御鳳声被成り下度願くハ此の悲哀の期一層御恩寵の貴家ニ充たされんことを祈る所ニ御座候（以下略）

六月七日　本多庸一[38]

長谷川誠三様

長谷川誠三は五三歳にして、三二年連れ添ったいそが、逝ってしまった。六人の子どもに恵まれ、やっと手が離れてこれから自分の時間が少しは取れることになった時に召されてしまった。もう少し生き永らえて、余生を送りたいと思っていたのではなかろうか。そう思うと本人が一番悔しかったのではないかと考えられる。いそに

長谷川家の人びと。長谷川いその1周年記念会にて（長谷川勝勇氏所蔵）

長谷川いそ（拡大）

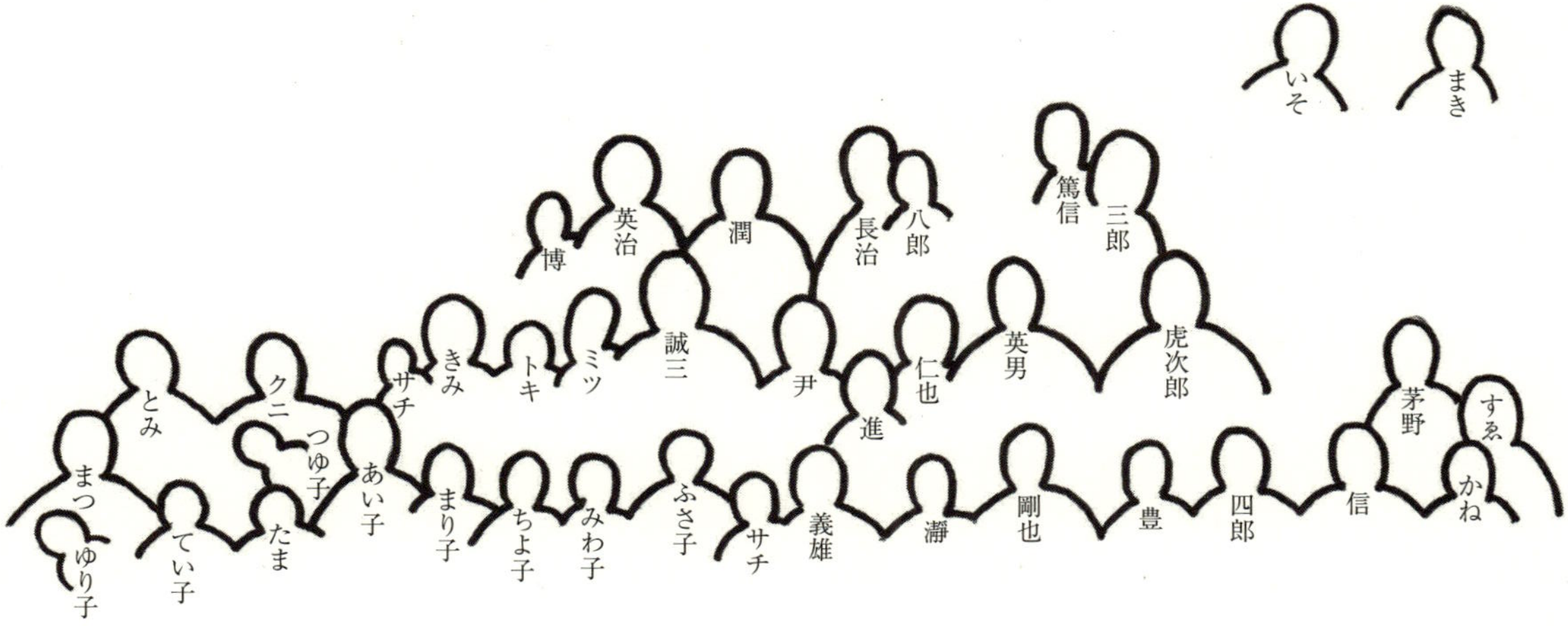

まき
いそ
三郎
篤信
八郎
長治
潤
英治
博
虎次郎
英男
仁也
尹
誠三
ミツ
トキ
きみ
サチ
クニ
とみ
すゑ
茅野
かね
信
四郎
豊
剛也
灊
進
義雄
サチ
ふさ子
みわ子
ちよ子
まり子
あい子
つゆ子
たま
てい子
まつ
ゆり子

とって、三年前のブレズレンへの離脱はどうだったのだろうか。彼女にはどう映ったのだろうか。誠三にとっては信仰を純粋に捉えていく中で、プリマス派に到達していったと考えられる。しかし、いそにとっては信仰的に前向きに捉えてプリマス派へと移っていったのだろうか。夫が所属教会を離脱すれば、ついていくのは当然であったにせよ、藤崎教会で親しくしていた会員と別れ、親戚である佐藤勝三郎との関係に大きな亀裂が入り、また地域住民とも壁ができて、すっきりしない関係が生み出されたものと思われる。もちろん、冠婚葬祭の際には交流を持っていたということを誠三の子孫から聞いてはいるが、離脱後三年弱の月日を経て召されたことを考えると、離脱との関係が全く関係ないとは言い切れず、この問題がいその寿命を縮めたかも知れない。

一九一〇（明治四三）年六月、いそが召されて一年後のこと、一周年の記念会が誠三邸で開かれた。長谷川家関係の子ども夫婦、孫などが集まって、いそを偲んだ。写真を見ると（二三六頁）、その数は四十数人に上り一大家族の様相を呈している。誰が記念会の礼拝説教をしたか分からないが、誠三みずからが語ったものと考えられる。この後、いそを偲んで懇親会が開かれ、孫が多かったので賑やかな会になったものと思われる。

新たな信仰に魅せられて

藤崎地方にプリマス・ブレズレンの伝道が展開されたのはいつからだろうか。『藤崎教会百年記念誌』によると、一九〇六（明治三九）年「一月頃よりプリモス派の首藤新蔵、浅田又三郎等長谷川誠三宅において集会を開き」と記されている[39]。プリマス派側の資料では、一九〇六年の長谷川誠三に関する記述に次のように残されている。

今年四月に東京神田鎌倉河岸の集会に出席されし際、講壇はなし、牧師らしい人はなし、司会者はなし、これで集会が出来るかと見て居りしに、隅の方から讃美が選ばれ、前垂れがけの商人風の人が感謝を献げられて、礼拝の気分溢れ、幸いであったと言われたりき。右藤崎に最初招かれて行かれしは、当時水戸市に居られし首藤新蔵兄で、この年の七月に藤崎に一週間、長谷川兄方に滞在され御用に当られ、九月に二回目を浅田又三郎兄が導かれ、矢張り一週間滞在して毎日ヨハネ伝を共に学べり。其時、浅田又三郎は福島県郡山に住み、郡山より仙台、盛岡、青森を経て藤崎に至ったのである。長谷川兄と共に○○○○○派を離れし兄姉らは、佐藤又八兄姉、長谷川虎次郎兄、同みつ姉、長谷川潤兄、同くに姉、斎藤俊治兄、幸田勇太郎兄らであった。兄姉らの教会を離れしは十月で、又主の御名にまで集められしは翌四十年の五月であった。(40)

プリマス・プレズレンは、現在東京都中野区にその本部を置いていて、教会の名称をキリスト同信会と言っている。その同信会側の資料では、一月に首藤新蔵や浅田又三郎らが長谷川邸で集会を開いたという文書を見出すことはできないが、『藤崎教会百年記念誌』では、一九〇六年一月首藤新蔵や浅田又三郎らが長谷川誠三邸で集会を開いたと記録にある。長谷川が東京に出た同年四月、神田鎌倉河岸の集会に出席したという記録から見ると、プリマス派の信仰を抱きはじめ、この種の集会に積極的に出席したと考えるほうが流れとしては理解しやすい。長谷川が何の関係もなく神田鎌倉河岸の集会に出席したということはあり得ないと思われるからである。

その後、長谷川は神田鎌倉河岸の集会において、再び首藤新蔵と顔を合わせ、同年七月に首藤は一週間長谷川誠三宅に滞在し、そこで彼と信仰的な交わりを強くしたのである。さらに、同年九月浅田又三郎が滞在し、毎日ヨハネ伝を共に学んだと記され、メソジスト教会を離脱していくのである。

そこで首藤について触れておくと、文久三年三月三一日、豊後臼杵《うすき》藩（大分県臼杵市）の奉行家の三男として生まれた。一六歳の頃上京、商船学校に入り近海航路に勤務、船長の資格も得た。就航中、暴風に遭い帆柱が倒れて首藤の上に落ちたが、不思議にも大事に至らなかった。

その後、共同運輸に入ったが、日本郵船との合併時に辞職、しばらく神田共立英語学校（後の開成中学校）の英語教師となった。彼は酒豪で酒での失敗が多かった。その後、悔い改めて一八八七（明治二〇）年海岸教会において稲垣信《あきら》牧師から乗松雅休と共に受洗、乗松と東京一致神学校に入学した。しかし神学校を退学、一八九〇（明治二三）年春、ブランドの群れに加わり、翌年六月プリマス派の伝道者になった。

この派の信仰を受け継ぐ同信会の藤尾正人伝道者は『ブランドさんとその群れI』（一九八四年）の中で、首藤について、「没頭」という言葉が一番ふさわしいほど主に捉えられた伝道であったと述べている。彼がなぜ神学校を辞め、海岸教会も退会したのかについては、彼が福音の中心を鋭く教えられたからだと言っている。

首藤のごときは、主のあがないの真価を示された時、あまりありがたくて、とても寝ていられぬとて、朝まだうす暗いのに床を飛び出して、例のドーマ声で讃美歌を歌って、そばに寝ていた青年どもはもちろん、近所の人までも驚かしたことがあった。[41]

首藤は東京を皮切りに、大分県臼杵、京都、信州臼田、山形、桐生、名古屋など日本各地に移住して伝道した。名古屋では激しい迫害があったことが次の文章からうかがえる。

昨夜もこれを配しおりしに、一人の青年、トラクトの『罪人の救い主』の初段について質問をなしければ、これと対談しはじめたるところ、多数群衆せり。彼たちまち柔和なる仮面を脱し、その本性をあらわし、罵詈嘲弄をきわめ、四方よりわいわい騒ぎ立てれば、弟は彼らの中より出で去りたるに、多衆つきそい来りて罵詈しつつ砂石を飛し、ついには手を出す者あり。たちまち無数の人々集り来り、町はあたかも戦場のごとき有様となり、皆々殺気を含み「打ち殺せ、打ち殺せ」と叫び、（以下略）[42]。

命の危険もあったため、私服警官が割って入って交番まで首藤を連れていき事なきを得た。帽子も提灯も奪われ、羽織は引きちぎられて片袖を残すのみ。まさに使徒パウロが群衆に取り囲まれローマの千卒長に救い出された光景を彷彿させるものだった。裏返せば、それほど彼の伝道は激しかったと言える。首藤は「舌端火を吐く」伝道の他に、堪能な英語を生かしてブランドの書いたトラクト（パンフレット）やプリマス兄弟団の著作を訳したり、『礼拝讃美歌』や『預言通覧（迫りくるもの）』を著す役割を果たした。

どうやら、藤崎において長谷川とはじめて接触があったのは首藤であったらしい。激しい燃えるような伝道心、プリマスの信仰の神髄を体得した首藤との接触は、長谷川の信仰心を大いに揺さぶるものであったと考えられる。一九〇六（明治三九）年七月首藤が一週間藤崎に滞在する中で、長谷川と交流をはかり、信仰的な交わりを深くしたのであった。こうして長谷川は、これが自分が求めていた真の信仰だと確信し、プリマス派の信仰に向かったのではないかと思われる。

本多庸一からの二通の書簡

一九〇六（明治三九）年九月に長谷川誠三がプリマス派へと離脱する前後に本多庸一から二つの書簡を受け取っている。この離脱問題は重要なテーマなので、二つの書簡の全文を紹介したい。一通目は離脱前の同年六月二七日付の書簡である。この六月二七日より以前、長谷川は上京し本多を訪ね信仰上の問題を打ち明けて話し合った。この手紙はその返事である。本多はこの頃、メソジストの三派合同問題で非常に忙しかった。できれば現地へ行ってプリマス派への離脱問題を何とかしたかったと思われる。一八八七（明治二〇）年長谷川は妻いそと受洗、以来日曜学校校長、四季会委員、弘前女学校にあっては設立の中心になって以来、坂本町への移転、幼稚園も併設と、順調に発展させていった。彼は表面に出て教師として教壇に立つことはなかったが、ただよりよい教育を求めて学校の環境整備、人事、校務にわたる全般的な仕事を引き受け、私財を投げうって経営に専念してきた。藤崎教会と弘前女学校の両方に深く関わっていただけに、周囲に多大な影響を与えずにはおかなかった。

本多は学校と教会の両面において頭を悩まし苦慮した。長谷川との関係では、二通の本多の長谷川誠三宛書簡によって、苦慮しているのが分かる。本多は三派合同の承認についてアメリカ、カナダの教会を説得するために七月一二日、東洋汽船の信濃丸で横浜を出帆しているので一通目の書簡はその前に出されたものである。

拝啓　過日は御来訪被下候共例ながら失敬仕致候御海容可下無候

一　プレマス派信操之義ニ付御感じ相成候よし御示之趣敬承仕候　彼派之人々之真面目にして厳格に道を守ることは小生も窃かに感服するところにして愛兄の御感動をば訝ること甚々しく候然連ども小生は彼派之内容をバ能く存じ不申候間批評を不致候得とも動もすれば偏狭の態度を持するは怪む処に御座候　而して頻に組織ある教派を嫌忌するや殆ど其破壊を希望するがごとく是拝見致候は是又甚だ訝るところに御座候　彼等の真面目にして信仰の深く厚きは学ぶべき事なるも真に偏狭の境に退きて教界の糾紛も度を増すがごときハ厭ふべき事と致し美以教会の中に在りて神秘なる厳格なる信仰を保ち他をして亦警醒せしむること最善美に無之候也　教会の組織複雑過ぎて弊を生ずるハ免連難きことなり之を撃ち之を改むるハ可ならん偏に之を迎えんとするハ寧自利を求めて知らず知らずに他の誘惑に陥るの憂ならんや且人間之集ふ処には適当の政治を要するハ免連難きことならん　人多け連バ多き程複雑なるは是亦自然なり　衆濁の多からんより寡清の少なからんことを楽むハ一面高尚之趣なきにあらざ連共強弱相携へ漸ニ大進歩をなすの道に於いて欠くる処なからん　カナ之婚姻にも臨み税吏罪ある人とも懇親せる主之態度を学ばんもことには孤清を求むるの度を過さざること肝要ならんと存じ候　個人個人之霊を救ふと共に社会之大勢を進めなければ個人之救ひし要旨ならず　而して社会に対してハ可成組織と勢力ある教会を有むること甚だ大切と奉存候　プレマスの信仰の純なるところに感ぜられしことは少しも怪しむところに無之候得共所属の教会を脱するの必要は小生に於て解し

かね候よし右のごとく御注意申上候　或ひは御参考に相成り候へば幸甚に存じ候愛兄の進退は藤崎教会は勿論美以年会の全体にも大影響可有之多数人之信操之動静にも関係可致候間謹慎に御進退被成候様深く冀望仕候

一　豫てより気に懸り居り候ハ先年来之恩借物に御座候得とも何時も尤急なる不免処等に遂はれ、今に至るまでその責を尽さざる頗る残念慚愧に存じ候　昨年来ハ別して意外の不経済にして、別の屋敷も一半売り一半ハ抵当と相成候体御座候ところを望人あり次第売り渡可く其節多少にても都合相付候て幾分にてもご返納致度考に候処先年之火災にて書類凡て烏有に帰し拝借高之調物無之候　何にか御記録に無候ハ御手数ながら御取調御勘に下度取上候

一　合同問題何分安心之処に至り急候間有志者之勧めに従ヒ七月十二日信濃丸ニテ渡米仕候　多分十月中には帰朝可仕と存じ候留国中はよろしく願上候先は御報旁御遑乞まで　仕候頓首敬具

六月二七日　庸一

誠三様(43)

本多は、プリマス派の人たちは、「真面目にして厳格に道を守ることは小生も窃かに感服する」ところであると述べている。しかし、プリマス派は「偏狭の態度」を持ち、「組織ある教派を嫌忌」「殆ど其破壊を希望するがごとく」と酷評している。そして、所属の教会を脱してプリマス派に移るのは理解できないと述べ、誠三に美以教会にとどまり、神秘なる厳格な信仰を保ちつつ改革していくことが大切であると説いている。そして、長谷川の進退は、藤崎教会はもとよりメソジスト教会全体に、そして弘前女学校にとって大きな影響を与える問題であると述べ、注意を促している。

次の一九〇六（明治三九）年一一月一九日付長谷川誠三宛書簡は、本多が三派合同を成立させ、同一〇月三〇

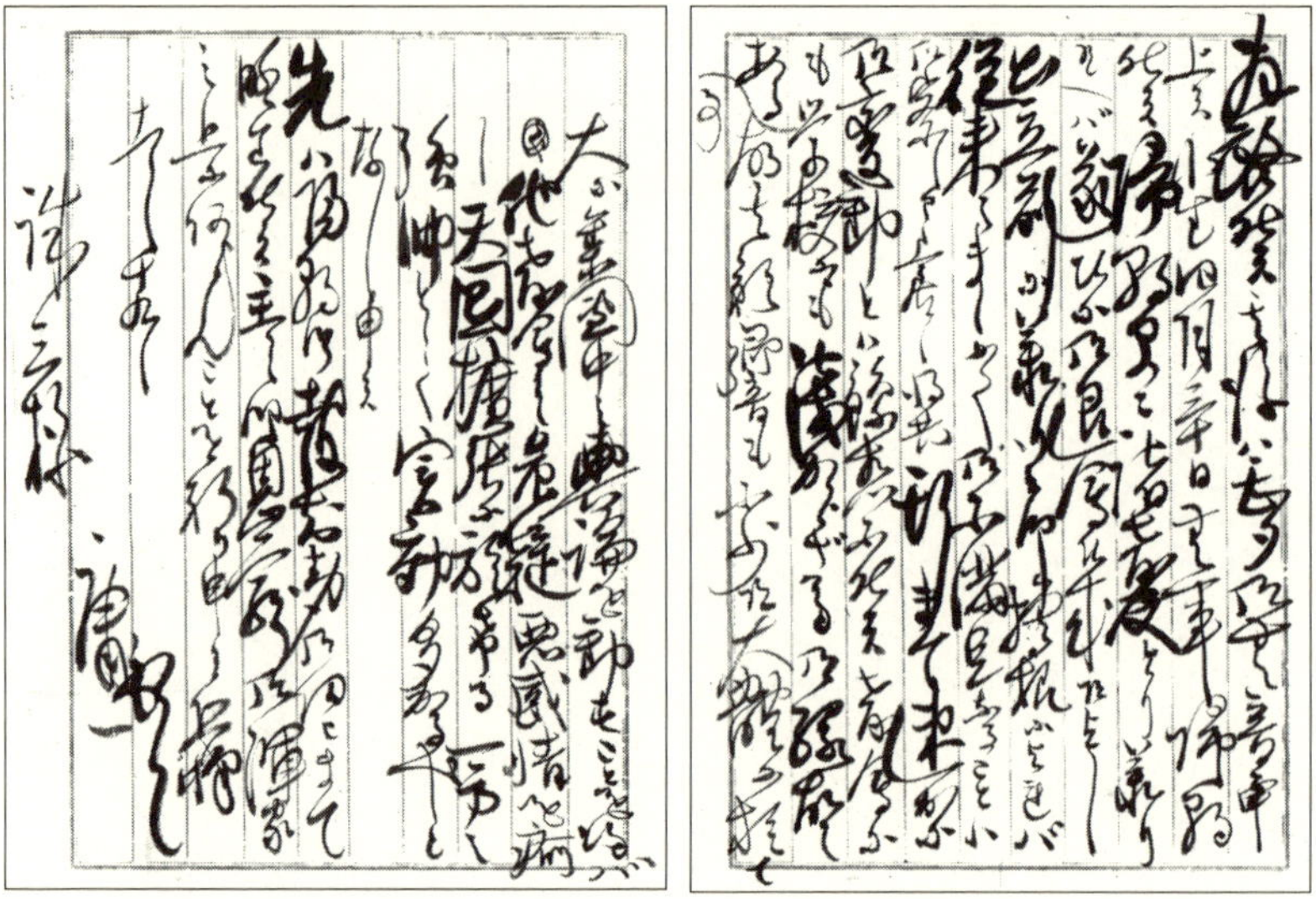

本多庸一から長谷川誠三への書簡（部分）（青山学院資料センター所蔵）

日に帰朝、早々に長谷川誠三に出したものである。アメリカ出発前に聞いてはいたが、本多の心配は解決せず、プリマス派への離脱を嘆いている書簡で、長谷川がこんなにも早く離脱するとは意外であったらしく、本多の動揺がうかがえる手紙となっている。今後の弘前女学校の経営について憂い、また彼の信仰上の問題について注意を与え、新しい宗派で新しい信徒を開拓し、教勢拡大に努力してほしいと述べている。

拝啓仕候其後ハ甚ダ御無音申上候　小生昨月三十日無事帰朝仕候帰朝早々諸教友より承り候へバ遂ひに御退会に被成候よし出立前に承り候御模様によ連バ従来之まゝにては御不満足なることハ御察し申し上居候得共斯まで速かに御変動とハ豫想不仕候　教会にも学校にも浅からざる御縁故之ある事故其影響も不少候大体に於て主之御国之利害如何を容易に判じがたき事と存候得共既に御決行相成被候上は現在之処如何とも難致し事存候余儀次第に御座候　而して尤大影響を受くるハ弘前女学校に可有之候其雑務ハ暫く擱き其財産等に関しては如何相成る者に候や是

まで殆ど愛兄之掌中に委せら連たる物に候へバ小生如き全く御信用申上折ニハ承り候テも記憶に留むる必要も感じざりし次第にて何にも相分り不申候　今後ハ全然御見捨被成候次第に御座候や事状によりてハ猶御世話不下被下俄儀に無之候や其辺之処未だ誰よりも明報を得す候　如何之者に候や御示し被下度存奉候

一、教会之関係が変じ候ても交友之関係にハ違変あるべき筈も無之況んや兎にも角にも主之名之下に在る者之縁故ハ不変之者と存じ申候故此際に於て一二御注意を承り度左に申上げ候

一宗派を離れて主之御名之下に集まるとの志ハ単純にして美麗に御座候ども我ハ宗派之上に在りとの感情中にハ危険なる分子伏在致し候而して宗派を離れて矢張一宗派を作るか又ハ属することを逸連がたくパウロ之伝ふる所にても我ハキリストに属すると云う一派もありし様に御座候誰かキリストに属せざらん而も是猶一派をなすに足る之要件と相成申候御用心被下度存候

二、従来プ主義之人新信徒を作するよりも寧旧信徒を誘ふ之傾きあり是厚薄に係らず主之御名が広まりたる欧米に於ては或ひは理由あるべきも暗黒なる東洋に於ては兎に角一人にても多く御名の下に来らしむること専一と存じ候兄等新に日本プ主義党に加ハリタルを好機とし専ら新信徒を作するに漸勢を向ハしめ候様御尽力下被下度左スレバ大体基督教之形勢にも弊害少く大勢を製するに利益多き事存奉候

他の教会と異なり繁雑なる制度なき集団には熱誠なる者能他を制し候

兄等之新手にして此公的時勢に過中する論旨を主張なられ大に集団中之与論を動かすことを得他教会之危疑悪感情を癒し天国拡張に於ける一方之強伸として実効多かるやとなし申候

先ハ帰路御報知勧メ御伺ヒまで略書仕候

主之ご恩寵御渾家之上にあらんことを祈り申上恐惶

十一月十九日　　頓首　　庸一

誠三様(44)

ごく一般的な考え方からすれば、藤崎教会の重要なメンバーで、弘前女学校の設立者、名の知れた事業家である長谷川が今までの名を捨ててプリマス派に行くことは考えられないことであった。従って、彼がメソジスト教会を離れるについては、相当慎重に考えた結果のことであったと思われる。

プリマス派に離脱することへの批判、弘前女学校の校主という名を捨てて、学校との関係を絶つことへの批判があり、長谷川もそれ相当の批判、攻撃が出てくることは予想していたと思われる。藤崎教会側から言えば、なぜ教会から出て行かなければならないかの疑問がつきまとった。教会堂の問題をめぐって佐藤と長谷川が対立し、離脱していったことに対しての批判が当然出たし、教会を分裂させた責任追及も出たと思われる。そこでは憶測が優先して、真の意味で信仰の問題から離脱したことが後退した話になっていった。一般的には、今までメソジスト教会としてまとまってきたものを、ここへきて教会を分裂させたことの責任は大きなものがあるし、教会から出ていく者を悪者扱いする論理が出やすいのである。問題は、信仰的な違いから藤崎教会を離れるのであって、それ以外の何ものでもないとしても、そのように理解してもらえないのが一般的な捉え方であったと思われる。こうした批判、疑問に対し弁明、弁解の時を持ったのかということを考えると、何の説明もせずに黙って藤崎教会を離脱していったのではないかと思われる。

第四節　主のテーブルが置かれる

主のテーブル

では長谷川誠三自身が書いた資料があれば、誠三がどのような考えをもってプリマス派に移ったかが分かると思うので追究してみると、離脱後二年後に「単純に主イエス・キリストの者」であることを書き記している資料がある。

明治四十一年九月二日左ノ事ヲ明記ス此事ハメソヂスト宗派ヨリ退会セシ後相改メタル事ナルトモ久シキ以前即チ退会当時ノ改定也大ナル主ノ憐ニ由リ恩寵豊ナル導キニ従ヒ明治三十九年九月二十七日メソヂスト宗派ヨリ退会シ単純ニ主イエスキリストノ御名ニ迄集メラレタル結果全ク弘前女学校ヲモ同時ニ其関係ヲ断チ純粋ニ主ノモノトナリタレバ本講中払込金半額ヲキリスト教主義教育費トセシモノヲモ取消し是ヲ多方面へ向テ可支払事トス残り半額ツヽハ純粋和合講払金トシテ変化ナク当初目的通り誠三若クハ誠三相続者ヨリ出

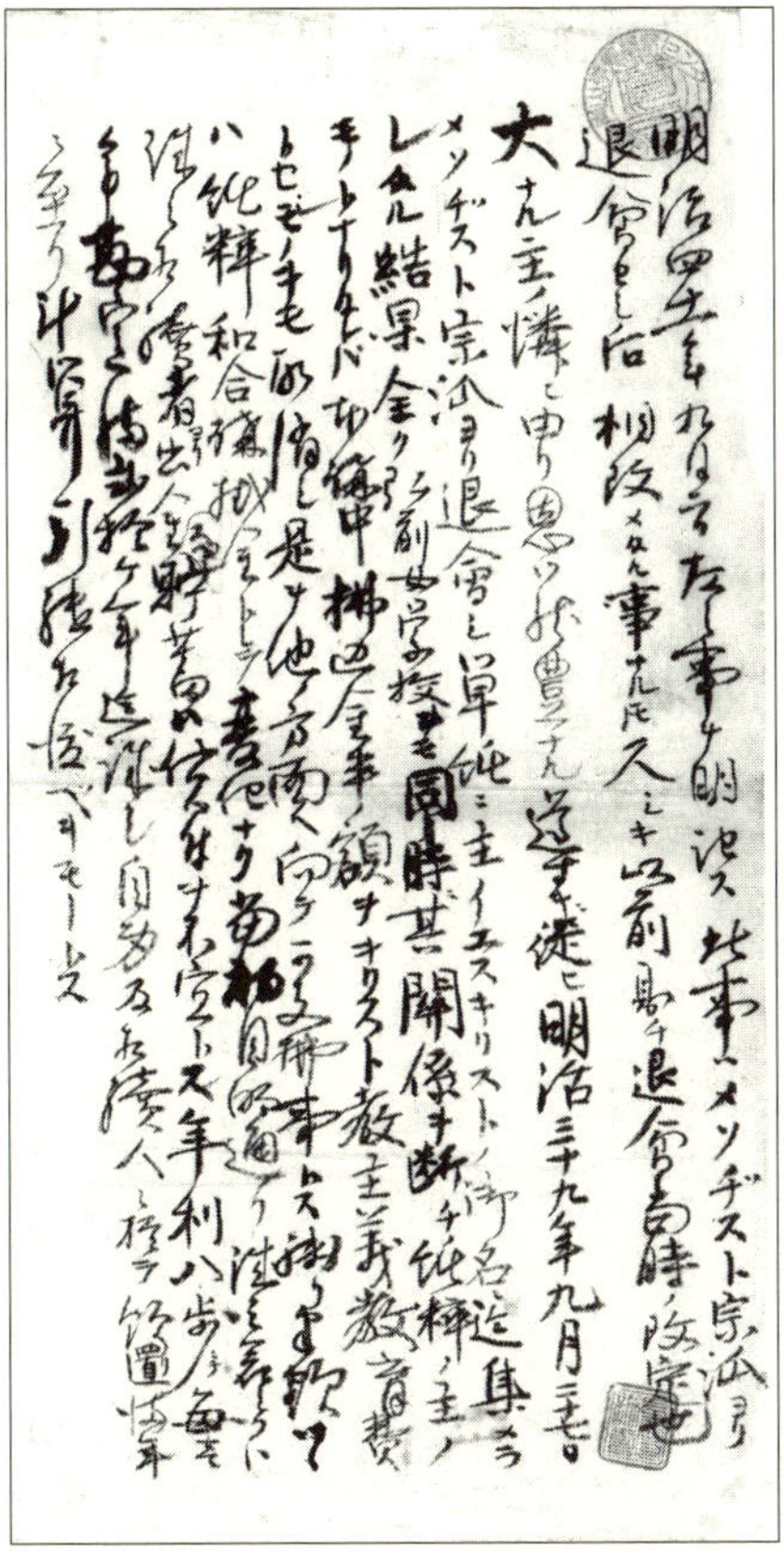

長谷川誠三が退会にあたって信仰的な思いを綴った文章（青山学院資料センター所蔵）

金スベキ貯蓄貸付ヲ不宣トス年利八歩ニテ毎壱年勘定満弐拾ヶ年迄誠三自身及相続人ニ於テ預リ置両年ニ至リ計算引継相渡ベキモノトス(45)

明治三九年九月二七日「メソヂスト宗派ヨリ退会シ単純ニ主イエスキリストノ御名ニマデ集メラレタル結果」、純粋に主のものとなりたればと書き残し、メソジスト教会からも弘前女学校からも離れて、ただただ主の導きによる信仰生活をするためという思いが伝わってくる。このように長谷川はプリマス派へ移った動機については、「単純ニ主イエスキリストノ御名ニマデ集メラレタル結果」と言い残しているだけで、事細かには書いていないので即断はできないが、首藤新蔵と信仰のやり取りをするなかで、また平野栄太郎との関係からこの福音が真実なものと考えて、プリマス派の信仰に魅せられたものと言えよう。

メソジスト教会は、一八世紀に英国教会から分離したプロテスタントの教派で、父の教会の司祭補であったジョン・ウェスレーは弟のチャールズらがオックスフォード大学で組織した「神聖クラブ」の指導者となり、一七二九年頃から敬虔な信仰を持って厳しい生活をするなかで、神学研究に励み、修道者的生活を重んじた日課割、メソッドを重視したことからメソディストとからかわれたことに由来するという。ウェスレーは神の赦し、恩寵による新生、聖霊の潔め、回心などを通して信仰覚醒運動を起こし、一七九七年正式に独立、全英はもとより、アメリカ、カナダへと布教された。日本では、一八七三(明治六)年六月、アメリカ・メソジスト監督教会が日本に三人の宣教師を派遣、同年六月にはカナダ・ウェスレアン・メソジスト教会は二人の宣教師を派遣、八六(明治一九)年には米国南メソジスト監督教会(日本南美以教会)が伝道を開始、八四年には日本美普教会が日本年会を設立させた。その後三つのメソジスト教会は、一九〇七(明治四〇)年に大合同して日本メソジスト教会を組織し、初代監督に本多庸一が選出された。

ウェスレーによって、信仰の覚醒運動が展開されていった時代では、生き生きとした信仰による革新がもたらされて、イギリスの産業革命の労働者にメソジストの信仰が受容されていった。日本にメソジストの福音が布教されていった時、青森県の弘前で一番早くメソジストの信仰が受容されて弘前教会が創立された。そこから藤崎教会も設立され、五所川原教会、黒石教会というようにいろいろな教会ができあがっていった。しかし、初期には感じなかったことが、教会が誕生しそこを拠点に伝道されていく過程で浮き出てきた。必ずしも日本に適合した組織ではなく、アメリカ本国のメソジストの組織そのものを導入したために、日本の現状に合った組織として無理があることが明らかになったのである。

日本にあるメソジスト教会は、本国教会の日本にある枝として設立されたものである。従って、本国教会の「信条及び条例」に基づいて教会が組織されている。その意味では日本にある教会は日本の教会ではないと言える。本国との関係では、教会が分離されているか、分離されていないかということになると、日本のメソジスト教会は非分離型の教会と言えよう。日本にあるメソジスト教会は、本国の一部であるという意味では包括型教会と言える。一八八九年六月、メソジスト教会第一回年会において「メソジスト諸派一致基礎草按」の九か条を決議している。問題の人事権では、この第五条総理の権限を見ると、「教師及教師試補の転籍を命ずる」という絶大なる権限を持っている。[46]

制度的教会としてのメソジスト教会は、前述したように英国教会からウェスレーによって切り開かれたもので、監督教会という色合いが濃い。メソジストは英国教会の中の信仰運動として生まれ、万人祭司主義が曖昧になっている。万人祭司とは、「すべての信徒は祭司である」という主張で、宗教改革によってもたらされたものである。教職と信徒との分け隔てがなく、イエス・キリストを信じて教会に加えられている者はすべて祭司の務めを神から与えられているのである。この点において、メソジストは、監督制の影響を受けている関係で、万人祭司主義を打ち出していないと言える。当時のメソジスト教会の特徴は、牧師依存、教職中心主義になっており、メソジスト教会の教職の最上位に監督がいて教職を把握する構造になっている。監督は牧師の人事権を握っている。

監督は、制度的に全国の牧師を把握して定期的に牧師を動かす役割を担っている。定期的に牧師の移動があるので、在任期間が短く頻繁に牧師が変わることになるのである。メソジスト教会の各教会では、基本的に自分たちで牧師を招聘することができない。二年ないし三年経つと牧師が入れ替わり、その結果、落ち着いて伝道ができず、たとえこの牧師にはもっと長く牧会してもらいたいと考えても下からの意見は無視され、そこに信徒の不満が出やすい構造になっていたと言える。

長谷川や平野たちは、そうした日本の実情をくみ取ることなく、上からの命令ですべてが動く制度に疑問を持ち、各個教会が自由な発想で伝道することを拒むような組織になっているとみたのではないか。藤崎教会は、いち早く独立した教会として注目された。ちなみに一九〇五（明治三八）年、日本主要プロテスタント教派別教会数の中で、各教派の独立教会がどのくらいあるかをみると、組合教会は独立教会三三、補助教会三七、日本基督教会独立教会二二、補助教会四七、メソジスト三派独立教会七、補助教会一〇四となっている。メソジスト教会は、アメリカ本国の組織を導入する教会という点から独立する教会が極端に少なく、藤崎教会は独立教会である七教会の一つとなっている。(47)

ところで『藤崎教会百年記念誌』には、長谷川誠三のメソジスト教会脱会について次のような記述がみられる。

脱会の動機は色々考えられるが、決して佐藤勝三郎らとの感情問題からではなく、純粋な信仰上の理由からであったとする見方が正しいと思われる。教会歴史上のこの一大事件に関して私見を加えることは危険と思われるが、敢えて言及するとすれば誠三のメソヂスト教会に対する反発ではなかったかと思う。メソヂスト教会はその政策において年会による牧師の派遣や転任などを行なう等、いわば中央主権的な色彩が強い。いち早く自給独立した藤崎教会のメンバーたる誠三にとって、メソヂスト教会や宣教師によるそのような制度は何らかの反発を感じさせたのではあるまいか。それがプリマス派の主張する信徒や教会の自主独立主義

に傾倒するに至ったという推測は妥当であろう。(48)

以上みたように、長谷川の離脱は、メソジスト教会に特徴的な監督制度に対する疑問がその底辺にあったものと考えられる。プリマス派の信仰は、万人祭司主義で教職と平信徒の差別がない。その特徴は三つにまとめられる。第一は、教会制度、教職制度の否定である。長老教会、組合教会、メソジスト教会という形を取らない。主のみ名のもとに集められるべきとし、牧師とか平信徒という区別はない。万人祭司という考え方である。第二は礼拝の重視である。礼拝は聖霊によりみ言葉に導かれながら、聖餐を毎主日行ない、信者であれば誰が執り行なってもよいとした。第三は、聖書の深い学びである。プリマス派の聖書解釈の深さはずば抜けている。この派の藤尾正人伝道者が指摘しているように、日本の二人の高名な聖書学者の聖書研究に強い影響を与えた。一人は渡辺善太、一人は黒崎幸吉であったという。

それは彼らの礼拝を見ればよく分かる。この派の群れは、現在は「同信会」と言っている。この派の中心的な位置を占める東京中野の「同信会」の集会に何度か出席したことがある。礼拝プログラムがなく、聖霊の導きにより礼拝が始まり、讃美歌が歌われ聖書の朗読のあと祈りがなされ説教が行なわれる。二人か時に三人の礼拝者がみ言葉を取り次ぎ解き明かしをする。カルヴァン主義的な信仰のエキスというべき説教を二〇分ぐらい行なう。伝道者はいるが、制度的教会でいう牧師という者はいない。バプテスト教会でも、平信徒が説教することはあるし、教会総会で決めれば牧師の資格がない者でも牧師になれるということはあるが、制度的教会では、一般的には神学校を出ている教職が説教することになっている。

プリマス派の場合は、皆兄弟で牧師という者はいない。伝道者という者はいる。礼拝では伝道者も一般信徒も説教し、み言葉を取り次ぐ点で差別はない。そして、毎週パンを裂き、葡萄酒をいただく聖餐式が行なわれる。そこには、制度的教会における教職と信徒という分け隔てが全くない。制度的教会では、牧師や伝道師に対し「先生」と呼ぶのが習わしであるが、プリマス派では、「先生」と呼ぶことはない。それは皆兄弟姉妹なので、何々兄、何々さんと呼ぶ。

長谷川誠三は、そうした万人祭司を徹底させる群れの信仰を見た時に、これこそが自分が求めていたキリスト教だと考えるようになった。制度的教会における欠点を乗り越えて、ひたすら信仰の世界に生きるこの派の人たちの信仰を見た時に、迷いもなくこの人たちの群れに入っていったのではないかと思われる。もちろん長年藤崎教会で信仰を守ってきたわけで、狭い村の中での親戚付き合い、地縁的なつながりなどのしがらみもあって、考え悩み抜いての決断ではあったと思う。しかし、それ以上に真の信仰をそこに見て、喜びをもってメソジスト教会を離れたのではないか。長谷川がプリマス派へと移ったのは、まさに福音に魅せられてしまったわけで、プリマスの福音に捉えられたのである。彼は、その派の人たちと接触するうちに本物の信仰をそこに見てとり、今までの自分の信仰を御破算にしてプリマス派の信仰へと離脱していったのである。

プリマス派といえば、「羊泥棒」という不名誉な評判がある。伝道をしないで教会荒らしをする派であると言われることが多いが、それは真実ではない。この派は路傍伝道をし、トラクトを配っての文書伝道、友人知人を通しての伝道などに極めて熱心な派である。日本基督教会の植村正久が「羊泥棒」と言って嫌ったことに由来するが、これは当時の日本人のキリスト者の福音理解と関係が深い。明治二〇年代は、ユニテリアン、独逸普及福音教会、ユニバーサリストといった新神学が入ってきた時代であった。これらの新神学に教会の指導者や信徒が信仰の動揺をきたしたし、背教する者もあった。その流れとは違って、同時期にプリマス・ブレズレンの信仰を持つハーバード・G・ブランドが来日、日本橋教会の青年の一団が日本橋倶楽部を作って活動していたが、牧師の非を唱えて教会を離脱、それを契機に七一名からなる信徒がブランドの群れに連なるという大事件が起こった。

現在の私たちの教会生活を見ると、各人が聖書、讃美歌集を購入して比較的きちんと聖書を読んでいる。一八七二年九月第一回の宣教師会議において翻訳委員社中の設置が決まり、聖書の翻訳は明治七年から始まり、新約聖書は随時発行されて一七分冊に、続いて旧約聖書は二八分冊が発行された。一八八八（明治二一）二月三日、旧約聖書の翻訳を記念して築地の新栄教会で聖書翻訳事業祝賀会が開催され、ようやく木版刷りから活版の聖書が初めて出版されたのである。ということを考えると、明治二〇年代の前半では新約聖書の方は、明治八年から順次出版されていたのである程度信者が読んでいたが、旧約聖書は一般信徒はあまり読んでいなかったのである。聖書を読んで信仰に入るということではなく、西洋の優れた文明の背後にあるキリスト教に魅せられて、あるいは宣教師や牧師、キリスト者の人格を通じて受洗する者が多かった。それに対して、プリマス派の人たちは、実に聖書をしっかり読んでいたので、時に伝道師も太刀打ちできないほどであった。プリマス派の人たちとのつながりの中で、真の信仰に目覚めて、今まで出会ったことのない信仰の恵みを得て、プリマスの信仰に入っていったのであった。彼らは、明治期では神田の鎌倉河岸の集会所で伝道を展開し、またトラクトを配って路傍伝道を熱心に行なった。

その後、長谷川誠三を中心として主のテーブルが置かれた。主のテーブルが置かれるという意味は、「パンさき」（聖餐式）が執行される意味で、主の晩餐を中心にした交わりが生まれたという理解で、教会が成立したことを言う。礼拝は中央にテーブル（聖餐台）が置かれ周囲を会衆の席が囲む形を取り、講壇はない。東京中野の同信会の礼拝堂も真ん中のテーブルを囲んで丸く座るように椅子が並んでいる。椅子の前にテーブルがあり、聖餐台を中心に座るようになっている。

主の御名にまで集められしは翌四十年の五月であった。此の間の半年、兄姉方も種々迷われたようであったが、長谷川虎次郎兄が代表され、十一月水戸の首藤新蔵兄を訪問され、特に集会問題を学ばれた。翌四十年春、浅田又三郎兄が家族と共に藤崎に行き、漸く解決して兄姉の主の御テーブルに集められるるに至った。(49)

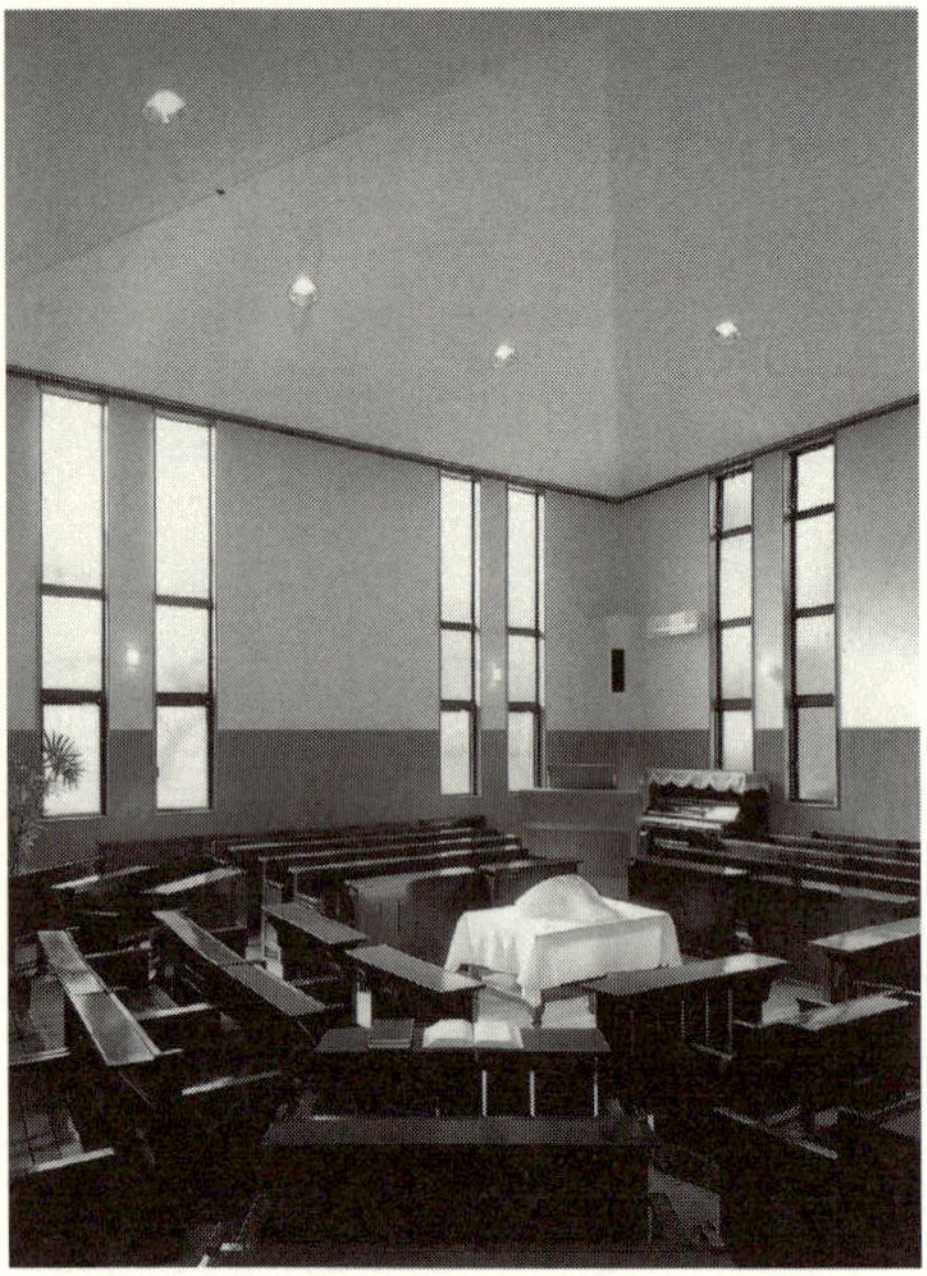

東京中野にある同信会の礼拝堂。聖餐台を囲む形で座席がある（同信会提供）

一九〇七（明治四〇）年春に主のテーブルが藤崎に置かれたので、プリマス派の浅田又三郎が長谷川誠三の所に住むようになった。「浅田兄は、四十年春まで郡山町上仲井堀二六に住んで居たが、四十年五月青森県藤崎へ移住された」という記録がある。この年の五月から誠三の屋敷の中に礼拝堂を造った際、その脇に浅田又三郎の住む部屋を作ってそこに移り住んだのである。東京中野の同信会の伝道者であった藤尾正人氏は、長谷川の敷地内に礼拝堂が建てられていたことを伝え聞いている。[50]

その後、同年一一月一一日、ブランド、林寛治郎等が上野を発ち、郡山へ向かい一三日には盛岡に至り、平野栄太郎の祈禱会に出席、一四日青森駅に到着、川部駅（現在の田舎館村）に着き、浅田又三郎ら数人の兄弟に迎えられ、長谷川誠三邸に留まるとある。一八日、惜しき別れを告げて出発、青森を経て一路東京に向かったとあるので、ブランドと林寛治郎は長谷川邸に四泊したことになる。この地に集められた兄姉は十余名であり、浅田又三郎一家もこの地に転居、ブランドと林が滞在中は毎日三回の集会があり、三十余名が来会、「メソヂスト派の兄弟や、求道者の方もあり、主の恵の御働を実際に見せられて両兄とも励まされ、感謝せられたとの事」と報告されており、主のテーブルがこの誠三の所に置かれたことを祝し、これからの門出を祝うにふさわしい集いで

あった。(51)

浅田又三郎は、藤崎の長谷川の所に住みながら近隣の伝道に積極的に動いているのが同信会の資料からうかがい知れる。一九〇八（明治四一）年六月二〇日、藤崎の佐藤又八宅の裏の小川で青森市の内山良太郎がバプテスマを受け、山形県本飯田へ赴き、盛岡に到着。一九一〇（明治四三）年には青森県大湊へ、同年六月と七月に弘前土手町に家を借りて福音を宣伝し、弘前市五十九銀行斎藤精造がバプテスマを受けた。一九一一（明治四四）年二月、青森県野辺地町、青森市、そして藤崎において佐藤又八の長女八重子がバプテスマを受けた。七月北海道に渡り、釧路、旭川、幌内炭田、小樽にて伝道を展開している。

一九一二（明治四五）年の記録でも、「浅田又三郎兄、藤崎村に住み居り、付近の村々町々を訪問す」として、ここを拠点に、浅田又三郎は盛岡や弘前に伝道に出かけた。「藤崎にて、第一月曜夜は青年の集り、第一火曜午後は姉妹の集りを催す」とあり、また弘前に出かけて、赤沢姉の呉服店において福音宣教会を催し、毎回十数名が出席するとある。

この種の礼拝では、聖霊の導かれるままに、説教し、パンを裂くことになっている。礼拝では二人か三人の信者がみ言葉を宣べる。万人祭司主義を取っていたので、もちろん浅田が礼拝で説教したが、長谷川も説教していたと思われる。また浅田又三郎は、藤崎を拠点に各地に伝道に赴くことが多かったので、長谷川が中心となって、集会が長谷川邸の礼拝堂で行なわれた。こうして、長谷川邸に主のテーブルが置かれ、日々聖書に向かい、聖書を読むことを無上の喜びとして歩む生活は、誠三にとって感謝に満ちたものであった。

そのような中にあって、一通の手紙が誠三に届いた。それは奥野昌綱からのもので、彼は日本人最初のプロテスタント教会である日本基督公会創立期の長老であり、一八七七（明治一〇）年一〇月麹町教会の牧師になった日本における最初の牧師でもあった。長谷川誠三が奥野昌綱とどのような交流を持っていたか不明だが、奥野は文政六年（一八二三年）生まれで、一九一〇（明治四三）年一二月に死去しているので、この時は数えで八八歳になる。

新正之祥瑞萬里同風目出度申納候先以御恩寵之下ニ貴家御揃益々御清福被成御超歳奉恭賀候降々拙老儀御恩寵により無異ニ加年仕候間憚乍御休神可被下候扨旧年中ハ見事成るりんご一箱御恵贈被成下従来好物之御品長々備置き度賞翫仕る辺くと御厚意深奉拝謝候将亦御撰抜之聖語揮毫仕候様被仰下承知仕候右者近日出来次第小包にて御郵送可申上候先ハ右年頃之御祝儀御礼旁愚礼如此ニ御座候

永候　敬白

明治四十三年一月元日

奥野昌綱

東京府下豊多摩郡渋谷富益町十三

今年十二月二日八十八歳

長谷川誠三様(52)

長谷川は新年にあたり、りんご一箱を奥野昌綱に贈り、その返礼として奥野が揮毫《きごう》（毛筆の書）を近日中に送りたいという手紙である。奥野は書画にも通じ、長谷川も書道に関心があり、自らも書を嗜《たしな》んでいたこともあって、奥野の書いたものをもらうことになったのである。奥野は酒豪であったが、一八七二年八月四日（明治五年七月一日）に日本基督公会においてS・R・ブラウンから受洗したのを契機に断固禁酒をし、七五（明治八）年には横浜禁酒会を組織し、七七年一〇月三日、日本基督一致教会において、日本のプロテスタント教会の最初の牧師となった。その際、按手といって礼拝の中で正式な牧師になる式が行なわれた。その時、海岸教会から離れて日本基督一致麴町教会（現、高輪教会に合併）の牧師に就任した。長谷川誠三も受洗を契機に禁酒を断行、陸

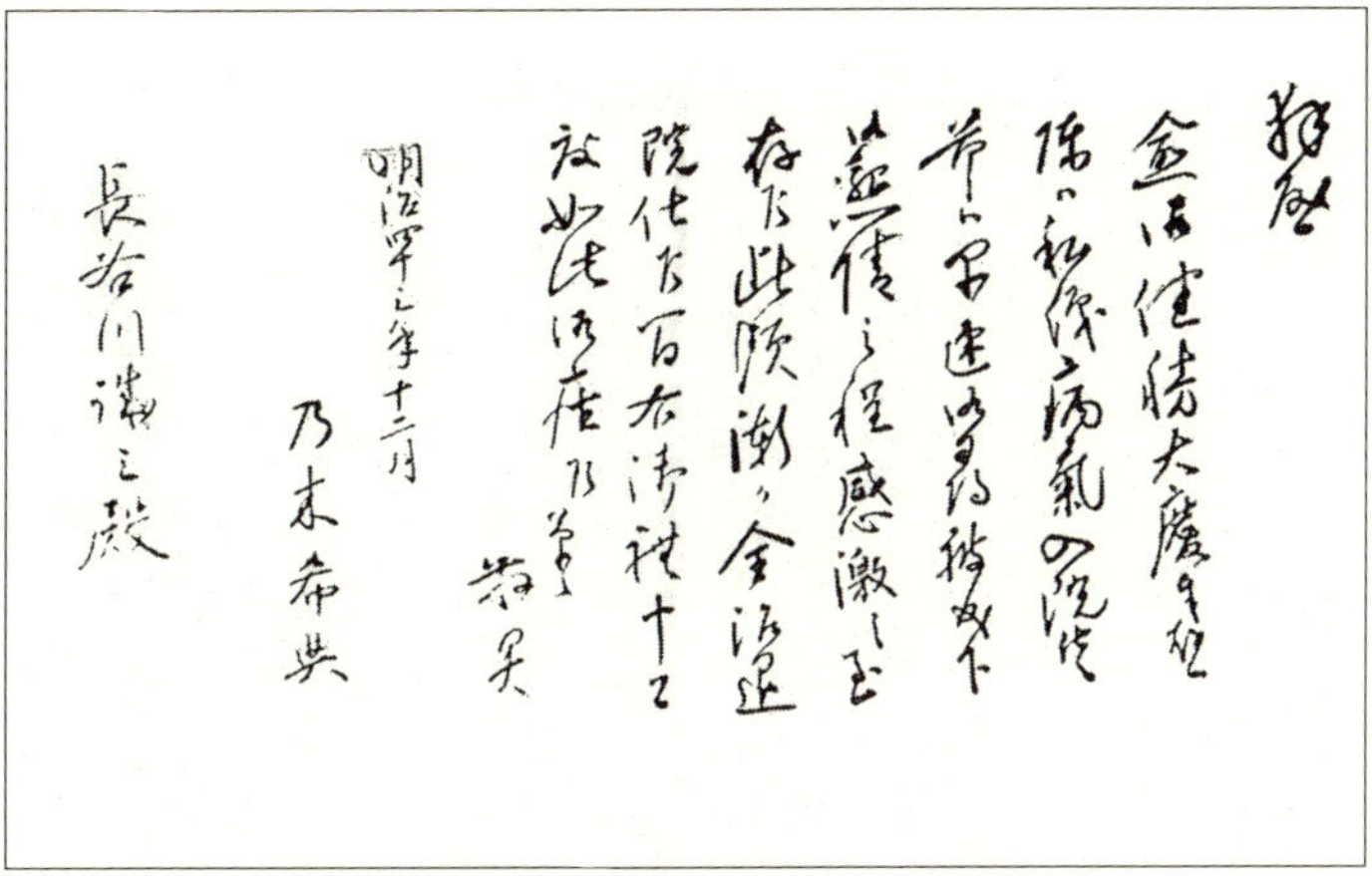

乃木希典から長谷川誠三へ送られた書簡（長谷川勝勇氏所蔵、複製）

奥禁酒会を結成しているので、禁酒会の関係から奥野との交流が生まれたのかもしれない。

また、同じ一九一〇（明治四三）年一二月、乃木希典から長谷川は丁寧な手紙を受け取った。乃木は同年八月、中耳炎に罹って赤十字病院に入院していたので、入院を聞いて長谷川は見舞状を出すと同時に赤十字病院まで見舞いに出向いた。大濱徹也の『乃木希典』によれば、退院は同年一二月六日で、回復までにかなり時間がかかったことが分かる。同年一二月退院早々、乃木大将から長谷川のもとに全治したとの手紙が届いた。

拝啓

愈御健勝大慶奉存候陳バ私儀病気入院仕候

節ハ早速御尋被成下御懇情之程感激之至

存候此頃漸ク全治退院仕候間右御礼申上度此如御座候

早々　　　　　　　　　　　　　　　　敬具

明治四十三年十二月

乃木希典

長谷川誠三殿(53)

里ゆふと再婚

前述したように、一九〇九（明治四二）年六月四日に妻いそが亡くなった。長谷川誠三の子どもたちは、三男で二三歳の三郎を除いて、娘のまつ、きみ、クニ、まさ、長男の潤たちは、独立して所帯を持っていた。最近、乃木大将の静子夫人から長谷川誠三宛に出した一通の書簡が見つかったので、明らかにしておきたい。その書簡の内容は、誠三に再婚を進めるものであった。

拝啓仕候先日ハ御上京御来訪被下難有其際ハ甚失礼申上候扨其節御話御座候御家内様之件其後如何之御様子ニ御座候や若し御決定無之候ハバ幸当方之心当り御座候其人ハ山口県之者にて年ハ四十才にて美貌之由御親族等ハ皆死絶て頗不幸之境遇ニ有之者身分も極確なる由万一御思召御座候ハバ先方へ照会可仕不取敢貴意を得度如（レ）此御座候　　敬具

七月七日 乃木静子

長谷川 誠三様

二白東京御宿所失念仕候為（二）御地ニ差出申候（一）尚御滞京ニ御座候へバ御宿御一報煩候度御願申上候早々(54)

前述したが、乃木将軍がロシアのステッセル将軍からもらった馬を誠三が経営する雲雀牧場であずかって飼育していた。その乃木夫人からの結婚の勧めがあるということから、乃木将軍と長谷川が相当親しい関係であったことが分かる。恐らく、いそが亡くなった翌年かその次の年の七月の手紙と推測する。相手の女性は、山口県出身で、「年は四〇歳にて美貌」と書かれている。

新しい家族とともに。左から誠三、憐、里ゆふ、恵之、愛之（長谷川博氏所蔵）

一方、長谷川の方は、同じ頃結婚の話が出ていて、前橋出身のキリスト教信仰を持った高木里ゆふを紹介された。高木里ゆふは明治四年一二月七日（一八七二年一月一六日）、高木忠文、ひろの五女として、前橋市前代田一八番地に生まれている。高木夫妻はプリマス派の信仰を持った信者であった。誰から里ゆふの紹介を受けたか分からないが、考えられることは、長谷川がプリマス派の信仰に生きる時に、同じ信仰に生きる人を伴侶に求めたのではないかと考えられる。誠三と里ゆふの結婚式は浅田又三郎の立ち会いのもとで行なわれ、一九一二（明治四五）年三月二二日に婚姻届がなされ入籍している。この時、長谷川五五歳、里ゆふ四二歳であった。

長谷川は三階建ての建物が好きだった。彼が生まれた藤崎の表町に三階建てを建てた。里ゆふと再婚した時も、そこから少し離れた所に三階建てを建て、また大鰐と弘前にも別邸を持っていた。誠三の三女ミツは、永井虎次郎と結婚、養子を迎えた。虎次郎は東奥日報社に勤め、『竹南文集』を書くなど文筆家として活躍した。虎次郎の娘幸子と時子が『ふたつのバケツ』という思い出の記を書いている。[55] 誠三が里ゆふと住んでいた家の様子が書かれている。「刑務所で女の看守さんだった娘をもらったそうですが、どことなく品のよい、そして落ち付きのあるお婆さんで、その上きびきびして、やさしい方でありました」と里ゆふが元看守であったことを記している。またその三階建ての大きな家は、立派でちょっとそこらにはないような風格のある家で、村の人達は、長谷川御殿と呼んでいたそうである。天井が高く部屋がいくつもあり、欅で造られ、廊下を歩けば人の姿が板に映るような作りであったという。

幸子が虎次郎の用事で、祖父の誠三に手紙を届けに行くことがあった。届けて返事を持ってくる役目で、裏門から入ると、里ゆふさんが「あれ幸ちゃん、よく来ましたね。さあ、おあがり」と言われる。お父さんのこの手紙をおじいさんに渡したいのですと言うと、一〇畳もある部屋に通され、誠三は、「おー幸子か、よく来たね。そこにお座り」と言うと、そばにある茶箱から茶碗を取り、お茶を勧めてくれる。それからおせんべいも出して、にっこり笑って、今返事を書くからゆっくりおあがりという。父の手紙を読むと巻紙にすらすらと返事を書き出す。父からの封筒を裏返しにして封筒をつくり、宛名を書いて幸子に渡した。こういう場合は、手紙を受け取ると、すぐその場で書いて手渡すのが習慣になっていた。

それから何年か経って、ある夜誠三宅に泥棒が入ったという。嵐の夜だったそうで、台所から物音がするので、里ゆふが起きていくと、見知らぬ男が目をギラギラさせてそこに立っていた。「どなた様ですか」、「分かるだろう、泥棒じゃ」と、みるとぶるぶる、震えていたという。「さあ、お座り、お腹もすいてなさるね」。「温かいお酒、ご馳走もあるからおあがりなさい」とにこにこしながら言ったので、泥棒は急いでかき込むとしっぽを巻いて逃げて行ったという。さすがに元看守だけあると、村人が感心したという。

中野の同信会に「在主愛兄姉就眠日記暦」という約七〇頁からなる印刷物がある。[56] この文書によると、里ゆふの父高木忠文は一九〇二（明治三五）年に桐生で亡くなり、その後母のひろは一九一一（明治四四）年に同じく桐生で亡くなっている。こうして長谷川誠三は、信仰を同じくする者と結婚することになったのである。里ゆふとの間には、愛之《あいし》、恵之《けいし》、憐《れん》が与えられた。三人の兄弟姉妹が浅田又三郎から洗礼を受けたのは、桐生市宮本町の自宅においてであった。しかし、その年月日が定かではないが、一九三〇（昭和五）年一一月一七日に憐が召された同じ年であったと遺族から聞いた。

乃木大将夫妻の殉死

長谷川誠三は、乃木将軍と親交があった。誠三が雲雀牧場を経営していた頃、乃木将軍との関係が生まれた。一八九六（明治二九）年一一月乃木将軍が台湾総督に赴任の際、日清戦争当時常用していた英号を天野獣医監を経て、雲雀牧場に預けた。雲雀牧場は、誠三の長女まつの婿養子長谷川英治が管理していた。乃木希典が殉死する二年前、前述したように一九一〇（明治四三）年一一月長谷川は将軍から手紙を受け取っている。それは、長谷川が乃木が病気で入院したので、見舞いに行った返礼の手紙であった。

日露戦争では、日本軍は約八万四〇〇〇人、ロシア帝国は約五万人の死者を出した。そのなかで金沢第七連隊は、一八〇〇人の兵士を抱えていたが、ロシア軍が降伏した時武器を取れるのは二八五人だった。高知第四四連隊は二三〇〇人いたが、残ったのは二六四人で、この二つの連隊が特に死者が多く、九割ぐらいの兵士が戦死した[57]。乃木は息子二人を戦死させる体験をし、国民と同じ戦争の被害者となった。そのことは国民の中に同じように戦死した犠牲者の姿を呼び起こした。乃木の苦しみを自分のものとするというつながりが国民の中に芽生え、悲劇の将軍として東京市民に印象付けられた。

多くの犠牲者を出した戦争の現実に乃木は黙ってその責任を背負っていた。日露戦争の際、乃木将軍は隼号を携えて出征した。旅順における戦闘において乃木の隼号は惜しくも斃れた。その後、旅順が陥落させ開城、乃木将軍とステッセル将軍が会見した時、帯剣を許し、ステッセルに恥辱を与えなかった。各国の新聞が勝利におごらず、敗者を労わる、その謙譲さを賞讃し、日本人の気高さが世界に知れわたった。ステッセルは、敗軍の将として帰るには馬は必要ないが、閣下の凱旋には乗馬がなければ不便であるから、自分の馬を差し上げたいといって贈呈されたという。その白馬もこの牧場に預けられた。

明治天皇は、一九一二年（明治四五年）七月一五日頃より食欲がなくなり、高熱を出し同月三〇日午前〇時四三分に崩御、官報号外によると次のように報道された。

天皇陛下十四日腹胃を害《そこな》わせ、十五日よりご疲労にわたらせられご食気ご減少、十九日夕突然ご発熱あらせられ四十度五、ご脈搏百四、ご呼吸三十八、ご脳症にてご重体にわたらせる。―昨日号外再録―（四五・七・二一）

告示（官報号外）天皇陛下今三十日午前零時四十三分崩御《ほうぎょ》あらせられたり。

宮内大臣伯爵渡辺千秋　内閣総理大臣侯爵西園寺公望―右三十日午前三時五十八分発電、昨日号外再録―（四五・七・三一）[58]

その後、一九一二（大正元）年明治天皇大喪、東京青山葬場で挙行したが、その日乃木希典大将夫妻が殉死するという事件が起こった。長谷川は、藤崎の地で東奥日報でそのことを知ったものと思われるので、同年九月一五日付の新聞記事を次に引用したい。

乃木大将、昨日午後八時、御霊車宮城御発引前、自邸奥の間にて、日本刀をもって、ノドを突き、夫人は短刀をもって、心臓を刺し、共に見事に殉死せり。乃木大将は、昨朝、宮中殯《ひん》宮祭に参列前、自邸に写真師を招き、大将は陸軍大将の正装、夫人は白襟紋付の正装にて撮影し、それより大将は、腕車にて参内し、正午十二時ごろ帰邸するや間もなく、英国皇帝御名代コンノート殿下接伴員吉田砲兵中佐来り、接伴方につき、打ち合わせ、大将は本日、気分悪しきため、よろしく接伴を依頼すと同中佐を玄関まで送り、それより夫人とともに奥八畳の間に入り、堅くふすまを閉ざし、大将は大将の正装のまま、夫人は白襟紋付の正装にて、少しも取り乱さず、端座して見事に自殉を遂げ、付近一面紅と化し、床の正面には、先帝の御真影、その後方には日露役にて失える二令息の写真を掲げありし。石黒男に《ママ》あてたる遺書は、遺骸をみにくからぬように頼むとの意味にて、なお、陛下へ自殉申し訳なきの遺書ありし。大将は全く殉死せるものにて、乃木家はここに絶滅す。(59)

乃木希典は、殉死する前に辞世の句を何人かの人に送っていた。誠三も送られた一人である。誠三の交際の広さを物語るものである。

　さやかなる月かけふみて行く道は遠きもうしと思はさりけり(60)

注

(1) 拙稿「プリマス・ブレズレンの渡来とその波紋――明治二十年代のキリスト教の一側面」『日本歴史』第三八三号、吉川弘文館、一九八〇年四月。他にプリマス派と「文学界」のことについて言及した拙稿に次のものがある。「明治二十年代におけるプリマス・ブレズレンと文学界」『地方史研究』一九五号第三五巻三号、地方史研究協議会、一九八五年六月。

(2) 藤尾正人「ブランドさん」『ブランドさんとその群れI』同信会、一九八四年。拙稿「プリマス・ブレズレンの渡来とその波紋――明治二十年代のキリスト教の一側面」『日本歴史』。

(3)一八八九年一〇月「日本基督一致東京第二中記録」。
(4)鷲山林蔵『日本橋教会九十年史』七頁。
(5)鈴木善七編『先輩兄弟ら――明治篇』同信社、昭和五一年、二二頁。
(6)拙稿「プリマス・ブレズレンの渡来とその波紋――明治二十年代のキリスト教の一側面」八一頁。
(7)山本秀煌『日本基督教会史　復刻版』改革社、一九七三年、一三一頁。
(8)佐波旦、小澤三郎編『植村正久と其の時代　新補遺』教文館、一九七六年、一三九―一四〇頁。
(9)植村正久『植村正久著作集』第四巻、新教出版社、一九六六年、二六〇頁。
(10)明治三九年六月二七日付長谷川誠三宛本多庸一書簡。
(11)弘前学院聖愛中高等学校図書館蔵「設立者変更届」。武田千代三郎県知事に提出した書類には、変更した理由は記載されていないが、弘前女学校編『弘前女学校歴史』(一九二七年、九六頁)には、信仰を異にしたことにより変更届をしたとの理由が書かれている。
(12)弘前学院百年史編集委員会編『弘前学院百年史』一九九〇年、一七九頁。
(13)同右。
(14)福島恒雄編著『藤田匡伝――我が国最初の盲人牧師』藤田匡伝記刊行会、一九六六年。
(15)同右、七四―七五頁。
(16)佐藤幸一「藤崎教会プレマス派渡来から終幕まで」『東奥義塾史報』三号、一九九八年。
(17)『弘前新聞』明治三九年一二月一二日。
(18)佐藤幸一「藤崎教会プレマス派渡米から終幕まで」四四―四五頁。
(19)「揺籃時代における青森りんご――藤崎敬業社りんご園経営記録」『青森県りんご史資料第一輯』青森県経済部、一九五一年。
(20)『弘前学院百年史』一四四頁。
(21)長谷川誠三直筆の文書。
(22)日本基督教団藤崎教会編『地の塩世の光として――藤崎教会百年記念誌』一九八六年、一〇六頁。
(23)高木武夫編「日本メソヂスト盛岡教会五十年記念史」(大正一四年)日本キリスト教団盛岡松園教会『日本基督教団盛岡松園教会　宣教百年』一九八二年、一一六頁。
(24)『護教』七九六号、明治三九年一〇月二七日付。

(25)『護教』七九七号、明治三九年一一月三日付。
(26)『藤崎美以教会記事録』第壱巻。
(27)同右。
(28)『四季会記録』一九〇七(明治四〇)年五月。
(29)相澤文蔵『津軽を拓いた人々――津軽の近代化とキリスト教』弘前学院、二〇〇三年、三四頁。
(30)高木武夫編「日本メソヂスト盛岡教会五十年記念史」『日本基督教団盛岡松園教会　宣教百年』一九八二年、一一二頁。
(31)渡辺善太『回心とその前後――わが聖書学界巡礼記(その一)』日本基督教団出版局、一九五七年。
(32)大野昭『最初の海外伝道者乗松雅休覚書』キリスト新聞社、二〇〇〇年、五六―五七頁。
(33)同右、五六―六二頁。
(34)高木武夫編「日本メソヂスト盛岡教会五十年記念史」『日本基督教団盛岡松園教会　宣教百年』九四頁。
(35)明治四十四年八月十七日付長谷川誠三宛本多庸一書簡。
(36)高木武夫編「日本メソヂスト盛岡教会五十年記念史」『日本基督教団盛岡松園教会　宣教百年』九四頁。
(37)一九一一年(明治四四)年九月四日付長谷川誠三宛本多庸一書簡。
(38)一九〇九(明治四二)年六月七日付長谷川誠三宛本多庸一書簡。
(39)『地の塩世の光として――藤崎教会百年記念誌』一〇六頁。
(40)『先輩兄弟ら――明治篇』二二七―二二八頁。
(41)藤尾正人「ブランドさん」『ブランドさんとその群れⅠ』八六頁。
(42)同右、八七頁。
(43)一九〇六(明治三九)年六月二七日付長谷川誠三宛本多庸一書簡。
(44)一九〇六(明治三九)年一一月一九日付長谷川誠三宛本多庸一書簡。
(45)明治三九年九月二七日長谷川誠三自筆文書。
(46)澤田泰紳著・土肥昭夫編『日本メソヂスト教会史研究』日本キリスト教団出版局、二〇〇六年、二頁。
(47)同右、二三〇頁。
(48)『地の塩世の光として――藤崎教会百年記念誌』一〇六頁。
(49)鈴木善七編『先輩兄弟ら――明治篇』二二八頁。
(50)同右、二三六頁。

(51) 同右、二三八―二三九頁。
(52) 明治四三年一月元日付長谷川誠三宛奥野昌綱書簡。
(53) 明治四三年一二月付長谷川誠三宛乃木希典書簡。長谷川勝勇氏所蔵（複製）。長谷川誠三のことが、乃木側の資料にあるか調べた。乃木希典宛長谷川誠三書簡を調べたが見出すことはできなかった。また『乃木希典日記』にも長谷川誠三の名を見出せなかった。乃木の死は、洋の東西を問わず衝撃を与え、乃木夫妻の殉死は明治という時代を象徴する事件となった。乃木希典のことについては、『國史大辞典』第一〇巻（吉川弘文館、一九八九年）、乃木神社社務所編『乃木希典全集』上中下（国書刊行会、一九九四年）、大濱徹也『乃木希典』（河出文庫、一九八八年）を参考にした。大濱徹也氏の『乃木希典』は、『乃木希典日記』の記事を丹念に追いながら書き上げた優れた乃木希典の伝記である。
(54) 七月七日付長谷川誠三宛乃木静子書簡。長谷川暁氏所蔵（複製）。この書簡には七月七日としか書かれていない。妻長谷川いそが死去したのが、明治四二年であったので、翌年か明治四四年に出されたものと思われる。
(55) 長谷川時子、松本幸子『二つのバケツ』昭和六三年一一月。
(56) 同信会「在主愛兄姉就眠日記暦」。
(57) 日露戦争の死者数については、朝日新聞二〇〇七年八月二七日朝刊の数字によった。
(58) 『新聞記事に見る青森県日記百年史』東奥日報社、昭和五十三年。なお崩御《ほうぎょ》の箇所などのカナが振ってあるが、新聞記事の記載通りとした。
(59) 一九一二（大正元）年九月一五日付『東奥日報』。
(60) 一九一二（大正元）年九月一四日に乃木希典が殉死しているが、その直前に長谷川誠三に出した書簡と思われる。長谷川暁氏所蔵（複製）。

第九章　晩年

第一節　凶作慰問伝道

凶作状況

一九一三（大正二）年、東北、北海道地方が大凶作、極度の冷害に見舞われた。この大凶作は、「近年稀有の大参事にして稲は平年の二分作」であったという。青森県下で救済すべき窮民の数は、戸数一万五六〇〇戸、救済人数八万四四三人に達した。政府、県当局は救済活動を開始、産業資金一〇〇万円の県債を起こし、政府から七六万円の提供を受けて、一時的な救済に止まらず恒久的な対策にも乗り出した。しかし、これとても焼け石に水であった。その状態は、天明年間の大凶作に匹敵するものであった。『青森県凶作救済誌』には次のような報告がある。

大正二年の凶作たる、近年稀有の大惨事にして、稲は平年の二分作、其他の農作物は平均五分作に充たす、実に本県総生産額三千五百万円の約二分の一を失ひ、其被害の激甚たりしは、天明年間の大凶作にも多く譲

窮乏する農家（青森県所蔵県史編さん資料より）

らさるものの如し、而かも之が為、終に一人の餓莩者を出ささりしは、偏に我至仁至慈なる皇室の御恩恵と、政府並に天下有志の同情とに由るは、県民の等しく感銘する所なり、今回の惨害たる、主として気候の不良に基すれとも、抑々亦農芸上、人事の未だ尽ささるものありしに因るは明らかなり、惟府に気候の変たる、全く人力の覊絆を脱し、吾人は気温に一度をも増減するに由なく、而して地北陬に偏し、天恵を享くること甚た薄き本県に於ては、今回の如き不良の気候は今後再ひ現はれさるを期し難く、常に之に処するの途を講せさるへからす、其途たる他無し、凶作より得たる教訓を空うせす、居常貯蓄に努め、且つ其耕作を凶作に際しても尚謬らさる方法に則り、而して天恵の薄か如きは人力弐由て之を補ふ覚悟を以て奮励努力するにあり、斯して本県農界を革新し、将来発展の端を開くに至らは、凶作に由りて失ひたる多大の損害も無益に終らすと云ふ得へし、県民たるもの深く思を茲に致されんことを(1)

何といっても農作物の中で被害が大きかったのは米で、平年作収穫量の二〇％程度であった。県民の困窮状態を見ると、

大正２年度主要農作物減収高

種　類	大正元年収量	大正２年収量	差引減	減収の価格	一石価格
米	885,181石	193,142石	692,039石	13,250,641円	19円10銭
粟	72,915	41,600	31,315	250,520	8.00
稗	79,297	42,000	37,297	130,539余	3.50
蕎　麦	32,667	23,646	9,021	39,615余	5.50
馬鈴薯	11,805,080貫	10,624,572貫	1,180,508貫	59,025余円	一貫匁価格5
大　豆	85,748	59,044	26,704	340,236	9.00
小　豆	9,791	4,905	4,886	4,886	1.00
その他農作物	——	——	——	19,658,130	——

農作物減収高、大正2年12月2日調の表『青森県史資料篇（近現代3）』

彼らの常食は、少量の外米に稗、粟、蕎麦等の雑穀を混合したものならいい方で、雑穀を主とし、これに馬鈴薯、南瓜、乾菜、楢の実、藁の粉末、あるいは松の軟皮を混ぜたものを味噌か漬物の汁に加えて炊煮する有様で、やっと飢えをしのぐ程度のものであった。

また、『青森県史資料編　近現代3』の第四章「凶作と救済・振興」に「大正二年の大凶作」として救済事業のことが載っている。一九一三（大正二）年一二月一〇日、県会から内務大蔵両大臣に出しているものによると、その県議会のなかで、青森県の状況は平時においては、「八八万五千二百八一石の米収によりこれを唯一の生業とする青森県民が一朝にして其の二歩一厘八毛作十九万三千百四十二石の大凶作に遭遇す如何にぞ悲惨なきを得んや」というものであった[2]。救済方法としては、第一に一〇〇万円以上の県債を募り歳入の一部を救済事業の資金に充てること。第二に地租免除、第三に国債一途の土木工事施設、第四に低利資金の移入が必要であると満場一致をもって建議した。青森県には青森市災害善後経営費のための県債四〇万円を除けば、わずかに一一万五二三〇円六銭九厘の県債を有するに過ぎないので、よって一〇〇万円以上の県債を起こし、凶作善後経営の費用に充てるべきとして建議した。

この大凶作に対し、民間人も救済活動を開始、『青森県凶作救済誌』によれば、日本メソジスト弘前教会が教会内に「青森県凶作救済会」を設置、窮民救済に動いた[3]。一、青森県民凶歉を救済する事、二、資金基督教徒有志の寄附を目的として窮民の救済運動を展開、行商団や幼児預所を作って活動した結果、りんご、弘前産織物、漆器等八九〇九円三三銭の売り上げを得た。この資金をもって救済資金とした。委員長に山鹿元次郎、委員には教師本多末四郎、会計桜庭駒五郎、矯風会会長の高谷トク子他三名の宣教師が名を連ねている。

篤志家の隠れた細民救済として、長谷川誠三の救援、慰問活動を見なければならない。大凶作が起こって間もなくのこと、窮民たちが地主を襲う暴徒となって長谷川の家にも押しかけ、米の放出と金銭を要求した。気の強い妻の里ゆふが立ち合って、粥や汁物を並べて勧めたところ、農民たちは長谷川誠三の家であることが分かると、急に低姿勢になったものの何もしないわけにもいかず、「お椀に口だけを添えさせて欲しい」といって椀を手に取り口をつけるまねだけして何も食べずに立ち去ったという。

長谷川は、独り子であるイエス・キリストが惜しみない愛をもって私たちを愛してくださるという信仰に立つ時に、大凶作を黙って見過ごしにできなかった。藤崎の地で凶作で飢餓に苦しみ明日には死ぬかもしれない人々を見た時に、彼は古米を出して毎日粥の炊き出しをして多くの人達に食べさせた。しかし、そのようなことをしても多くの窮民を救うことができないことが分かると、横浜太田町の米穀商鈴木弁蔵なる者より貨車五〇両、時価にして二〇万円の大金を出して外米を取り寄せて窮民に配布した。一両二〇トンとすれば、一〇〇〇トンの放出であった。青森県の救済金は一〇〇万円であったので、実に県下救済金の五分の一にあたるものであった。[4]

ただ、長谷川は自分の信ずる信仰により、救済に手を貸しただけであった。売名行為は彼の最も嫌悪をするところであり、まさに聖書に示された聖句に導かれての行為であったと言えよう。イエスは自分の義を人に見られないようにせよと言われ、隠れたところの施しを喜ばれた。「あなたは施しをするときは、右の手のすることを左の手に知らせてはならない。あなたの施しを人目につかせないためである」(マタイ六・三―四)。彼の行為は、同信社の『おとづれ』の記事には明らかになっているが、今日彼の慈善的行為はほとんど知られていない。なお、同信会は同信社という出版局を持っており、文書伝道に熱心である。

誠三が成したことは個人としては最大級のもので、隠れた凶作救済であるため公の資料のなかに全くと言ってよいほど出てきていない。長谷川が救済に動き出したのは、凶作の翌年二月からである。「凶作慰問伝道」というべきものを展開、青森県全域はもちろんのこと、北海道は函館、小樽、岩見沢、栗山、由仁方面、釧路地方まで足を延ばした。

プリマス・ブレズレンの伝道者浅田又三郎は福音講演会を各地で行ない、参加者に二升ないし三升の外米を無料で配布した。どこでも一〇〇名から三〇〇名の者が集まり、なかでも五月の青森市公会堂での講演会には一〇〇〇名も集まった。この伝道は、救済活動とキリスト教を結びつけコメの配布という手段で福音を伝えたという点で、安易な伝道という批判を受けるかもしれないが、当時は社会福祉政策がなされていた時代ではなかった。救護法が誕生したのは、一九三〇（昭和五）年で、これとても不十分な法律であった。彼は、ただ信ずる信仰により行なっただけであった。

二〇一八年一月一日の『東奥日報』で外崎英明記者が、「大正の大凶作　本県窮状と救済克明に」と題し、「都内教会掲載紙発見」という記事を社会面に写真入りで大きく取り上げた。これは一九一三（大正二）年東北・北海道地方に大凶作が起こった当時の記事が、東京中野のキリスト教団体「同信会」から大量に出てきたことを報じたのである。「記事にはこの救済米が伝道とともに県内各地に配布されていった様子が克明につづられている。凶作史の一端として注目され、長谷川の記事を具体的に裏付ける記録にもなっている」と記している。(5)

慰問伝道

同信社の『おとづれ』に「東京の寄附勧誘書写」という題で、長谷川誠三等が行なった救済活動が詳しく掲載されている。飢饉に苦しんでいる同胞に神の福音を示して、寄付金品を募集して米、衣類などを罹災者に届ける運動が展開されたことが分かる。

拝啓今や東北及び北海道地方に於ては飢饉の為に飢えて食物なく凍へて衣料なく親子相擁して路傍に餓死をまつあり其惨状実に予想の外にありと聞及候、此時に当りこの憐むべき人々に神の福音を示して真の慰安を与え同時に当面の入用を充して其苦痛の幾分を緩らぐるは、これ同胞相助くる我国民の義務にして又萬民を愛し給ふ神の聖旨に適ふ事と信じ申し候、幸ひ浅田又三郎氏視察慰問の為め目下東北及び北海道に旅行中なれば生等は左の方法によりて金品を集め同氏に託して直接罹災者に配与致し度と存じ候、若し御同意被下候はば左記の條項御熟覧の上多少に不拘御寄附被下度此段奉願上候

敬白

一　救済せんとする地方は、当分東北及び北海道と相定め候

一　飢饉の災害は一時的のものに無之、少なくも今秋収穫時まで継続するものに付、当分の内毎月一回づゝ寄付金品の募集致度候

一　御寄附は現金ならば最も便宜に候へ共御都合によりては米、雑穀、古衣類、古綿、古メリヤス、古足袋、其他罹災者に必要と認められたる物は何にても不苦候（以下略）

一　分配の方法は長谷川誠三氏浅田又三郎氏等の調査に依り、信者未信者を問はず可成急を要する者より始め度に付、信者未信者の別なく御親戚御知己御使用人の方々にも御勧誘被下度候

一　集りたる物品は更に包装を改め、一先づ青森県南津軽郡藤崎銀行家長谷川誠三方へ送り同地より便宜各地に分送可致候

一　御寄附は神田区錦町三丁目二十四番地同信社までお届被下度、御都合によりては御一報次第当地より頂戴に可罷出候

大正三年二月　　本郷宇之吉　小山鎗太郎　中村重之助　浅田洋次郎　五十嵐健治(6)

このように、同信会そのものも協力して寄付集めに奔走し、長谷川誠三と浅田又三郎と連携しつつ窮民救済にあたった。大凶作の翌年の一九一四（大正三）年五月三日の『おとづれ』を見ると、同年二月七日に同信会の浅田又三郎が東京を出発している。

去る二月七日東京出立以来東北六県と北海道を親しく視察し、信者、不信者の別なく困窮なさる方に出遇ふ毎に主の慰めの言と当面の御入用に適するものを御伝へ申居候幸ひに諸方の皆様より篤き同情の賜物を贈られ、善き事と愛の本源なる神と主イエスを拝み感謝すると共に当地方の為に御祈り下されつつある皆様に厚く御礼申上候(7)

東北六県と北海道を視察した後、三月一七日には各役場に出向いて交渉して救助品を給付し、福音講演会を行なう旨の申し入れをして回っている。続いてその記事を紹介したい。

去る三月十七日より各役場に交渉して救助品を配与する福音講演会を開催致し居候、同日は午後二時より藤崎村役場に於て、三月二十日は青森市蜆貝町栗山兄方に於て、同二十五日は午後一時より大杉小学校に於て、同日午後七時半より青森に於て、同二十八日午後一時より浪岡村小学校に於て、いづれも主の御祝福を蒙り候救助を受けし者は右五回にて三百四十七名、少なきは藤崎の二十七、多きは青森の百十一名に毎会傍聴者多く村長、助役、学校長、警官等も列席なされ候聖書と福音時報、米と衣類を施与致し候(8)

『おとづれ』が伝えるものを追ってみると、浅田又三郎は、二月九日の夜には青森県藤崎村の長谷川誠三に迎えられ、一〇日は浪岡村福舘村等を視察、夜遅く藤崎に帰った。寒中に子どもに綿入れを着せることができず、「青森市阪近《ママ》」に四日も何も食べず飢えに苦しむ老人もあり、彼らに『福音時報』と米の袋を与えた。青森県三戸郡は県下で最も悲惨な所で、松皮餅といって松の木の甘皮を削り細かくして煮たものにそばの粉を入れて混ぜ塩を入れ、藁の柔らかい所を「細末」にしそれを炮烙《ほうらく》にて焼いて粉にし、それに野菜か麦粉を少量混ぜて煮て食するもので喉を通るものではなかった。

農民の被害は酷いが、青森市にいる日雇い労働者の困窮はそれ以上であった。凶作その他の事情のため動くことができない者もいた。弘前大工町を通ったとき、桶屋の裏の軒下に新聞紙を敷き小さな板囲いの中に、主人は三〇歳ぐらいでリウマチの手術後病原菌が入って重体、傍らには四歳の少女が風邪にかかったまま盲目の老婆に抱かれ、妻は産後なお日が浅く赤子を懐にしているという惨状を見た。

「数日前再び彼等を慰問せしが雨漏りて困難の状見るに忍びざりし故主の賜物を分ちたるが今は為に衣食の外屋根の修復も調ひ申候」という状況だ。長谷川誠三は各町村役場を巡回し、「主の福音の為南津軽郡全体に寄贈せられし救助（但し外米四斗俵二百俵と伝聞す）に就て福音講演会を開催する事に相成候何卒益々御祈り下され度候」としている。(9)

それでは、どういう形で凶作地慰問の福音講演会が行なわれたのであろうか。

ここに本会を開催し御来会の諸君に本社発行の月刊雑誌福音時報の慰問号を無代にて進呈可致候　右の次第に付何卒萬障御繰合せ御来聴被下度候

入場無料（来聴歓迎）

会場無料　大鰐田重方

日時　四月一日午後七時（但し当夜限り）

演題　　幸福の本源　　浅田又三郎氏
但し十五歳以下の少年諸君の御入場は乍失礼御断り申上候尚御照会の御用向又は詳細御承知相成たき御方は左に御来訪御通知被下度候
青森県南津軽郡藤崎村
長谷川誠三　方
東京神田錦町三丁目二十四番
同信社
東京同信社主催(10)

浅田又三郎は、凶作慰問伝道に明け暮れた消息を綴っている。同信社の『おとづれ』によって、浅田の足取りを追ってみたいと思う。浅田は、「主の恩愛により凶作地方の被災者に福音の伝へられ霊肉の救済せらるゝやうに多くの施米」をもたらしたいと考えたという。窮民たちは冬場は余暇を利用して藁仕事などをして工賃を得る機会があった。四月に入ると農業が多忙となるが、藁仕事などで得る工賃が上がってこないので、かえって窮民たちの困難は一層増すことになると浅田は報告している。四月一日夜、大鰐温泉西重旅館にて、佐藤又七と凶作慰問福音講演会を行なったところ雨ながら約二〇人が集まった。四月二日朝、石川村役場、午後は大鰐小学校において窮民に福音を語り、一五〇人が集い、施米は両方にて三石三斗であった。四月三日朝、浅瀬石村、午後尾上村の小学校で開き、総勢一五二名、施米三石、尾上村の三上弥太郎に少金を渡した。四月四日、尾崎村と金田村の小学校で開会、来聴者二か所で一三九名、施米四石一斗余り、尾崎村の「憐れなる家四戸へ少金」を呈すとある。(11)

四月五日「主の日藤崎村にて兄姉等と主を憶え」、午後木村直作と共に黒石町へ導かれ、小学校の「広き公堂」で福音を伝え、一三〇人が集められ、施米二石七斗であった。四月六日、常盤村と富木舘村、一五八名に福音を伝え、四石九斗の施米を配布、この夜長谷川クニ（潤の妻）の実家佐藤豊太郎宅に泊まり、集会を持ち二〇名が集まった。四月七日、山形村役場で講演、五八名来聴、施米一石九斗余り。四月八日、光田寺村と中郷村、一六四名、施米五石一斗余り。四月九日、蔵舘、午後碇ヶ関、九一名、施米二石三斗、この夜「葛原分館」にて碇ヶ関の人々を招いて講演会開く、来聴者一五〇名。四月一〇日、午後浪岡小学校にて福音を伝え九九名に一石九斗八升を施米、この夜同校裁縫室で講演、約四〇名来聴、この夜平野秀太郎宅に一泊した。四月一一日朝、女鹿澤村、午後は野澤、夕刻は大松村の三か村で福音を宣べ伝え、二五二名、施米六石一斗九升、夜は学校の裁縫室で講演、八〇名来聴。この近辺の村落の窮状が最も激しかった。工藤村長方で一泊[12]。

四月一二日、大松村窮民のために困窮が特に甚だしい西村喜之一家を省みて一一円を工藤村長に渡した。浪岡から藤崎に行き、この日は主の日であった。青森から栗山、弘前より木村、福舘より齋藤、藤崎のプリマス派が集まり交わりの時を持った。午後、藤崎村役場の二階で窮民三〇名に福音を語り、この日の施米は一石五斗余り、またこの村のため誠三から外米六〇石を供えられた。この夜、藤崎銀行で福音講演会を催し六〇名が来聴した。この日前述の大松村西村喜之から手紙が届けられた[13]。

拝啓先日は御越し被下私邦凶歳の上に子供多く殆ど餓死するより外なき困難に陥り居候所を親しく御憐み被下多額の金銭を御恵與に與り御蔭を以て餓を凌ぎ仕事にも励む事を得誠に難有幾重にも御礼中上候尚御頂戴の金を基として働き日に一厘なりとも貯へ度願居候御一同様へ宜敷く願上候[14]

四月一三日、五郷村と六郷村の小学校で講演、来聴者一一一名、施米四石三斗二升。四月一五日朝、大光寺村、午後柏木町、夜も同町で講演、一二一名、施米四石七升。四月一六日、町居村と竹舘で講演、米のほかに金員を呈し、聴者一一三名、施米三石余り。四月一七日朝、畑岡村役場、午後は十二里の小学校、夜は福舘村齋藤俊治方にて福音を伝えること三回、三〇〇名来聴、施米四石三斗余り、十二里村と福舘村において補助金を出し、厳しい窮状が続く山田喜右衛門には子供のために毎月「贈金」することにしたという。ここに三月一七日よりこの日までの一か月間において福音伝道で講演を聞いた人の数は二七〇〇余名にのぼり、その人たちに『福音時報慰問号』を配布した(15)。

この浅田又三郎の記事を書いた編者は、長谷川誠三が凶作地に在住して毎日悲惨な状況を目の当たりにするのを確認していた。長谷川の窮民支援はその惨状を見た時に、これを何とかしなければならないというキリストの愛に励まされての行動であったと結論づけている。

以上の記事を読み、其二十日間に於ける施米の高を算するに約五十七石四斗六升となる、長谷川誠三兄曩に四斗入り外米三百俵を提供せられ今又六十石を窮民の為に備へられたりと聞く、同兄が此美挙に出られたるは同じく凶作地に住せらるゝがゆえその惨状見に忍びざると同時に同情の念禁ずる能ハざるによれるに相違はないが、其愛憐同情の念の依て生じたる原因は更に深く其心キリストの愛に励まされたるに由れるを疑ふ事が出来ぬ(16)

続いて浅田又三郎の第二信である。五月四日、弘前市土手町の大通りの表に立って耳を傾ける人のうち五七名の窮民に二升入りの米を入れた慰問袋を提供した。この頃、同地では発疹チフスが流行していた。五月七日、青森より南東二〇里隔たった上北郡百石村《ももいし》へ佐藤又八と同村の役場の楼上で福音の講演会を開き、翌八日、一川目村の小学校で講演会を開き一二〇名、百石村では約六〇余名、この村は上北郡中で最も困難なところで、三戸郡の方が作物の出来は悪いが、窮民は上北郡の方が多く、困難な者七〇名へ二升入り慰問袋を渡した。百石村の医師淵澤の姪淵澤やす子は、『萬朝報』、同信会の『恩寵と真理』を取り寄せ、同誌の三月号の「わが旅路」を読んで主イエスへの質問を手紙にして、神と主イエスを礼拝するまでに導かれた。五月七日の夜、百石村の相坂川においで淵澤やす子が父と子と聖霊の御名によりバプテスマ（洗礼）を受けた。五月一一日、青森公会堂における講演会では、約七〇〇人の大衆、開会前より続々入場したが、市長より注意が出て、やむなく七時半に門戸を閉鎖、来会者を謝絶し、七〇〇名中四〇〇名の窮民に施米を配給した。五月一二日、南津軽郡本郷村の小学校にて二五〇名、夜も一〇〇名の青年に神の愛を伝え、一三日は五郷村北中野小学校で約一〇〇名に福音の真理を語り、窮民一〇九名に慰問米袋（二升入）を呈した。(17)

五月一八日、東京の歌舞伎座をまねて新築した青森市の歌舞伎座で講演会を開催、東奥日報、陸奥日報が講演会の開催を紙上に掲載したこともあって約一〇〇〇名の来場があった。未曾有の盛大な講演会となり、終わりまで真剣に聞く者多く、あらかじめ施米の引換券を持参したものに米を配布する形を取ったところ、その配布量は四石余りにのぼった。市外の大野村、瀧内村の悲惨な状況を見た。浅田が見舞った時、これらの村では「四日も米を食せず沢庵漬けのみを湯にして食して」寝るという状態であった。また同信会の栗山が大野村へ行った時のこと、農家の老人が眼と全身病に侵され、着る衣服もなく実に目も当てられぬ貧病者で、凶作の影響で窮乏して、着物も夜具も質に入れたため嬰児に風邪を引かせてしまい、この赤ん坊は肺炎を起こし危篤になった。浅田は少なくともこの秋まで、窮民を救済し福音を伝えるべく邁進していった。

去る六月一日寺島六郎兵衛兄と其妻ちえ姉と木村兼吉兄の三人主を信じ認はしてバプテスマを受く、われら深き主様の御憐を感謝し申候右三人とも去る三月以来当地にて福音を聴きし以来殆んど毎日栗山兄方に来られ幾度となく福音を聴き己が罪深きと神の恩みふかきを悟り遂に主様が真の救主なるを明かに信じ今回かく御救に入られ申候、凶作地慰問伝道の実にして主様に感謝するの外なく候、寺島老兄姉は七十四歳、七十一歳の老夫婦にして子供は皆死して家産なく、不得止北海道の根室港にある親戚を頼りて東京より昨年九月当青森まで来られしも此所にて旅費の盡きしためと老衰の為に動かれずなりたる人にて実に気の毒に有之候、去る二月下旬栗山兄に託して慰問袋を贈りし時より主の御前を慕はれ引続いて霊肉とも主に養ひ育てられて今は白髪の『をさなご』として御父の御懐にいだかれ喜びをられ候、右老敬兄姉の御親戚が根室に居られ候事ゆえ同地へ送る事主の御旨と存じ近日北海道根室港松ヶ町へ向はるゝ事に御座候(18)

長谷川誠三も自らが福音を語ることもあった。藤崎銀行は慰問伝道の中心的なセンターとしての役割を果たしていたが、そこでもしばしば集会を持っているのを見ることができる。五月二六日には、長谷川誠三と虎次郎が藤崎に住む近隣の顔見知りの人たちに集まってもらい、福音を宣べ伝え、生活の実態を聴く場を設け施米と古着を渡し、親しく交わりの時を持ったのである。

去る五月二十六日には藤崎銀行にて藤崎村の窮民一同を集め長谷川誠三兄、同虎次郎兄等と偕に彼等に福音を伝へ施米と古着を配与致し甚だ幸ひなりき、五月二十八日と三十日と六月十四日は栗山兄方にて福音の宣伝を為せしに毎会数十人来聴いたし幸ひに候(19)

講演会の依頼

慰問伝道が盛んになると、各地域から講演会の依頼が入るのであった。例えば、青森県の上北郡三本木《さんぼんぎ》の役場の助役から六月五日夜に同町の小学校で講演会を開催してほしいとの要請があった。窮民九〇余名のほか、札幌バンド出身で、当時第一高等学校校長から東京帝国大学法科大学教授になった新渡戸稲造《にとべいなぞう》を初め、渋沢栄一が経営する渋沢農場の主任金子熊一などが出席、約三〇〇名の来聴があった。

新渡戸氏等を初め町の重なる人多く来聴せられ候、澁澤男爵の経営せらるゝ澁澤農場より主任金子熊一氏農夫等を伴ひて御来聴相成候（金子氏は福音時報の愛読者）又来聴者の中井関友彦氏（廃兵）あり同氏は曾て陸軍戸山分院にて療養中早川兄等より福音を聴かれし人なるが今は主を信じをらるゝより大いに慰められ候、(20)

この三本木町にて慰問袋二〇〇個を調え、半分を同町に、半分を隣接する七戸町の窮民に贈り、七戸旧城址の丘上に新築した小学校で講演会を開催すべく郡役所より村長に依頼し、主の十字架を宣べ伝えるための講演をし三〇〇名に福音を語った。浅田又三郎は、こうして青森県下をおよそ一巡し各地で福音を語れることを感謝したいというのであった。また北津軽郡五所川原より金木村を経て内潟村へ行き、さらに西津軽郡の山田川沿岸、稲垣村、沼館、菰槌村《こもつちむら》等を見ると窮況はなはだしく、山田川は度々水害あって秋の頃農民を悩まし、昨年の凶作のうえに水害もあって二重の意味で農家に災難が降りかかったので、慰問袋を携えて見舞った。(21)

さらに浅田は北海道に渡り函館、大沼、小樽、瀧川などを経て網走方面に向かった。網走は凶作の被害激しく、特に昨年上湧別村に移住した四五七世帯の状態は、目も当てられない惨状だった。また帯広地方、旭川附近の被害者も見舞った。そのような中で、藤崎に住む同信会の佐藤又八（佐藤勝三郎の弟）の妻ひさ子が永眠したとの知らせがあり、急遽葬儀に参列した後、また北海道に渡った。

この頃になると各所から慰問に対する礼状が届いた。青森県南津軽郡柏木町字四屋の工藤作太郎から、同県上北郡百石村長三浦元次郎、青森市長工藤卓薾、南津軽郡五郷村長古村弥太右衛門、三本木町長石川己濃次郎、西津軽郡鯵ヶ沢町長吉村文蔵などからたくさんの礼状が届けられた。それらの中で、工藤作太郎からの礼状を引用したい。

当家にては四人にて母は日増老衰に傾き子は未だ幼にして妻と二人にて生計を立て居り候へども三度食事すら欠くことありて屋敷も家も皆財産にあらざれば此れを売ることも叶はず困苦此の上もなく候所昨五日御出張の浅田又三郎様に御面会致し候所右の状況に対し金子を御恵み致下一家一同非常に喜び浅田様より御話し被下候キリスト様の御心初めて承知致し殊に其の正義にして博愛なりと云う句には深く感謝致し候かゝる御恵に会し又キリスト様の御趣意実に難有吾々にまで御心に御懸け下さるとは返す返すもキリスト様の御蔭にて御座候以後は一心に働き御趣意に背かざるやう心掛居り候先は御礼申上候[22]

慰問伝道には施米を送り届けるために袋詰め、保管する倉庫、発送には馬車や汽車、船などにかかる費用、それらの手間賃などがかかり、また衣服などの寄付を受けた場合の対応など、様々な経費が発生したと思われるが、時に現金を渡す場合もあった。また同年七月九日付の浅田の消息によると、六月二三日北津軽郡の郡役所所在地の五所川原町公会堂において福音講演会を催した。前日には栗山末吉が準備してくれ、当日の夕刻雨が降り出したにもかかわらず、百数十名の来聴者が詰めかけ、その内六〇余名に施米をし、メソジスト教会の島田牧師が開会の辞を述べ、同教会のメンバーの数名が感謝の祈禱を捧げ、他の教会の協力のもとに慰問伝道が展開された。六月二四日には栗山末吉と西津軽郡木造町に至り、役場の二階で施米のための講演会を開き六〇名の窮民に慰問袋を提供、約三〇〇余名の来場者があった。同月二六日西津軽郡鰺ヶ沢町の演舞場で「窮民救済」と「福音宣伝」をして三百数十名が来場満員、場外には「無数の婦人子供等」が群がっていた。鰺ヶ沢町は日本海に面する西海岸で、不漁が続き、また昨年の凶作で窮民が一層増加したのである。そこで郡長と町長が協議した結果、一戸毎に米五升、鰺ヶ沢の五〇戸と隣村の舞戸村の二〇戸の計七〇戸の窮民に金五〇円と救済米を提供することとした。この日郡役所に町村長会議があって村長など二十数名が同町に宿泊し、その日の福音講演会に列席聴講した。[23]

七月一日の夜北津軽郡内潟村の奥田順蔵村長からの依頼で講演会を小学校で開催、「凶作被害最も甚だしき所」で、村長区長等と窮民の家を見舞い慰問品を提供した。この時の講演会では、「講演会を開く前日或当日に『霊魂の大飢饉』及び『神の賜物』といふ雑誌や小形の聖書は殆ど各戸毎に配布せられ実に好都合にて候ひき」であった。六月八日の七戸町、五所川原、木造、鰺ヶ沢、内潟村等にて講演会開催の時もたいてい前日に各戸に配布して講演会の補助としたという。また、同信会の『福音時報』も配布したと思われる。(24)

九月九日付の浅田の報告によると、七月九日は釧路公会堂における福音講演会には警察署長、町長なども出席し、百数十名に達した。当地が不漁はより困窮者多く、その内最貧困者のために七円五〇銭を役場に託した。七月七、八日は同地劇場にて「主よ何処へ往く」という表題の「某孤児院」の慈善活動写真会を行なった。七月一三日は空知郡滝川町の劇場遊楽館で講演会を開催、四〇〇余名が集まり、その内貧しき人々に施米を与えた。七月一四日、小樽でプリマス派の兄弟らと交わり、路傍伝道を行なった。七月一五日は煩悶者に慰安を与えるという内容の講演を行なったところ、その日に芳賀幸太郎が信仰を告白してバプテスマを受けた。七月一六日は函館にて数名の病める人を訪問、また他教会の信者数十名と聖書を学んだ。七月一九日は東京に集合して、同信会の仲間と交わりを持ち、信濃町において福音宣伝を行なった。こうして東京へ帰り、再び一〇月中旬から引き続き慰問伝道を行ないたいと計画したのであった。(25)

次の記事は「浅田又三郎兄消息（一一月二九日付）青森県南津軽郡藤崎村長谷川誠三兄方にて」ということで、同月一一月二二日から一二月はじめにかけて、再び東北、北海道を慰問に出かけていることが分かる。同月二二日東京を出発、盛岡に向かい、次いで青森県各地を巡回している。

昨年の凶作の影響にて冬着を調ふる事能はざる者等に衣服を配与し又赤貧洗うふが如き困難者には特に救

済金を分与するを得たが其都度彼等は福音を聞かしめられたのである。今其数を挙ぐれば青森市にて十一名、西平内村にて九名大野村にて二十七名、大杉村にて十名、弘前市に数名藤崎村にて三十名、碇ヶ関にて十名また三本木町、内潟村、秋田、山形の方面にある人々には小包及び小為替等にて金品を贈与したのであった（以下略）[26]

前述したように、一九一三（大正二）年二月七日東京を出発して、雪が降る厳寒の地の東北六県と北海道を視察、慰問して福音講演会開くこと八〇回、訪ねた村は六〇か村にのぼる。慰問伝道をみると、米や衣服の提供のほかに、六月には青森県南津軽郡柏木町字四屋の工藤作太郎の礼状によると金銭が提供されたことが分かる。西津軽郡鯵ヶ沢町の不漁の町の人々に、また七月九日の釧路公会堂での講演会でも窮乏者に金員が与えられ、一一月下旬から一二月にかけて行なわれた慰問伝道にも小為替が使われている。これらの資金の手渡しには浅田又三郎が当たったが、その資金の提供者は長谷川誠三であった。

『先輩兄弟ら〈大正篇〉』に「長谷川誠三兄の凶作救援に投げ出された私財は、じつに二十万円に上った[27]」と記されているように、講演会の時には浅田又三郎が福音を語り、終わって出席者に大体二升当ての慰問袋を渡した。北海道から東北各地で行なわれたわけであるから、袋詰めしたものを会場まで運ぶ手間は大変なものがあった。藤崎銀行がこれらの救援のセンターになっており、そこで長谷川を中心として計画を立て、米は藤崎銀行から数分の所にある長谷川所有の倉庫に収納してそこから配送した。施米に二〇万円を費やした他に、作業員の確保、金銭の提供、米の保管、袋詰め、講演会の場所までの輸送など莫大な費用がかかったが、そうした目に見えない資金は長谷川誠三がすべて負担していた。

第二節　主に生かされて

凶作慰問伝道を終えて一段落したこともあって、浅田又三郎は、一九一六（大正五）年六月一一日、藤崎から離れて埼玉県浦和町岸町へ家族と共に移転した。それより約一週間前の六月五日、浅田又三郎の従兄浅田正吉は上野を出発して東北伝道に向かった。その夜、白河の雨森宅で日本基督教会の菅井牧師らと十数名の集会を行なった。六日夜、盛岡に着き、赤沢老姉、晴山姉を訪問、盛岡で集会をしている平野栄太郎と会い、二、三時間話し合ったという。浅田正吉は、平野の印象を「真面目にして忠実なる態度に感銘を受けた」と評し、その夜晴山兄方で祈禱会を開き、赤沢きよも店員を伴って出席した。六月八日より一一日まで藤崎村で連日聖書を学び、一二日は三戸駅に着き留崎村に同信会の女性会員渕沢を訪ねた。彼女は同信社の『恩寵と真理』の読者になり、浅田又三郎から証しを受け、主を信じるに至った。夜は仙台で青年をふくめて十数名の者たちと「聖言」を学んだ。一三日は藤田駅に着き、大枝村にて佐々木姉を訪ね、家族、親族、学校教員らに福音を語った。長谷川誠三は、久しぶりに訪れてくれた伝道者浅田正吉を中心にして集会を持った。普段は長谷川の敷地内にある礼拝堂で、毎週集会を持ち長谷川が必ず説教し、また他のメンバーも語り、毎週パンを裂き、聖餐にあずかっていたのである。

正吉は、父喜三郎、母つねの次男で、四つ上に洋次郎がいた。父喜三郎は進取の精神に富み、文明開化の時代、紙巻きたばこや葉巻を吸う外国人を見て、キセルの時代は終わったとみて、キセルの材料の真ちゅうが錆びるのにニッケルが錆びないことに目をつけ、家業を廃してニッケル・洋白地金などの輸入商を営む洋白会社を立ち上げた。喜三郎は日本橋教会の会員から長老になり、家庭内伝道が実を結び、一八八六（明治一九）年春、つね、正吉、きく、豊の四人の母と子が洗礼を受けた。(28)

前述のように、日本橋教会では牧師の息子が盗癖から学校を退学処分になったのにそれを隠蔽していたということが問題となって、一八八九（明治二二）年日本橋倶楽部の青年たちがこの問題を契機に日本橋教会を離脱する事件があった。その離脱を止めるために勧告委員になった浅田喜三郎が、プリマス派に流れる会員を止める役であったが、一家を挙げて離脱したのである。浅田又三郎は父又次郎が喜三郎の弟で、正吉といとこ同士であった。浅田又三郎は、正吉とは同い年で小学校も同じであった。一八九八（明治三一）年九月、又三郎は、京都美術学校彫刻科卒業を前にして、召命を受け伝道者になった。また同じ年の一二月、二一歳の正吉もまた召命を受けて伝道者になることを集会で公にした。こうして浅田又三郎も正吉も伝道者の道を歩むことになる。同信会の伝道者藤尾正人氏が「浅田正吉の生涯」なる伝記を書いている。又三郎と正吉の二人の伝道者を次のように説明している。(29)

又三郎は、召命と同時に、主の霊がはげしく彼の骨の中にもえさかり、いても立ってもいられぬかのごとく、ただちに東奔西走の伝道活動の中に自らを投げこみます。しかし、正吉もまた主にとらえられた点においては同じでありながら、その伝道は又三郎といくらか趣をことにしているように思えてならないのです。(30)

正吉は、伝道は「主のなしたもうこと」であり、みむねを聞くことから始まり、その意味では「静的」であるのに対し、又三郎は激しい動きを取り、「息もつかせぬ激しさで、樺太や朝鮮をふくめて全国を巡回伝道し、新潟県、福島県、青森県の田舎町に定住し、貧とたたかいながら喜んで伝道に従いました」という生涯で対照的であった。

同じ年の一九一六（大正五）年八月中旬、浅田又三郎が藤崎村に来て、各所で福音を宣べ伝えた。又三郎は、長谷川邸を起点として、凶作伝道をした時の種が実を結び、青森市、弘前市で主の御名に入れられた人を中心に八月下旬にかけて福音を伝えた。また八月末函館に渡り大沼の永井兄、赤井川の青木兄、大沼公園の亀の湯等で集会。八雲村の阪屋重次郎というリウマチを病む七一歳の老人に会い、その後北海道の小樽、札幌、九月八日、幌内炭山で集会を持ち、凶作伝道の際に滝川町の遊楽館において又三郎の話を聞いて信仰に入った若い婦人が名乗り出て、滝川教会で主の恵みを伝えたことを紹介した。滝川教会の原田牧師に請われ、主の日の朝、三〇名に主イエスとその十字架及び再臨について説いたという。(31)

その後、滝川、下蘆別《しもあしべつ》、美流渡《みると》などで福音講演会や路傍伝道を重ね、九月一九日札幌に着き、二〇日、前述の阪屋重次郎を訪ね、四〇年ぶりに故郷の岩手県刈谷村に送り届けた。老人は、汽車も、汽船も、自動車も、すべてはじめてのことであったので「ハアータマゲタナー」と大声を出し、そのたびごとに主の恵みを語ったという。浅田又三郎は、実に精力的に力強い伝道をする人で、これほど各所に出没する伝道者はいない。そして、懐かしい藤崎の長谷川誠三方に滞在した。又三郎が訪れたのは、凶作慰問伝道以来のことだったので、大いに語らい、一〇月一〇日まで疲れた体を休めた。その間、集会を開き、日曜日には主の御言葉を語り、聖餐を行なった。聖餐式には恐らくパンの代わりに、餅を使ったのではないかと思われる。一〇月一一日、三戸町を訪れた後、青森県を離れて仙台から福島県大枝村を訪ね、一〇月一五日に浦和に帰った。(32)

一九一八(大正七)年五月五日には大変な出来事があった。長谷川誠三が住んでいた本宅が原因不明の火災に遭ったのである。長谷川は、三階建ての本宅の近くに新たに三階建ての家を構え後妻の里ゆふと愛之、恵之、憐たちと住んでいたが、本宅が火災になった時、少しでも損害を食い止めようと家財道具を表に出した。曾孫の長谷川勝勇さんから聞いた話によると、その家具類を急いで外に出したところ、いつの間にか家財道具が消えてしまったという。なぜだろうかと考えてみると、長谷川誠三は、毎日夕方になると散歩に出かけたそうで、その時生活に困った人々にこっそりと施しをしていた。家族の者はうすうす知ってはいたが、誰に施しをしていたか、家族の者は知らなかった。そのような憐れみ深い長谷川であったので、長谷川家の物なら盗んでも咎められることはないだろうということから家財道具を運ぶふりをして、自分のものにした人たちがいたのではないかと言う。

長谷川誠三は、自宅の藤崎のほかに弘前と大鰐に別邸を構えていた。『先輩兄弟ら〈大正篇〉』によると、一九一八年のこと、長谷川の大鰐の別邸に同信会の伝道者松本勇治が訪れている。松本は同年六月、丸亀、明石、姫路を訪問、家島群島へ、七月には西宮、大阪、浜寺、河内、山本、米谷、生瀬、宝塚を歴訪、さらに京都、亀岡、千歳村へ、そこから名古屋、茅ヶ崎、小田原、七里ヶ浜、横須賀、横浜、品川、そして七月二七日には東京に到着。七月末、松本は故郷の栃木に一泊した後、足利より一里の栃木県北郷村の増沢よし子に迎えられた。さらに桐生から青森に向かった。青森から藤崎に行き、長谷川虎次郎、佐藤又八、大鰐にいた長谷川誠三等と交わった。

長谷川誠三は、明治の後半から大正期にかけて秋田県鹿角郡小坂町相内鉱山と同小坂町西又鉱山、栃窪鉱山など三つの鉱山を所有していた。同信会伝道者松本勇治が藤崎を訪れて長谷川誠三らと交わりをし、この大鰐の鉱山事務所を訪れている。大鰐は弘前市の南東に位置し、大鰐町を流れる平川の傍らに大鰐温泉がある。松本は「大鰐は長谷川誠三兄の鉱山事務所のあるところで、温泉場でもある。長谷川兄の邸の中に温泉湧き出て、自由に浴することを得、この世の楽園のようであった」という感想を述べている。長谷川誠三は、持病の尿毒症を抱えていたので、大鰐へしばしば療養のため出かけた。特に夏の暑い日には、この大鰐で過ごしたのである。

その後松本は、函館、大沼、札幌に赴いたが、体調を崩し、故郷栃木に帰って静養した。九月に入って埼玉県大宮の佐藤元兄、よし姉（黒崎幸吉兄令妹）を訪問、それより浦和、東京、大森、横浜、小田原、熱海から伊東に至った。さらに沼津、京都、大阪、そして神戸に九月二七日に帰着、四か月の伝道が終わったところで、訪問箇所は五〇を超えた[33]。

この年の八月一日から五〇日間札幌で北海道開道五十年記念博覧会が開かれることになった。この時、浅田又三郎は児童博覧会会場内に売店を借り受け、福音宣伝を行なった。林寛次郎、松本勇治、小川礼一ら三人の伝道者も応援することになった。小川礼一は、青森県に足を延ばし、八月二八日には藤崎と弘前を訪問、青森から札幌の浅田又三郎の所に戻った。また林寛次郎は、北海道から大鰐の長谷川誠三、藤崎の長谷川虎次郎、大枝村の佐々木林次郎、満子を訪問、九月五日には東京で三井慈善病院の看護婦数十名を対象に福音講演会を開いた。また横浜三渓園や小田原、茅ヶ崎の南湖院の患者などを集めて講演会を開いた。

一九一四年六月二八日、第一次世界大戦が勃発、一九一七年にはアメリカがこの大戦に参戦した。キリスト教国による平和回復を願っていた人々が落胆し、人類の手によって平和の回復をするのは絶望的と思われた。そうした絶望的な世界を変えるには、キリストがこの世に来りて変える以外にない、すなわち文字通りのキリスト再臨を待望する信仰へと駆り立てられていった。その先頭に立ってこの運動を展開したのは内村鑑三、中田重治、木村清松らであった(34)。内村鑑三ほか数名の発起人が第一回の「基督再臨問題大会」を一九一八(大正七)年一一月八日より三日間にわたり東京基督青年会館で行なった。発起人の一人である中田重治が同信会の林寛次郎に出演を依頼した。大会は昼夜六回行なわれ、聖書と基督の再臨、ユダヤ人と基督の再臨、地理学的中心としてのエルサレム、伝道と基督の再臨などの講演があった。林寛次郎は、聖書と基督の再臨の講演を行ない、同じ同信会の宇津木勢八は一〇日の夜証詞会で所感を述べた。会衆は毎回六〇〇~七〇〇名であった(35)。その後講演会が東京基督青年会館で盛んに展開され、一九一八年一月から一九年五月まで行なわれ、再臨運動は信徒の信仰復興運動として一世を風靡した。

一九一四年、第一次世界大戦が起こり、日本もこれに参戦して南洋諸島のドイツ領諸島を占領、一九一五年一月二一か条を袁世凱《えんせいがい》に突き付け、結局山東省内の旧ドイツ領利権継承、東部内蒙古と南満州の事実上の日本領化、日中合弁事業承認、中国の沿岸と島の不割譲を認めさせた。日本は日本本土に何の損害もなく利益を得ることができたので、日本経済が活気を帯びた。一八年一月アメリカのウィルソン大統領が一四か条の声明を出し、民族自決を促した。一九一九年に朝鮮において反日独立運動である三・一運動が起こり、また中国では五・四反日救国の民族運動が展開された[36]。ウィルソンの主張に促される形で、日本に留学していた李光洙《りこうしゅ》らの朝鮮人留学生たちが神田の東京基督教会館に集まり、同年二月八日に「独立宣言書」を採択した。この動きに呼応した朝鮮のキリスト教、仏教、天道教の指導者たち三三名による独立宣言書が発表され、それを契機に朝鮮民族独立運動が起こった。三月三日に予定された大韓帝国初代皇帝高宗（李太王）の葬儀に合わせて計画が実行に移された。二〇二万名余が参加、この影響は全朝鮮二一八郡のうち二一一郡に及んだ。武力闘争が行なわれなかったにもかかわらず、朝鮮総督府は治安機構を総動員、また日本軍隊を投入して弾圧した。三月一日から五月末だけで、虐殺七五〇名、負傷者一万五九六一名、検挙者四万六九三八名に上った。

同信会の乗松雅休は、一八九六（明治二九）年一二月朝鮮に渡り、京城、水原を中心に伝道、朝鮮人と同様の生活をしながら朝鮮人になりきって伝道した人として評価されている。その乗松が当時の様子を「朝鮮――三・一独立運動前後の乗松兄書翰」として記しているので、同年三月六日付の一部を引用する。

李大王殿下の国葬前後に、朝鮮人の中に不穏騒擾のことなければよいがとは、だれしも思いしようであったが、一日に大漢門前、その他の所にて、独立万歳など叫び、不謹慎の軽挙妄動をなす群もありて官憲の方にても心を労し、鎮撫《ちんぶ》に従事せられし状態ゆえ、今日福音の書き物など配布することは、いかがやと多少懸念なきにもあらざりしが、信仰と善き良心を以て主の御名を言いあらわし、福音のまことの道を伝うるにおいて、さらに臆すべきにあらざるをもって、ともに譲りて祈りつつ出で、福音書冊を分与せしに何らの妨げなく、われら一同の心主によりて慰められ、励まされしは、じつに感謝の至りに存ぜし次第に候[37]

三日には、国葬当日は好天にて、静穏のうちに葬儀が行なわれたと書き留められている。長谷川誠三にもこのようなニュースは、同信社の『おとづれ』や『相愛』から情報が入っていたと思われるが、この事件をどう捉えていたか知るべくもない。翌一九二〇（大正九）年二月八日、浅田又三郎は福島県大枝村に佐々木次郎一家を訪ね、集会を開いた。九日には仙台を訪問、青森を経て藤崎に落ち着いた。しばし、長谷川の会堂付きの住居に身を置き集会を持ったものと思われる。長谷川誠三にとって、このように度々又三郎が訪問してくれることは、何よりも嬉しかった。誠三を中心に礼拝や日曜学校を運営しているところに、又三郎のような伝道者が来訪することは、信仰的に励まされることであった。

五月一〇日には宇津木勢八が藤崎、弘前、大鰐、大舘等を歴訪、一八日に横浜に帰っていった。彼の報告には、「藤崎の兄弟等の交わりも回復せられ申候其後長谷川兄よりの御通信中」「御愛労たまはり御蔭様にて永き間主に祈上候事情回復せられ難有く奉存候」と記されている[38]。

長谷川誠三は、三階建ての大きな家に住んでいたので、訪ねてくる伝道者があれば女中が付き添って世話をし、ゆっくり過ごしてもらって送り出すのであった。同信会の伝道者には、伝道の労苦に報いるために感謝をもって手当を出していたようである。訪ねてくる人を歓迎し、交わりを深め、対話するのが好きだった。誠三は聖書に親しむことを無上の喜びとし、聖書を読むことによって新たにされる恵みを噛みしめながら、日々新たにされていく生活を楽しんでいた。

第三節　長谷川誠三永眠

禁欲主義的経済倫理

長谷川誠三は、身の丈五尺七寸（約一七三㎝）、体重一九貫（約七一kg）ほどで大柄であった。お洒落で、嗜みがよく背広に蝶ネクタイという出で立ちで、モダンであった。性格は几帳面で礼儀正しく、どんな農夫にもわざわざ帽子を取って挨拶を交わしたという。息子から「どうしてあんな貧乏な人に挨拶をするのか」と言われると、彼は「誰でも人間は同じなのだ、人間は平等なのだ」と言った。長谷川は、体格壮健、病むこと少なかったが、持病の尿毒症は日を追って悪くなっていった。若い頃の大酒呑みがたたり、腎臓を悪くし、また四二歳の時赤痢に侵されたのが彼を苦しめた。

一九二二（大正一一）年八月一日から一か月、伝道者小川礼一が東北、北海道各地の兄弟等を訪問している。この中で「青森県藤崎の長谷川誠三兄、長谷川兄の健康徐々に快方に向かわれつつありあるもいまだ全からず」という報告がなされているのをみると、持病に悩まされている様子がうかがわれる。

一九二四（大正一三）年八月七日、彼が亡くなる二か月前に日本石油社長の内藤久寛から手紙をもらっているが、内藤もリウマチに苦しみ歩くのもままならないという内容の手紙で、石油の需要が増加して、外油の輸入に頼らざるを得ない状況になってきていることを伝えている。

酷暑の候益御清穆奉慶賀候平素御無音御海容可被下候小生リウマチにて左足疼痛有之候處其後入湯致候旁殆快方仕候間御安意被下度候　然は日本石油会社新株壹株に付金七圓五拾銭来十月三十日払込の事に相成候是は十月配当と自然差継計算の筈に御座候詳細は会社より御通知可仕候宜敷御承引奉願候
右は新聞紙上にも御承知被下候半石油需要増加に對し外油輸入関係、販売機関整備、北海道光珠炭鉱、アスファルト道路受負等の資金に候　試掘に尽力中にて好模様の場所有之候間是非噴油期待致居候外国石油地にも有望のもの交渉中に候處是は確実の見込不相立候はば到底関係致兼候は勿論に候　扨又石油政策樹立に就ては朝野の間に種々意見有之哉に承り候へ共未た何等具体的の方按無之と存候何分今日の時世是非政策相立候必要可有之手元に於ても相当考慮致居候か兎角実現無覚束次第に候　営業上の状態は不断競争場裡にありて容易に無之候へ共先以無難に経営罷在候当局者は社中一致努力致候義御承知被下度候右御疎遠の謝辞旁得貴意度候時下折角御自愛専一所祈に候

頓首

大正十三年八月七日

内藤久寛

長谷川誠三殿(39)

鉱業関係の事業の所で見たように、長谷川は東北地方の鉱山を物色、一時小坂鉱山にも採掘地を出願、大鰐に事務所を設け事業にあたった。石油の採掘では、早くから石油の重要性に着目し、石油がエネルギー源として不可欠なものであることを認識していた。実際、日本石油の秋田県黒川油脈の試掘を成功させた。長谷川は日本石油の大株主で、会社を側面から支援していた。当時国内需要の三分の二を外国油に依存していたが、自給自足をもって石油を獲得して賄わなくてはならないとして、時の内閣総理大臣桂太郎に「建言書」を提出したことは前に触れた。長谷川は屈指の経済通と言われ、四大財閥の一人である安田善次郎の知遇を受け、株の神さまと言われた。明治の末年から大正にかけて、関西財界に名を成した大立者阪神鉄道の島徳蔵と並び東北の長谷川誠三か関西の島徳三かと言われるほどであった。

藩校だった稽古館を新たにして東奥義塾が興されたが、一九一三（大正二）年三月、財政難から廃校になっていた。それが一九一八（大正八）年衆議院議員菊池九郎、牧師山鹿元次郎らが協議、義塾再興に動き出した。委員会は旧県立弘前工業高校の校舎、敷地のすべてを一〇万円で入手することになり、アメリカンボード六万円、弘前市の寄付三万円、合わせて九万円になった。しかし、青森県知事道岡秀彦は、一銭たりとも負けられないという。資金が足りず暗礁に乗りかけた。困り果てた山鹿元次郎は、長谷川誠三の下に奔走、不足分一万円の寄付を求めたところ、即座に承諾、ここに東奥義塾再興がなった。長谷川は、一九〇六（明治三九）年プリマス派に

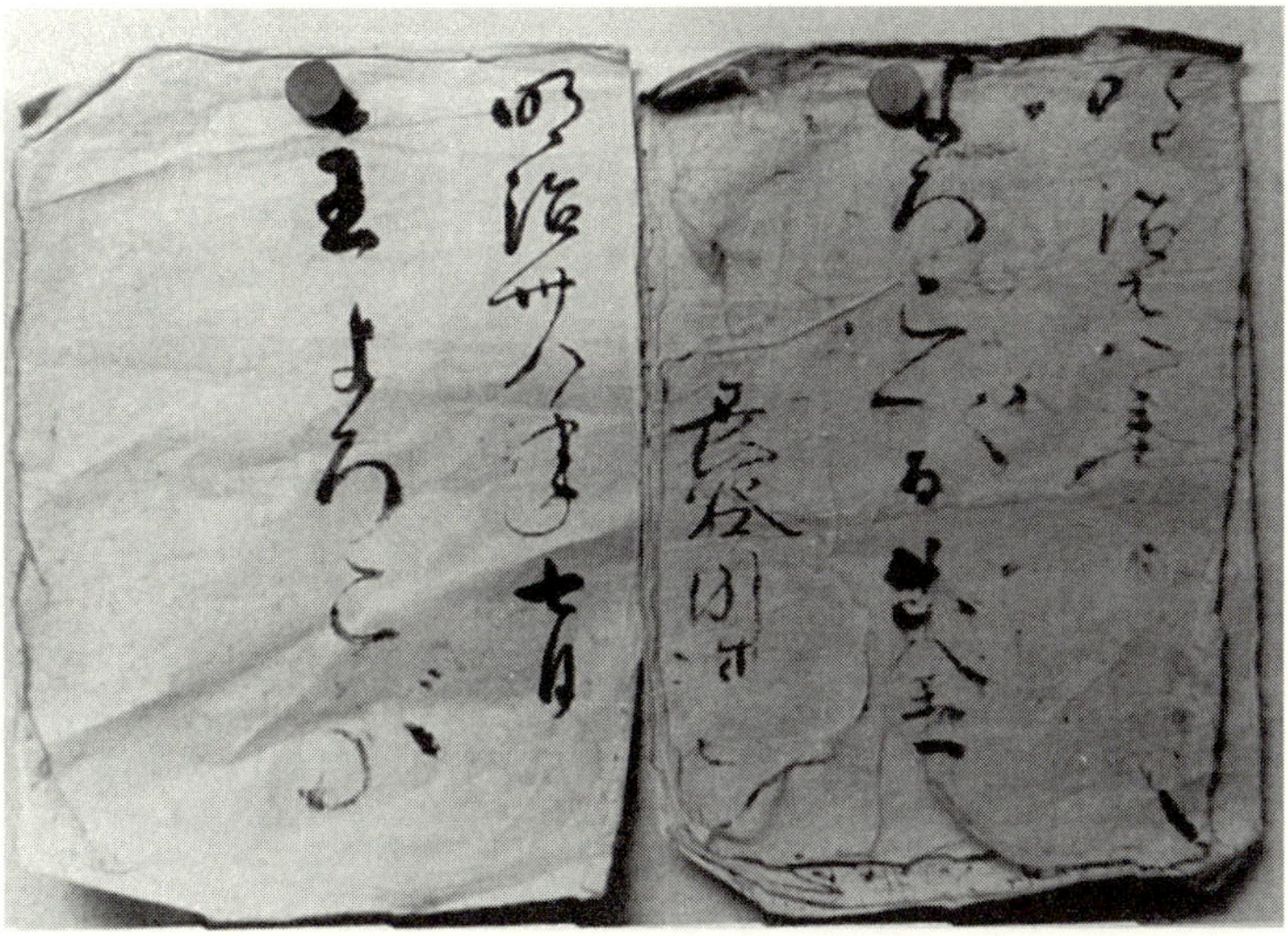

長谷川直筆の「主よろこぶ」（弘前学院所蔵（複製））

転じていたが、宗派にこだわることなく、山鹿等の求めに応じた。誠三は多方面にわたって寄付をし、それは「主よろこぶ」という帳簿に詳細に記されている。主によって与えられたお金は喜びをもって主に返すという聖書に基づく考えから出た行為ではないかと思われる。

　長谷川は商業経済の知識に長けていた。また理科系、特に化学系の知識が豊富であった。頭脳明晰、それに洞察力、観察力、研究心に富んでいた。四男の長谷川愛之によると、株を買うのに東京に出る時は、決まって三階建ての最上層の彼の部屋に終日たてこもり、様々な資料をもとに投資先を研究した。検討している時に、一階の廊下で少しでも足音を立てると大声で怒鳴られたという。それで東京から帰ってくればどさっと大金が転がり込んだ。長谷川誠三にどのくらいの財産、収入があったかは正確には分からない。

　土地は『青森県農地改革史』によれば、一九二四（大正一三）年、長男潤の名義で田畑五四町歩、小作人戸数六四戸の地主であったから、ここから上がる小作料、農産物取引収入は大変なものがある。それに有価証券からの収入がある。一九一九（大正八）年、日本石油株主名簿によると、個人ながら四番目の大株主で一万四〇四二株。藤崎銀行

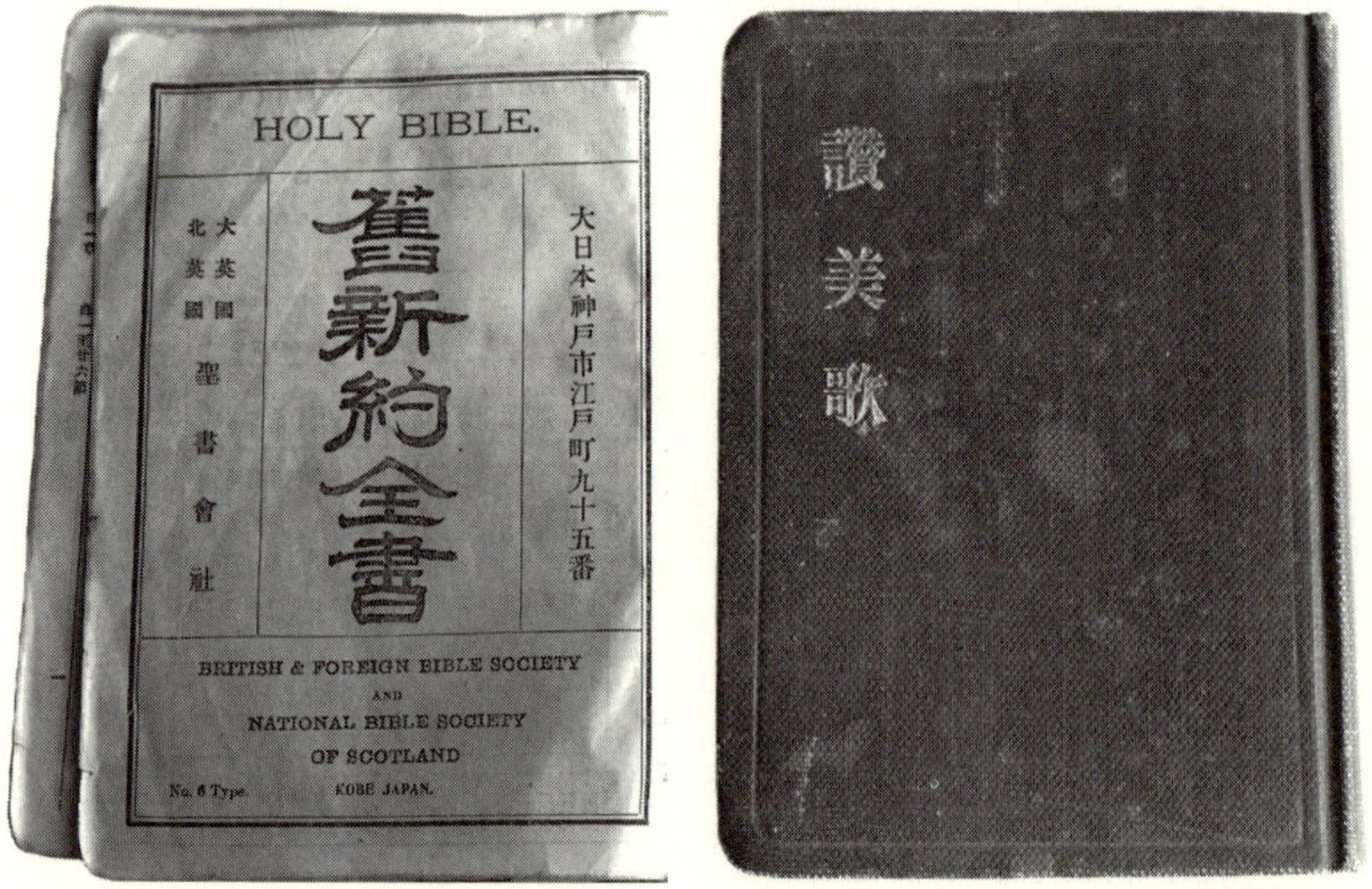

長谷川誠三が使用した聖書（『舊新約全書』）の扉と讃美歌（長谷川博氏所蔵）

頭取二一六〇株と記録が残っている。その他一九二四（大正一三）年の調べでは、東京市電気事業債四万八〇〇〇円、東洋拓殖株式会社社債二万円。他に藤崎銀行からの収益と配当、倉庫業からの利益があった。『青森県総覧』一九二〇（大正九）年青森県下の分限者の項目には、五〇〇〇円以上の納税者五九人のうち長谷川は六八五〇円で第一位。二位は二〇〇〇円台だから、一九二二（大正一一）年頃の藤崎の税金の半分は長谷川家からのものと言われた。

　こうした莫大な財産を持つことになったのは、株式投資や経営面の才覚だけでなく、そこには徹底した節制、倹約、勤勉などの禁欲主義的な経済倫理があった。東京から手紙が届くと、薬缶の湯気で切手をはがし、封筒を裏返しにして作り直し、目下の者に手紙を出す時にはそれを使った。また紙縒《こよ》りにしたり、子どもに与えるお年玉の袋に使った。長谷川愛之によれば、「映画を見てはいけない。酒を飲んでもいけない。楽しんでもいけない。それならば献金しなさい。イエス・キリストのことを考えなさい」と耳にタコができるぐらい言われたという。彼にとって排斥すべきものは、浪費だった。彼の生活態度の基準は聖書である。とりわけ彼の晩年は、聖書至上主義がその中心にあり、神への服従を無条件に受け入れた生活であった。
長谷川誠三が使用していた聖書が残されている。聖書は二冊あり、一つは『HOLY BIBLE　舊新約全書』大英国北英国聖書会社発行、大日本神戸江戸町九十五番地と記され、表紙の下には BRITISH & FOREIGN BIBLE SOCIETY AND NATIONAL BIBLE SOCIETY OF SCOTLAND KOBE JAPAN と印刷され、発行年月日は、初版の発行が一九〇六（明治三九）年一月三一日で、誠三は一九一七（大正六）年三月発行の一四版の聖書を所持していた。聖書のページ数は一六二五頁、聖書の大きさは縦一五cm、横一一cmである。もう一つの聖書は、これより小さく『舊新約聖書』と表示され、発行者は米国人ケー・イー・アウレル、東京市京橋区尾張町一丁目一番地、米国聖書会社、印刷者村岡斎、横浜市山下町百〇四番地、大正一二年六月十五日二刷、聖書の大きさは、縦一〇・三cm、横七・五cmである。この小さい方の『舊新約聖書』のテモテ後書（テモテへの手紙二）第三章のページの所に、長谷川誠三が筆で書いた文章が貼ってある。テモテ後書三章一六節の翻訳について言及している。聖書を深く研究している様子が伝わってくる。次に長谷川が筆で書いた文章を記したい(40)。

提后〔テモテ後書の意〕三：十六聖書は皆神の黙止〔ママ〕とある翻訳は一五五七年ゼネバ訳より取たりサレド一三八〇年ウヰクリフ〔ウィクリフの意〕の翻訳は神の黙示によりて与ふ連たり凡ての文章は……とあり一五三四年チンダルのものも亦同様でゼネバ后の一五八三年レイ□スの翻訳も旧の翻訳に戻りてありゼネバ翻訳は宗教改革者の手ニ依り成されたもの故羅馬法王の権威に対抗するため聖書ニ権威を持たせた其当時の風潮がその様なる翻訳を為さしめたかと想像せらる而して十五節ハ旧約を指し十六節ハ新約の幾部分を読む云々

この『舊約聖書』に挟み込まれた記述を見ると、長谷川誠三がいかに聖書を深く読んでいたかが分かる。一三八〇年のウィクリフの翻訳、またウィリアム・ティンダルのことにも触れている。一五二六年ティンダルは、ギ

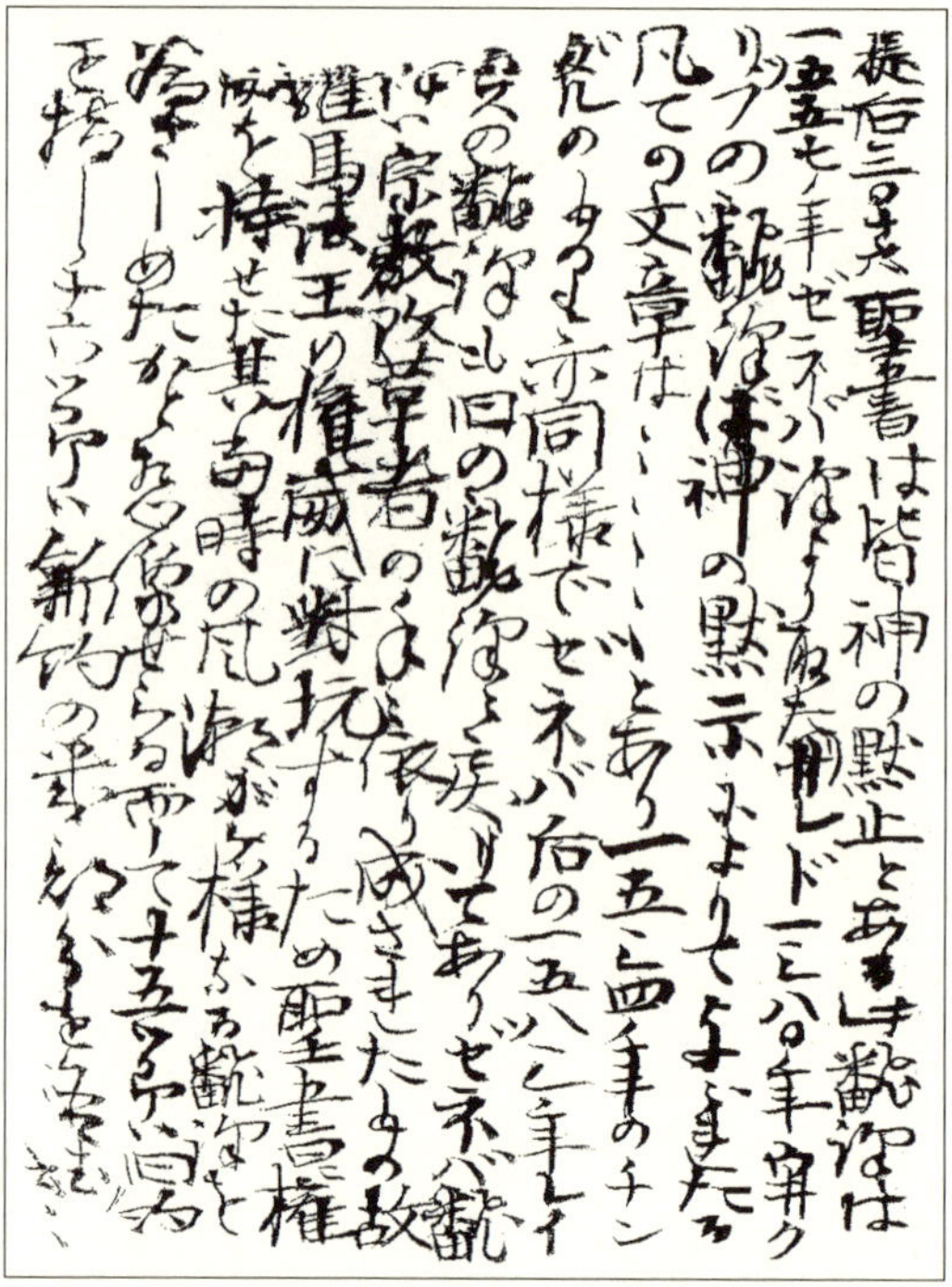

長谷川誠三がテモテ後書について綴った文章
（長谷川博氏所蔵）

リシャ語から初めて英語に聖書を翻訳した人物で、ヨーロッパを逃亡しながら翻訳を続けたが、一五三六年現在のベルギーで焚刑に処せられた。当時、日本においては宗教改革の研究が進んでいない時期に宗教改革者の翻訳まで言及しているのは驚きである。最近、十和田に住む長谷川博氏から誠三が使用していた聖書があることを知らされ、この聖書を見た時に、このテモテ後書の書き込みは、聖書翻訳の本質に関わる問題で、キリスト教信仰に対する真剣な彼の思いが伝わって来て、びっくり仰天しているというのが正直な感想である。

誠三は自邸の礼拝堂で集会を持ち、親戚、その子ども、孫が中心に集まった。東京から浅田又三郎、浅田正吉、ブランドたちが時々訪れてきた。集会は誠三を中心に開かれ、大人の集会は水曜日と日曜日に開いた。子ども、孫を中心に日曜学校を行なっていた。誠三の孫の亨さんによると、誠三の祈りは長く、食前の祈りが何時までも続くので、家族のものは暖かい味噌汁を飲んだことがなかった。また寝る前に家族の者を集めて祈った。「自分たちの家族のすべての人々だけではなく、世の中の全ての不幸な人々をお救い下さい」と祈り出すと、祈りが長く、子どもたちはすやすやと寝てしまうことがあった。彼は村の他の宗教行事を極端すぎるくらい嫌った。子どもには、学校や遠足先で絶対に神社仏閣に手を合わせてはいけないと言い聞かせていた。[41] その後、誠三は弘前の三郎一家が住む隣の土地に別邸（現、弘前市富田町三丁目）を建て、里ゆふ、愛之、惠之、憐の五人で生活していた。その住まいは、現在の弘前厚生学院通りにあった。誠三は腎臓病に悩んでいたので、弘前の品川町にある鳴海病院を営む主治医の鳴海康仲の治療を受けるためもあって、弘前に移り住んだのかもしれない。

持病の尿毒症は日を追って悪くなっていった。誠三の身体は次第に衰えていった。藤尾正人編『先輩兄弟ら〈大正篇〉』によると、長谷川誠三永眠について次のように伝えている。

長谷川誠三はかねて腎臓病になやみ、昨年より弘前市の隠居家で静養中であったが、十月二日、突然尿毒症併発して脳を犯され、重体となられた。十月五日、大阪で長谷川兄危篤の電報を受け取った浅田又三郎兄は直ちに弘前にむかい、七日その病室に入られると『よく来てくれました』と手をとって喜び、『わが父の家には住家《すまい》多し』と希望にみち、『主イエスは神の栄光の輝きです』（ヘブル一章三節）『神の御憐みはとこしえに絶へません』（詩篇百篇三十六節）を繰りかえし、その声は非常に晴れやかに、また明瞭で、とても病人の言葉とは思えず、浅田又三郎兄の感謝のことばにつづいて、長谷川兄は喜んで神に栄光を帰しましょうと、主のみほまれを讃美された光景は、創世記四十八章の老ヤコブの晩年にも似ていた。[42]

また東京から浅田洋次郎と芳賀吉蔵が見舞いに来た時、長谷川誠三は「大いなる満足ですといいあらわされ、兄弟らと幸いな交わりの時をもたれた」という。一〇月一三日長谷川は快方に向かい、浅田洋次郎は大阪へ戻った。ところが誠三の容態が急変し、主のみもとに召された。前述の『先輩兄弟ら〈大正篇〉』によると、同年一一月一日葬儀、「五百余名の人々会葬し、浅田又三郎兄、五十嵐健治兄ら葬儀の御用に当たられた。その葬儀が終了した時、突然主は大雨を降らせたもうて、厳粛な深き印象を一同が与えられた」と記されている。長谷川誠三が召されたのが一〇月二九日、葬儀が一一月一日ということで死去してから葬式まで三日ということであった。同信会の人たちなど遠方から来ることを考えると、葬儀に間に合わなかった人もいたかも知れない。(43)

長谷川誠三は、若い頃の大酒呑みがたたり、腎臓を悪くし、四二歳の時赤痢に侵されたのが彼の身体を苦しめた。晩年は尿毒症だったので、塩気とたんぱくを気にし、利尿剤として西瓜の汁を煮詰めて飲み、胡瓜のつるを煎じて飲み物としていた。東京の病院で治療したり、大鰐、弘前の別邸に静養したが、ついに一九二四(大正一三)年一〇月二九日みぞれ降る午後四時頃、たぐいまれな生涯を終え召天した。享年六七であった。(44)

注

(1) 青森県史編纂室『青森県凶作救済誌』一九一五年、一—二頁。
(2) 青森県史編纂近現代部会編『青森県史資料編(近現代3)大国と東北の中の青森県』青森県、二〇〇四年。
(3)『青森県凶作救済誌』七七三—七八〇頁。
(4) 長谷川誠三は一九一三(大正二)年、大凶作の際二〇万円の私財を出した。『先輩兄弟ら〈大正篇〉』(同信社、昭和五三年)四七頁には、「長谷川誠三兄の凶作救援に投げ出された私財は、じつに二十万円に上った。青森県当局の救済金は百万円であった」と記されている。また渡辺兵衛「長谷川誠三のこと——主をよろこばせる」によると、「大正二年、東北は空前の凶作に見舞われました。誠三はそれまでも冷害や凶作の時には自分の蔵の米を供出して炊き出しをし、貧しい人たちを助けたのですが、この時はとてもそのようなことでは間に合わない。彼は横浜の米穀商を通して、貨車にして五〇車両、千トンもの外国米を買い付け、窮民に配ったと言われております。時価にして二〇万円、今日に換算すれば億の単位になろうという大金を払ったのですが、このことは世間の人々に知らされませんでした。これも『主が喜ぶ』という彼の信仰のなさしめた業でした」(『葬儀説教集　北の大地に生きた人々』キリスト新聞社、二〇一一年)。さらに一九六九年八月二五日、長谷川誠三の御子息愛之さん、孫の亨さんを交えて、愛之さんが住む十和田の自宅で聞き取り調査を行なった。その時の調査でも、両人が同じことを言っていたことを付け加えておきたい。

（5）二〇一八年一月一日『東奥日報』に外崎英明記者が、大正二年当時の凶作について、「同信会」の機関誌を調べて報道している。この『東奥日報』に「本県窮状と救済克明に」という題で、いかに当時の凶作がひどい状態であったかを同信会の『おとづれ』などの機関誌の記事を通じて紹介している。
（6）同信社『おとづれ』三一号、大正三年五月三日。同信会所蔵。
（7）同右。
（8）同右。
（9）同右。
（10）同右。
（11）同右。
（12）同右。
（13）同右。
（14）同右。
（15）同右。
（16）同右。
（17）同信社『おとづれ』三二号、大正三年七月六日。
（18）同右。
（19）同右。
（20）同右。
（21）同右。
（22）同右。
（23）同信社『おとづれ』三三号、大正三年九月二七日。
（24）同右。
（25）同右。
（26）同右。
（27）藤尾正人編『先輩兄弟ら〈大正篇〉』同信社、昭和五三年、四七頁。
（28）藤尾正人編『浅田正吉著作選集』同信社、昭和五五年、四四九—四五二頁。

(29)同右、四六三頁。
(30)同右、四六六頁。
(31)同右、一〇四頁。
(32)同右、一〇五頁。
(33)同信会『おとづれ』三三号、大正三年九月二七日。
(34)拙稿「植民地化・デモクラシー・再臨運動――日露戦争から満州事変まで」キリスト教史学会編『植民地化・デモクラシー・再臨運動』教文館、一九一四年、二六頁。
(35)藤尾正人編『先輩兄弟ら〈大正篇〉』同信社、昭和五三年、一七七―一七八頁。
(36)拙稿「植民地化・デモクラシー・再臨運動――日露戦争から満州事変まで」一八―一九頁。
(37)藤尾正人編『先輩兄弟ら〈大正篇〉』一九三頁。
(38)同右、二三六頁。
(39)大正十三年八月七日付長谷川誠三宛内藤久寛書簡。
(40)ここに掲げた聖書と讃美歌は、十和田に住む長谷川の孫の長谷川博氏から提供を受けたものである。
(41)一九七四年八月二五日、十和田に住んでいた長谷川誠三の四男長谷川愛之宅を訪れ、聞き取り調査を行ないテープに記録した。また長谷川誠三の孫(三男三郎の息子亨)も同席した。その記録をこの個所で叙述した。
(42)藤尾正人編『先輩兄弟ら〈大正篇〉』三六一―三六三頁。
(43)長谷川誠三逝去後の同信社との関係を見ると、その後も交流が続いたのである。一九二五(大正一四)年八月二五日の『先輩兄弟ら〈大正篇〉』によると、浅田又三郎と佐々木良三が藤崎に到着、夜藤崎町の佐藤栄治宅の前の四つ角で佐々木が福音を宣べ伝えたところ、数十名の聴衆が耳を傾けた。その時、藤田匡牧師夫妻も来られたのは幸いなことであったという。佐々木と浅田は長谷川邸に泊まり、佐々木は青森の長谷川虎次郎を訪問、浅田は長谷川誠三の長女まつを訪問している。また浅田又三郎は、一九二六(大正一五)年一月三日早朝、藤崎に着き、佐藤又八、長谷川潤の家にてパンを裂き、交わりを深めた。というように、長谷川誠三が召されたのちも同信会との関係は続いていたのである。
(44)長谷川誠三死去後の里ゆふは、ほどなく両親が住でいた桐生の地に住んだ。藤崎や弘前の地で余生を過ごすことも考えられたが、誠三の死亡後、群馬県桐生市宮本町一三五五番地に移住した。本来ならば、屋敷もあったので弘前に住むことはできたが、転居したということは藤崎も弘前も安住の地にはならなかったものと思われる。残念ながら、誠三のなした事業を受け継いでそれを発展させるという意味での後継者に恵まれなかったことが誠三の悩みの一つだった。残された子どもたちが一つになるということであれば、これらの地に留まったであろうが、そのような兄弟愛を見出すことができなかったのである。その後、里ゆふ一家は移転を考えたようである。里ゆふは、愛之、惠之、憐の三人の子どもを引き連れて桐生に移住したのである。里ゆふにとって、桐生で悲しい出来事は娘の憐が一四歳の時、病気で死亡したことである。その死ぬ前に愛之、惠之、憐の三人一緒に浅田又三郎から洗礼を受けたのである。里ゆふは、一九四五（昭和二〇）年二月六九歳で召天した。

エピローグ

この書は青森県津軽から出た事業家長谷川誠三の信仰と事績を捉えようとするものである。なぜ長谷川誠三なのか。キリスト者長谷川誠三を語ることについては、筆者のキリスト教史への関心を述べなければならない。日本のキリスト教人口は一％にも満たないが、なぜ多くの人々が、キリスト教に導かれてきたのか。イエス・キリストの父なる神が導いた不思議な力はどこから出てきたのか。そのルーツを客観的に探究したいという動機からキリスト教史に関心を持つようになった。ヘボン研究家の故高谷道男教授のゼミナールにおいて、マックス・ヴェーバーの『プロテスタンティズムの倫理と資本主義の精神』を読み議論、世俗内的禁欲の中から生まれたエートスが、合理的経営を内面的に促進し作用したというあの論調は私の心に突き刺さった。では日本におけるキリスト教受容はどうであったのかというテーマが与えられ、明治学院大学大学院において故工藤英一教授に師事し、その後いろいろな教会を訪れては資料を見せてもらい、またミッション・レポートを直に調べるなどオリジナルな資料を調査することの重要性を両先生から教えられた。

長谷川誠三との出会いは、五一年も前のことになる。一九六八年に明治学院大学の工藤英一先生に師事し、「弘前地方におけるキリスト教受容」というテーマを掲げて、同年八月、同大学大学院社会学研究科の新屋重彦氏との三人で実態調査をした。一八七三（明治六）年弘前にキリスト教が受容され、七五年一〇月弘前教会が創立され、その後ここを起点に藤崎、黒石、五所川原といった農村地帯にキリスト教が受容されるようになっていった。藤崎教会の会員である佐藤篤二氏が古い資料を所有しており、そのなかにこの教会の長谷川誠三という中心的なメンバーがプリマス・ブレズレンという小教派に離脱した資料を見たのである。その時は調査に忙しく深く考えることもなかった。その後、長谷川誠三は様々な事業を行なった人物であるにもかかわらず、全く知られていないことが分かった。また、その時点で弘前学院を設立したと言われているのに、学院の年史で正しく評価されていないことも知った。一九一〇（明治四三）年、メソジスト教会から小教派なるプリマス派に変わったために設立者が長谷川誠三から本多庸一に交代していたのを学院史から知った。

なぜ、正当に評価されないのだろうかと考えているときに、たまたま佐藤篤二氏を通して、長谷川誠三の三男三郎の息子さんである長谷川亨氏を知った。そこで、一九七四（昭和四九）年に長谷川亨氏と一緒に、弘前、藤崎を訪れ、弘前市立図書館で調査、また弘前教会の大木英二牧師に会い、さらに藤崎教会の佐藤篤二氏に会って資料の閲覧をした。その結果、一九七七（昭和五二）年に「長谷川誠三――津軽の先駆者の信仰と事績」という論文（『明治学院大学大学院経済・商学研究』）を書くことができた。

長谷川誠三の生涯は、誠三の略伝を書いた長谷川虎次郎が神を畏れ、敬い人をいつくしみ、「あなたの隣人をあなた自身のように愛せよ」というものであったと述べている。ここから本書の副題として「敬天愛人の信仰の事績」を考えたが、津軽のパイオニア、先駆者という意味合いから「津軽の先駆者の信仰と事績」としたのである。

翁の政治を避けて実業に志したのは、偏に資産の増殖にありとなし、其の敬天愛人の信仰と抵触する所なきやを疑ふけれども、翁の主旨は其の長する處に専心するを利としたもので、其の長所に随って資産を増殖し、国家有用の資本に供せんとしたものなることは実際であったろう。

彼の風貌は、身の丈五尺七寸、体重一九貫と体が大きく、穏やかな雰囲気を醸し出す人物であったが、頑固で一見とっつきにくい面があった。しかし、彼は真の意味で人を愛し、分け隔てなく接する人であった。「心を尽くし、精神を尽くし、思いを尽くして、あなたの神である主を愛しなさい」（マタイ二二・三七）、「隣人を自分のように愛しなさい」という愛の実践者であった。山上の垂訓はクリスチャンの倫理を集約している典型的な箇所であると言われる。神への愛は人への愛とならなければならない。神への献身は、人に仕える者へと傾けさせてくれる。ギリシャ語では、真実な愛をアガペーという。自分が好きな人を愛するということではなく、その人がどんなことをしても、心に憎しみを持たず、その人にとって最良のことを考えて行動することである。好きになれない人、自分を苦しめる者に対しても、自分を愛してくれない人も愛するということである。

現在の藤崎教会

長谷川誠三は、神を愛しているから隣人を愛する。そのことをまさに実践した人物と言える。事業を進めることは、神の栄光を顕すことであり、獲得した利益は蓄積するのではなく、社会のため人のために還元し、惜しみなく使った。蓄財を嫌い、経済発展のために資金を投下した。「浪費奢侈を嫌い」「資性沈着緻密」「談論雲の如く微に入り細に入」るので、頭脳の粗雑な者はその趣旨を理解できないことがあった。節制に努め、無駄使いを嫌い、人からケチと言われ、人々から変わり者呼ばわりされた。しかし必要な時は惜しみなく資金を出した。それは名誉欲からではなく、隣人愛から出た行為であった。「右の手のすることを左の手に知らせるな」の聖句があるが、まさにそのことを実践した。困っている人があれば、与える。そのことが自然となされた。彼は、キリスト教入信と前後して、禁酒を断行し酒造業を廃止し、味噌醬油製造業に転じた。このことは実生活に大きな影響を与えるものであったにもかかわらず、それを変えるまでに信仰の革新が見られたのである。

長谷川誠三の事業家としての歩みは非凡なものがあった。ただ惜しむべきは、彼がもっと周囲の者と連帯して事業を遂行していたならば、彼が失敗した事業のいくつかは成功していただろう。彼はよき後継者に恵まれなかった。そのために残した事業は倒産や合併の憂き目にあった。長谷川は、一九〇六（明治三九）年メソジスト教会を離脱し、いくばくもなく弘前学院からも去ったが、彼が関わった女学校は大学を有する学院として成長している。長谷川誠三は数々の事業を成功させ、様々な寄付や慈善活動を行なったが、いささかも誇らず、その生涯を貫徹した。

一九七七年に「長谷川誠三研究――ある地方事業家の信仰と事績」の論文を発表して以来、長谷川誠三について研究発表や講演などで語ってきたので、そのことを明らかにしておきたい。まず、一九六八年八月に初めて調査、そして七四年二回目の調査を長谷川亨氏と一緒に弘前、藤崎を廻り、またその調査の帰りに十和田に住んでいた長谷川愛之氏宅を長谷川亨氏と訪れて聞き取り調査をした。それらの実態調査の中で、何といってもたくさんの資料を持っていた佐藤篤二氏の協力がなければ論文を書くことはできなかった。

そして、今回本書を書くにあたって、三回の調査を試みた。第一回の調査は、二〇一四年一〇月二九日～一一月二日、第二回目は二〇一六年一〇月八日～一三日、第三回目は二〇一八年五月三〇日～六月一日であった。

まだまだ調査が必要な所はあるが、二〇一七年が長谷川誠三の生誕一六〇年、受洗一三〇年という記念すべき年であったこともあり、それには少し遅れてしまったが、本書をもって一区切りとしたい。

最後に、これまでの長谷川誠三に関して行なった研究発表と講演を記しておく。

一、研究発表「長谷川誠三について」一九七七年八月六日、第三二五回日本プロテスタント史研究会、富士見町教会

二、研究発表二〇一四年三月一五日、第三五五回横浜プロテスタント史研究会「事業家長谷川誠三の信仰と事績」横浜指路教会

三、講演「本多庸一と長谷川誠三」二〇一六年一〇月一三日、弘前学院大学礼拝堂

四、研究発表「長谷川誠三の足跡」二〇一六年一一月二六日、長谷川誠三研究会、明治学院大学本館九二会議室

五、講演「近代日本のキリスト教と日本橋教会――明治二〇年代の日本橋教会の歴史を学ぶ」日本橋教会、二〇一七年一〇月一日。日本橋教会とプリマス・ブレズレンについても触れた講演

六、研究発表「長谷川誠三研究――本多庸一と長谷川誠三との対比において」二〇一七年一二月一〇日、キリスト教史学会東日本部会、明治学院大学本館、一三五五教室

長谷川誠三年譜

年	月日	満年齢	主な事柄
一八五七（安政四）	四月二五日（新暦五月一八日）	〇歳	長谷川定七郎、タキの長男として生まれる。
一八六九（明治二）		一二	一二歳の時、藤田立策に付いて漢籍を講読、一四歳でこの塾の主任教授。書家平井東堂に師事。
一八七一（明治四）	一二月	一四	弘前藩の「帰田法」により本多庸一の父東作藤崎に三町歩の土地与えられる。藩費途絶え、本多庸一藤崎に帰郷。
一八七三（明治六）	一月	一六	夏、本多庸一藤崎に帰省、自宅にて村内の有志に説教する。これが藤崎におけるキリスト教伝道の最初の種蒔きとなる。
一八七四（明治七）	一二月	一七	佐藤勝三郎の妹いそ（安政六年九月二〇日生）と結婚。ジョン・イング（インディアナ州出身）本多庸一と弘前に来る。
一八七五（明治八）	一〇月二日	一八	六月から七七年一〇月までの間にイングが洗礼を授けた者三五名にのぼる。弘前日本基督公会創立（二二名の出席者）。
一八七六（明治九）	一二月二〇日	一九	弘前公会に問題起こり、メソジスト教会への所属を決定する。
一八七七（明治一〇）		二〇	本多庸一津軽半島の伝道のため一二月一五日藤崎を発し、翌年一月二二日藤崎帰着。
一八七八（明治一一）		二一	弘前に本多庸一、菊池九郎を中心とする自由民権結社「共同会」（立憲改進党系、大隈重信）生まれ、共鳴する。
一八八一（明治一四）	三月二七日	二四	国会開設建白書を本多庸一、中市稲太郎を総代として元老院に出す。東奥義塾に約一〇〇名集まる。藤田匡、長谷川誠三藤崎地方の委員となる。藤崎で、毎月一回定期集会、弘前より古坂啓之助、黒石より山田源次郎来て講義。
一八八二（明治一五）	一月頃	二五	本多庸一、古坂啓之助、山田源次郎による伝道はじまる。間もなく佐藤勝三郎宅を集会所とする。
一八八三（明治一六）	四月頃	二六	自由民権結社「共同会」解体。長谷川誠三自己のよりどころを失う。

一八八五（明治一八）	六月	二八	長谷川誠三、佐藤勝三郎とはかり、本多庸一、藤田奚疑、清水理兵衛らを株主として七町五反歩の大農経営によるりんご園「敬業社」を開設。
一八八六（明治一九）	一二月	二九	藤崎教会講義所の創立、「試用伝道者」岩井忠吉、相原英賢牧師の補助者として藤崎に着任。藤崎の特産品の馬鈴薯の利用方法として澱粉製造を思いたちその開拓者となる。
一八八七（明治二〇）	六月一四日	三〇	函館のC・W・グリーン（Green, Charles Wesley）から長谷川誠三、妻いそ受洗。受洗に先立ち酒造業を廃業して味噌製造業に転換。長谷川誠三日曜学校の校長となる。
一八八八（明治二一）	一一月	三一	本郷定次郎が経営する孤児院事業「育児暁星園」に二〇〇〇円の寄付、その後もたびたび寄付する。本郷、一八九二（明治二五）年四月栃木県那須野原青木開墾地（現那須塩原市三島）四町五反歩の土地を得て、開拓しながら孤児院施設経営（七〇名収容）、一八九六年水害で大打撃。一八九九年五月本郷死去、夫人も翌年八月死去、夫妻と親交のあった角倉嵯峨子が引き継ぎ、横浜孤児院と改称、一九〇三（明治三六）年渡辺タツ子が引き継ぎ経営、現在「横浜市三春園」（富岡）となっている。
一八八九（明治二二）	五月二八日	三二	弘前女学校設立許可を県知事鍋島幹知事より得る。誠三は女学校設立結社人として米国婦人伝道会社と互約書を結ぶ。校主長谷川誠三、副教頭本多テイ（本多庸一妻）。尋常小学校四年、高等小学科四年、本科三年。
一八九〇（明治二三）		三三	長谷川、弘前市南方二〇〇〇ヘクタール余の水田造成計画に関わる。秋田地方より疏水工事をして別名上野と言われる原野に水を灌ぐ計画。この年に完成した琵琶湖の疏水調査に出かけて事業を推進したが頓挫、また一八九二年八甲田山の東北にある田代平の開墾に着手するが失敗した。
一八九一（明治二四）	六月	三四	藤崎美以教会となり弘前教会から分離独立、独立自給教会となる。誠三日曜学校校長となる。
一八九三（明治二六）		三六	弘前女学校規則改正、教則第五条「基督教ノ聖経ヲ授ク」（附加学科として）は不許可となる。
一八九四（明治二七）		三七	本多庸一弟西館武雄経営（上北郡有戸村）雲雀牧場（広さ三二九六町）経営難に陥るや援助、経営を引き継ぐ。

一八九六（明治二九）		三九	八甲田東北田代平の開墾に着手、一九〇二年頃まで資金を投じたが失敗。
一八九七（明治三〇）	一月	四〇	藤崎銀行創立、資本金五万円、一株二〇円、二五〇〇株、総株主七三名、頭取長谷川誠三、取締役山内勘三郎、田中権三郎、取締役兼支配人佐藤勝三郎、監査役佐々木音太郎、福井助五郎、清野千代吉。 この頃、小坂町の西又鉱山を長谷川誠三が受け継いで操業する。
一八九八（明治三一）		四一	弘前商業銀行経営難に陥るや、整理の任にあたり経営を安定させる。
一八九九（明治三二）		四二	誠三赤痢にかかる。 本間俊平陸軍省嘱託第八師団建築技師として、弘前の兵営建設工事にあたった関係で弘前に来住、長谷川と交わる。三月二四日弘前女学校卒業式に本間俊平（不良少年感化・刑務所伝道）を招き、祝辞を依頼する。本間山口県美祢市秋吉村で長門大理石採掘所を経営、出獄人や不良者などの更生指導にあたる。友愛会創始者鈴木文治、明治学院矢野貫城、小原国芳らを輩出、長谷川この感化事業を応援、寄付をする。
一九〇一（明治三四）	一〇月	四四	病虫害による被害のため「敬業社」解散、佐藤勝三郎の個人経営となる。
一九〇二（明治三五）	一月一八日	四五	『東奥日報』に「地主諸君に議る」の記事を寄せる。この年の凶作と日露戦争による租税の課税問題に対し、これ以上の増税は人道上許せないとして、小作料の軽減を訴えた。長谷川は引き上げに反対、自分の農地の小作料はそのままとした。
一九〇五（明治三八）	七月	四八	小坂町の相内鉱山を買い取って操業する。
一九〇六（明治三九）	一月	四九	プリマス・ブレズレン派（同信会）の首藤新蔵、浅田又三郎等長谷川誠三邸にて集会を開く。九月長谷川誠三ら一二名がメソジスト教会である藤崎教会を退会、プリマス・ブレズレン派に移る。
一九〇九（明治四二）	六月四日	五二	いそ召天。 地方物産の商取引に倉庫業が伴わないため、自ら進んで一大倉庫を建築、りんご、馬鈴薯等を倉入れし、資本を融通、県外出荷に貢献する。間口二〇間、奥行三〇間、この種の倉庫一〇近く建築。

一九一〇（明治四三）		五三	弘前女学校設立者を長谷川誠三から本多庸一に変更。
一九一一（明治四四）		五四	内閣総理大臣桂太郎に「建言書」。石油についての意見書出す。誠三日本石油の大株主。他に宝田石油（宝田石油機工株式会社）あり。長谷川誠三の株式一二〇万円、年収二〇万円、関西財界の大立者島徳蔵と並び称せられた。
一九一二（明治四五）		五五	小坂町の栃窪鉱山（門の沢鉱山）を長谷川誠三が買い取る。高木里ゆふと再婚。
一九一三（大正二）		五六	北海道、東北地方大凶作。横浜太田町米穀商鈴木弁蔵に二〇万円を払い、貨車五〇両（一車料二〇トンとすると一〇〇〇トン、ちなみに政府及び県救済金七六万円）の外米を仕入れる。
一九一四（大正三）		五七	東北各地、北海道の各地に凶作慰問伝道を展開。福音講演会は、三月一七日の藤崎町役場での福音講演会を皮切りに、福音講演会八〇回、訪ねた村六〇か村、浅田又三郎が福音を述べた後、出席者に『福音時報』と二升ないし三升の外米、衣服、金員を慰問袋に入れて配布。
一九一九（大正八）		六二	日本石油株主名簿によると、四番目の大株主で一万四〇四二株、藤崎銀行頭取二一六〇株と記載されている。その他一九一四年の調べでは、東京市電気事業債四万八〇〇〇円、東洋拓殖株式会社社債二万円。『青森県総覧』によると、一九二〇年青森県下の分限者の項目には、五〇〇〇円以上の納税者五九人、長谷川は六八五〇円で第一位、二位は二〇〇〇円台、一九二二年頃藤崎の税金の半分は長谷川家からのものと言われた。同年菊池九郎、山鹿元一郎ら東奥義塾再興に乗り出すが、資金が足りず、そのため長谷川一万円の寄付をする。
一九二四（大正一三）	一〇月二九日	六七	午後四時頃　長谷川誠三召天、享年六七。

あとがき

明治前期におけるキリスト教は、相当高度な文化を伴って受容された。藤崎の農村社会においても同様な現象が見られた。藤崎村においてキリスト教を受容した社会層は、村の中上層の階層であった。そこでは、キリスト教と自由民権運動が同時的に受容され、明治一〇年代後半になると、キリスト教の受容に伴ってりんご栽培がもたらされた。今日、青森りんごが日本一の生産量を誇っているが、キリスト教とともにもたらされた株式会社による敬業社が、青森県におけるりんご栽培において先駆的な役割を果たすことになったのである。

明治一〇年代から二〇年代にかけては藤崎村のキリスト教は活発な展開を見せたが、三〇年代になると、受洗者が信徒の家を中心に限定され、村全体に広がることはなく、地主が教会を支える構造になった。ここにおいて、一九〇六（明治三九）年長谷川誠三が信仰的な理由からメソジスト教会を脱して一教派なるプリマス・ブレズレンに移ったことは、藤崎村に暗い影を落としたと思われる。長谷川の信仰的な問題から他教派に移ったことについては、それ自体問題になることではないが、一般の村人から見ればどうして移らざるを得なかったかという疑問は残ったと思われる。

長谷川誠三は数々の事業を成功させ、また一九一三（大正二）年の東北、北海道の大凶作時において凶作慰問伝道を展開し、多くの人々を救い、また寄付や慈善活動を行なった。彼は名前を出すことを極端に嫌った。そのために彼の行為は知られていない。彼は、自らの行為を誇らず、名誉欲に走ることなく、世の権威におもねることなく、淡々とその生涯を貫き通した。彼の晩年は、「単純に主イエス・キリストの御名にまで集められた」信仰生活であった。日ごと聖書の拝読と祈りを欠かさず、その信仰生活は節制、倹約、禁欲主義とも言える生活倫理が横溢していた。

前述したように、一九七七（昭和五二）年に「長谷川誠三研究――ある地方事業家の信仰と事績」を書いた。これで、「長谷川誠三研究」もひとまず終わったと感じていたが、まだ書き足りないと思うところも心の片隅にあった。その後、私が代表を務める横浜プロテスタント史研究会において、二〇一四年三月の例会において、「長谷川誠三の信仰と事績」のテーマで研究発表をした。その時、長谷川暁氏と長谷川健三氏が出席され、誠三の人となりに感激したという感想を聞いた。そして、両人が親戚に研究会のことを報告したところ、改めて伝記を編纂する話がまとまり、同年九月のこと、長谷川誠三の孫、曾孫の有志が集まる所に同席することになった。その時、本格的な「長谷川誠三伝」を書いてほしいと依頼されたのである。この言葉を聞いて、再び「長谷川誠三」を書くことができるとは想像もしていなかっただけに、嬉しさがこみあげてきた。そこで本格的な書物に仕上げるには、再度調査をし直さなければ書けないと考え、その後三度にわたって、長谷川誠三の足跡を求めて調査したのである。それが今回このようにして一冊の書物になったことを長谷川家の人たちと共に喜びたい。

本書の出版にあたっては本当にたくさんの方々にお世話になった。

キリスト教史学会で交わりをもってきた方々、明治学院大学キリスト教研究所の方々、また横浜プロテスタント史研究会の仲間たちに御礼を申し上げたい。明治学院大学の故高谷道男先生、同大学の故工藤英一先生には、大学、大学院時代に原資料にあたり、歴史研究の目を養い、地道に研究することの大切さを指導して下さった。工藤先生と一緒に弘前地方のキリスト教受容の調査に同行した故新屋重彦氏（成蹊大学教授）、その時貴重な資料の提供をして下さった故佐藤篤二氏に感謝申し上げたい。二回目の調査の時同行して下さった故長谷川亨氏、その時の聞き取り調査に協力して下さった長谷川誠三の四男の故長谷川愛之氏、本多庸一研究でお世話になった青山学院大学の故氣賀健生先生、プリマス・ブレズレンの研究に注目して下さった沼津香貫教会の故大野昭牧師、弘前教会の調査にお世話になった故大木英二牧師に感謝したい。

今回の調査にあたり、藤崎教会の川上純平牧師から種々の資料を借用することができた。また、八雲教会の渡辺兵衛牧師から藤崎教会関係資料のアドバイスを受けた。弘前教会の村岡博史牧師、今回の弘前、藤崎の調査の際に相談に乗って下さった弘前学院大学宗教主任の楊尚眞先生、弘前学院理事長阿保邦弘先生、同学院中高校長だった故小泉洋先生、メソジスト教会時代の盛岡教会の調査でお世話になった太田愛人先生、盛岡松園教会の平澤昇牧師、元盛岡教会の会員であった高橋信夫先生等に感謝を捧げたい。また今回の調査に当たっては、長谷川誠三について度々『東奥日報』に取り上げていただき、支援して下さっている同紙記者の外崎英明氏、長谷川誠三に関する資料の提供をして下さった佐藤市記氏、キリスト教史学会の会員で本多庸一などメソジストの研究に従事した宮城学院大学の故本多繁先生と御子息の本多泰氏、日本橋教会の宍戸基男牧師、同会員の箕輪潔氏、小坂鉱山の調査でお世話になった小坂町立総合博物館郷土館学芸員主任の安田隼人氏、小坂町農業委員会・環境審議会の中村修太郎氏、『小坂町史』編纂に従事した阿部正記氏、弘前の郷土史家で歯科医の広瀬寿秀院長に感謝したい。また長谷川宛書簡を解読するにあたっては、千葉県歴史編纂室の内藤幹生氏、朝日新聞社の中島一仁氏にお世話になった。さらに、長谷川誠三研究に注目して下さって様々なアドバイスをして下さり資料の提供を受けた同信会伝道者藤尾正人兄、故小川礼一兄、中野にある同信会を管理されていた浅田誠兄に感謝申し上げたい。

特に元日本経済新聞記者の長谷川眞實氏には、原稿を隅々まで読んでいただき、校正作業を丹念にして下さったことに深謝申し上げる。また今回調査にあたってインタビューを快く受け入れて下さった故長谷川巌氏と長谷川勝勇氏、聖書などの資料を提供して下さった長谷川博氏、長谷川里ゆふの関係資料の提供をして下さった長谷川健三氏、長谷川家の系図を作成した佐藤麻由美氏等、たくさんの方々に支えられてここまで来られた。これらの方々に感謝したい。

さらに以下の教会や図書館にお世話になった。日本基督教団藤崎教会、藤崎町立図書館、日本基督教団弘前教会、弘前市立図書館、弘前学院大学図書館、弘前学院聖愛中学高等学校図書館、東奥義塾高等学校図書館、秋田県鹿角市立図書館、青森県野辺町立図書館、青森県環境生活部県民生活文化課県史編さんグループ、秋田県小坂町立総合博物館郷土館、国立国会図書館、東京神学大学図書館、明治学院大学図書館、明治学院歴史資料館、明治学院大学キリスト教研究所、青山学院資料センター、フェリス女学院大学図書館、フェリス女学院資料室、横浜市立中央図書館、神奈川県立図書館。これらの関係者の方々にお礼申し上げる。

この書を執筆するにあたり、財政的な援助をして下さった長谷川眞實氏、眞實氏の弟で十和田市で焼菓子工房を経営している長谷川博氏、長谷川健三氏、元藤崎町助役の長谷川勝勇氏、故長谷川巖氏の息子長谷川薫氏に深く感謝したい。

最後にこの書の出版にあたって、教文館出版部課長の髙橋真人氏、倉澤智子氏、また丁寧な校正をして下さった森本直樹氏に厚く御礼申し上げる次第である。

二〇一九年三月

岡部　一興

人名索引

あ

か

は

ま

や

ら

わ

事項索引

あ

か

さ

た

《著者紹介》

岡部一興（おかべ・かずおき）

1941年、東京都荻窪生まれ。1970年、明治学院大学大学院経済学研究科修士課程修了、相洋中高等学校教諭、教頭などを歴任。その後、明治学院大学、明治大学、青山学院大学、麻布大学において講師を勤めた。現在、明治学院大学キリスト教研究所協力研究員、フェリス女学院理事。キリスト教史学会会員、日本歴史学会会員、経済学史学会会員、横浜プロテスタント史研究会代表。

著書

単著に『横浜指路教会百二十五年史〈通史編〉』（横浜指路教会、2004年）、『現代社会と教育』（学文社、2007年）、『生命倫理学と現代』（港の人、2012年）、『山本秀煌とその時代 —— 伝道者から教会史家へ』（教文館、2012年）。共著に『図説　横浜キリスト教文化史』（有隣堂、1992年）、『横浜開港と宣教師たち —— 伝道とミッション・スクール』（有隣堂、2008年）、『宣教師と日本人 —— 明治キリスト教史における受容と変容』（教文館、2012）、『植民地化・デモクラシー・再臨運動 —— 大正期キリスト教の諸相』（教文館、2014年）、『横浜の女性宣教師たち —— 開港から戦後復興まで』（有隣堂、2018年）。翻訳に『宣教師ルーミスと明治日本 —— 横浜からの手紙』編著、有地美子訳（有隣堂、2000年）、『ヘボン在日書簡全集』編著、高谷道男訳・有地美子訳（教文館、2009年）。他に論文多数。

長谷川誠三《はせがわせいぞう》 —— 津軽《つがる》の先駆者《せんくしゃ》の信仰《しんこう》と事績《じせき》

2019年10月30日　初版発行

著　者　岡部一興
発行者　渡部　満
発行所　株式会社　教 文 館
〒104-0061　東京都中央区銀座4-5-1
電話 03(3561)5549　FAX 03(5250)5107
URL http://www.kyobunkwan.co.jp/publishing/
印刷所　モリモト印刷株式会社

配給元　日キ販　〒162-0814　東京都新宿区新小川町9-1
電話 03(3260)5670　FAX 03(3260)5637

ISBN 978-4-7642-7437-2　Printed in Japan